本教材系甘肃省哲学社会科学重大研究基地：民族地区经济社会发展研究中心和甘肃省高等学校民族信息电子商务重点实验室建设之阶段性研究成果。受西北民族大学中央高校基本科研业务费专项资金项目资助（项目编号：31920220030；31920230015）。

数字金融概论

Introduction to Digital Finance

张小勇 主编

中国社会科学出版社

图书在版编目（CIP）数据

数字金融概论/张小勇主编. —北京：中国社会科学出版社，2023.8（2024.6 重印）
ISBN 978 – 7 – 5227 – 2381 – 5

Ⅰ.①数… Ⅱ.①张… Ⅲ.①数字技术—应用—金融业—研究 Ⅳ.①F83 – 39

中国国家版本馆 CIP 数据核字（2023）第 143859 号

出 版 人	赵剑英
责任编辑	孔继萍
责任校对	闫　萃
责任印制	郝美娜

出　　版	中国社会科学出版社
社　　址	北京鼓楼西大街甲 158 号
邮　　编	100720
网　　址	http://www.csspw.cn
发 行 部	010 – 84083685
门 市 部	010 – 84029450
经　　销	新华书店及其他书店

印　　刷	北京君升印刷有限公司
装　　订	廊坊市广阳区广增装订厂
版　　次	2023 年 8 月第 1 版
印　　次	2024 年 6 月第 2 次印刷

开　　本	710 × 1000　1/16
印　　张	16.75
插　　页	2
字　　数	273 千字
定　　价	98.00 元

凡购买中国社会科学出版社图书，如有质量问题请与本社营销中心联系调换
电话：010 – 84083683
版权所有　侵权必究

序　言

　　中国经济正处在数字化转型变革的关键时期，新经济、新科技、新产业层出不穷。中国人民银行、市场监管总局、银保监会、证监会近日联合印发的《金融标准化"十四五"发展规划》指出：数字经济在金融领域的融合点越来越多，业务和技术创新点也越来越丰富，这无疑推动了金融行业未来标准化的进程，也是当前金融系统和实体企业共同实现高质量发展的迫切要求。

　　数字金融作为一种新业态，正在弥合传统金融要素的供给缺陷，数据聚合与裂变释放出的巨大能量，使得现代产业体系变得更具活力和韧性，经济主体（企业）在全球金融链、信息（数据）链、供应链、产业链中扮演重要角色。区块链与数字货币的出现，为整个金融行业变迁、要素重组和功能演进带来巨大冲击。大数据、物联网、5G、6G、人工智能等新技术正在改变传统金融工具、商业模式和潜在业态，金融要素的数据功能被扩展出来、体现出来、发挥出来。金融要素已不仅是一种生产力要素，而且其在要素配置过程中也发挥着重要作用，通过"数据"的整合与利用，可以实现个性需求的"精准订制"与"普惠共享"。

　　为了应对新的形势与变化，笔者基于多维视角对数字金融的本质、发展历程、外部性影响、风险监管作了分析，秉持金融是"国之重器"的重要判断。特别是，大数据演变为无孔不入的数字应用，以无形的力量冲击着金融行业。数据作为数字时代的关键生产要素，金融业是数据积累最为深厚的行业，数字金融发展更是注重数据的信息功能。当前，我国经济面临需求收缩、供给冲击、预期减弱三重压力，需要更好发挥金融在资源配置、信息传递、风险控制和宏观调控中的政策集成效应。

数字金融具有科技性、普惠性、政策性和靶向性等鲜明特征，能够扩大金融服务覆盖面，引导金融资源流向新型基础设施、中小微企业、"三农"等经济发展的重点领域和薄弱环节，在加速资金流通、支持经济转型发展、促进区域经济增长等方面作用显著。从实际情况看，数字金融发展已经取得了长足进步，但是在信息安全、数据安全、金融体系稳定等方面仍存在诸多风险，对传统法律体系和金融监管提出了严峻挑战。

在这种情况下，笔者着手于《数字金融概论》教材的撰写工作，力图能够结合经济社会发展实际，结合最新的数字技术与金融发展前沿理论，为金融、经济学类专业的学生提供一本贴合实际、内容充实、题材新颖、范围宽广、简洁清晰的教学用书。我们对《数字金融概论》的体系进行建构，形成了符合数字金融教学要求和时代要求的理论体系。希望能为我国数字金融人才的培养尽一份绵薄之力。

本书可作为金融、经济学类专业本科生教材。立足教材用书这一定位，笔者系统性阐述了数字金融的深刻内涵与演进过程，深度揭示了数字金融的本质。在内容方面，本书综合了大量国内外最新资料、理论，系统梳理了数字金融的产生、成长、发展和监管，体系较为完善新颖。同时，本教材在每章开始运用数字金融案例进行案例导入，使读者更加深入地理解数字金融的本质，在每章结尾处收集整理了历年考研真题，以便教师更好地掌握学生学习情况以及让学生更深入地理解数字金融的相关知识。

本书共分为九章：第一章导论；第二章数字技术；第三章数字资产；第四章数字支付；第五章数字众筹；第六章数字货币；第七章数字理财；第八章数字金融立法；第九章数字金融风险与监管。上述内容基本上涵盖了数字金融的各个方面，形成完整的理论教学体系。

本书参考了若干文献资料、专著和研究报告，在此特向相关作者表示诚挚的感谢。由于编写时间较短，编者水平有限，不当之处在所难免，恳请同行专家和读者批评指正，衷心期待广大读者提出宝贵意见，以便共同提高教材质量，推动中国数字金融领域的发展。再次对相关作者表示感谢！

张小勇

2022 年 12 月

目 录

第一章 导论 …………………………………………………… (1)
  案例导入 ………………………………………………… (1)
  第一节 数字金融概述 …………………………………… (2)
  第二节 数字金融发展概况 ……………………………… (10)
  第三节 数字金融与传统金融的异同 …………………… (18)
  第四节 数字金融的外部性作用 ………………………… (20)
  本章小结 ………………………………………………… (22)
  资料拓展 ………………………………………………… (22)
  考研真题 ………………………………………………… (24)

第二章 数字技术 ……………………………………………… (25)
  案例导入 ………………………………………………… (25)
  第一节 大数据 …………………………………………… (26)
  第二节 云计算 …………………………………………… (33)
  第三节 移动数字 ………………………………………… (39)
  第四节 物联网 …………………………………………… (46)
  第五节 区块链 …………………………………………… (51)
  本章小结 ………………………………………………… (64)
  资料拓展 ………………………………………………… (64)
  考研真题 ………………………………………………… (65)

第三章 数字资产 (66)

案例导入 (66)

第一节 数字资产理论概述 (67)

第二节 数字资产的应用 (71)

第三节 数字资产经营风险分析 (81)

第四节 数字资产发展趋势 (84)

本章小结 (86)

资料拓展 (87)

考研真题 (88)

第四章 数字支付 (90)

案例导入 (90)

第一节 数字支付概况 (91)

第二节 数字支付发展趋势 (97)

第三节 数字支付运营模式 (103)

本章小结 (112)

资料拓展 (113)

考研真题 (115)

第五章 数字众筹 (116)

案例导入 (116)

第一节 众筹融资的内涵 (117)

第二节 数字众筹兴起的基础 (122)

第三节 众筹模式的划分 (126)

第四节 股权众筹 (128)

第五节 众筹项目运作机理 (130)

第六节 我国众筹行业发展状况 (132)

第七节 众筹的风险与法律问题 (140)

本章小结 (143)

资料拓展 (144)

考研真题 (145)

第六章　数字货币 ……………………………………………（146）

案例导入 …………………………………………………（146）

第一节　数字货币概述 …………………………………（146）

第二节　数字货币的性质 …………………………………（155）

第三节　数字货币的风险 …………………………………（160）

第四节　数字货币的监管 …………………………………（165）

第五节　数字货币的未来展望 ……………………………（167）

本章小结 …………………………………………………（169）

资料拓展 …………………………………………………（170）

考研真题 …………………………………………………（172）

第七章　数字理财 ……………………………………………（173）

案例导入 …………………………………………………（173）

第一节　数字理财的概述 …………………………………（174）

第二节　数字理财产品——余额宝 ………………………（178）

第三节　数字理财的特征 …………………………………（184）

第四节　外国商业银行的数字理财 ………………………（187）

第五节　数字理财的监管 …………………………………（190）

本章小结 …………………………………………………（198）

资料拓展 …………………………………………………（198）

考研真题 …………………………………………………（199）

第八章　数字金融立法 ………………………………………（200）

案例导入 …………………………………………………（200）

第一节　数字金融法律体系的问题 ………………………（201）

第二节　数字金融法领域的问题 …………………………（205）

第三节　数字金融民法领域的问题 ………………………（212）

第四节　数字金融法律环境滞后的表现 …………………（217）

第五节　数字金融风险的法律治理 ………………………（219）

本章小结 …………………………………………………（222）

资料拓展 …………………………………………………… (223)
　　考研真题 …………………………………………………… (223)

第九章　数字金融风险与监管 ………………………………… (225)
　　案例导入 …………………………………………………… (225)
　　第一节　数字金融的风险 ………………………………… (226)
　　第二节　数字金融监管的理论支撑 ……………………… (240)
　　第三节　构建我国数字金融监管体系 …………………… (245)
　　第四节　数字金融其他相关法律法规介绍 ……………… (253)
　　本章小结 …………………………………………………… (254)
　　资料拓展 …………………………………………………… (255)
　　考研真题 …………………………………………………… (256)

参考文献 ………………………………………………………… (257)

第 一 章

导　　论

案例导入

　　数字技术正在改变着人们的生产生活方式，特别是在金融、经济领域得到了广泛应用，衍生出了许多金融新业态、新行业、新产品。近年来，数字金融是随着网络信息技术的进步与广泛应用而衍生出的一种全新的金融模式，简而言之，是"数字"与"金融"的结合。

　　数字金融的概念最早于2012年被谢平提出，他将数字金融定义为："在这种金融模式下，支付便捷，市场信息不对称程度非常低。资金供需双方直接交易，银行、券商和交易所等金融中介都不起作用。可以达到与现在直接和间接融资一样的资源配置效率，并在促进经济增长的同时，大幅减少交易成本。"2013年6月13日，支付宝理财产品余额宝上线，推出一年后用户数量达到了1亿人次，总资产规模达到5700亿元人民币，成为世界第四大货币基金。2014年春节期间，腾讯微信凭借抢红包等游戏使微信支付在短时间里吸引了众多客户，创造性地实现了非交易银行卡转化为现金账户的新模式。面对如今宏观经济形势越发复杂、各行业间竞争加剧、技术应用不断创新的大环境，以金融为代表的行业更是加剧了数字化转型的步伐。2018年"双11"当天，中国人民银行旗下的全国网联清算平台（Net Union Clearing Corporation，NUCC）办理的跨机交易数量达到了11.7亿笔，在高峰时段每秒钟处理交易数量超过9.2万笔。腾讯2019年第四季度业绩报告显示，腾讯金融科技理财通业务的资产保有量将冲破9000亿元，同比提升约50%，平台使用客户突破2亿。数字金融是应对当下竞争的良策，也是未来金融高质量发展的必经之路。

第一节　数字金融概述

中国数字金融的兴起稍晚于国外，1999年12月，首信易支付在北京创立标志着数字金融服务在中国的开端。2012年，谢平首次提出"数字金融模式"的构想和概念。紧接着，2013年被称为我国的数字金融元年，2018年称为数字金融的转折之年，P2P网络贷款、众筹融资、现金贷等纷纷涌现，逐步形成了数字金融谱系。当前，数字货币、数字资产、数字理财等新业态正在改变传统金融发展模式和格局。

一　数字金融的内涵

（一）金融的含义

在1915年发行的《词源》中，金融旧称为银根。而如今，金钱之融通谓金融。按照1990年经济管理出版社出版的《中国金融百科全书》所述，金融指的是货币流通、信贷活动以及与之有关的经营活动的统称。金融的本质就是在信用的基础上以杠杆和透支的方式实现资金融通与数据服务的一切活动的总和。

（二）数字金融（Digital Finance）

数字金融字面含义为数字技术与传统金融的融合。虽然通常被看作一种只在中国学界和业界应用的术语，但Koh等人（1973）指出了互联网平台创新对金融信贷具有重要意义，蕴含着互联网金融的深刻内涵；Fixler（1996）以"Cyber Finance"（网络金融）为题，探讨对数字银行业的管理与完善（Regulating Banking on the Internet）。严建红（2001）首先在国内明确提出"互联网时代的银行业"，紧密结合数字技术与我国金融服务特点应对行业相关挑战及制定相应对策。张玉喜（2002）以"互联网金融"为名，深入研究金融服务与互联网网络信息技术融合（包含在线银行业务、网上证券、在线投保、在线交易、在线结算等业务）而形成的区分于中国传统金融机构的新的风险。"现代数字金融服务"成为一种专门名称在国内学术和业内提起，实质上更多是指谢平（2012）所说的"现代互联网金融服务模型"。虽然我国的传统市场经济理论晚于西方形成的金融市场发展体系，但其程度和发展速度远超同时代的西欧国家。

传统金融有一般等价物、支付手段、交换媒介、延期支付、贮藏手段等功能，即使有潜在的数据功能，也是难以普遍发挥作用的。但数字金融比起传统金融，增加了新的"数据功能"。众所周知，传统金融在服务实体经济的过程中主要以资金融通为主，金融要素只是单纯地作为生产要素之一，但是，数字金融在作为生产要素的同时，还能通过数据的聚合与裂变功能，弥合传统生产要素结构的缺陷，使生产经营活动、价值生成过程变得更加有效。

数字金融基于区块链底层技术，而区块链技术体系为数字金融赋能：数字金融的数据功能被扩展出来、体现出来、发挥出来。我们说数字经济时代，数字资产化，就需要数字化货币的"数据化"。数字经济时代不仅是数据资产化，而且是数据"资源化"，即诞生了重要的"数据资源"，也就是说，在自然资源、劳动力资源、人力资源、智力资源之外，又多了一种重要的"数据资源"。数据资源的功能具有横向性，即在本身是一种生产要素的同时，又在要素配置过程中发挥重要作用：为追求资源增量为主，向提升配置资源存量水平与提高生产效率为主提供了广阔的空间，通过"数据"的整合与利用，实现了个性需求的"精准订制"与共性需求的"和谐共享"。实际上，就目前而言，凡是涉及金融领域的网络应用，都可以称为数字金融。包括人们所熟知的支付宝、财付通等第三方支付交易，还包括P2P等网络借贷，以及影响领域更加广泛的众筹、数字虚拟货币、网络保险、网络理财等行业。与传统金融不同的是，它仅需要数字技术和客户端来进行传导，这种虚拟的服务体验将会逐渐地被广大用户所认可，很自然地会扩大它的优势和发展空间。在未来中国的数字金融发展过程中，将最大限度地满足顾客的新要求和靶向性地制定个性化体验，以发展更多的新服务产品不断打造数字金融新高地。

二　数字金融的参与主体

数字金融参与主体大致被分为四类，分别是资金供给者、资金需求者、中介机构和监管机构，各参与主体间都涉及此消彼长的利益关系。中介机构肩负着连接资金供给者和资金需求者的作用，通过挑选风险相对较低的需求者并为他们进行募资，开展低风险的合规运营。然而，为达到自身利益的最大化，中介机构会去选择风险高的需求者进行违规运营,以获得与高风险相对应的高收益,这种行为却给资金供给者带来了潜在的伤害,加剧了数字金融系统内部的风险,这时就需要监管机构对数字平台的运营方式进行监管。

(一) 资金供给者

传统金融机构的资金供给者主要包括商业银行、证券、保险、基金和小额贷款公司。由于数字企业在经营过程中广泛运用数字思维而将传统金融业务外化、渗透,这些数字企业不仅向市场提供了资金,而且还向传统金融忽略的"低净值客户"提供资金。包括以互联网为渠道的综合型公司,如苏宁、国美、海尔等,这些企业通过互联网渠道将业务进行渗透,还包括部分新兴数字企业,如阿里巴巴。

(二) 资金需求者

数字金融模式下的资金需求者涉及政府部门、企业和个人,同时也包括被排斥在传统金融门槛之外的、相对弱势的组织机构和个体需求者,这与传统金融相一致。P2P 贷款、信托、基金等金融模式为资金需求者提供了不通过商业银行的融资渠道。资金需求者(借贷者)的信用出现问题,必然增大信贷违约风险。若数字金融只重视资金流通和交易,忽视了对资金的跟踪,就很难保障借贷者把资金应用到真实用途,更无法保障其偿还能力。如图 1-1 所示。

(三) 中介机构

数字金融借助高效的技术,可以在一定程度上解决金融市场上的信息不对称问题,交易各方通过网络进行信息直接对接,从而对中介机构的依赖性将明显降低,但这并非意味着数字金融市场没有中介机构。就现阶段中国数字金融的发展现状来看,移动支付、第三方电子支付系统等已经成为新兴数字金融模式下的重要中介机构。金融中介有必要充分利用其大数据、人工智能资源,加强对风险的识别、评估和应对,提高金融风险管理水平;同时,积极建立和维护与其他市场参与主体的社交网络关系,发展社交金融,促进金融市场的稳定发展,提高金融市场有效性。

(四) 监管机构

监管机构可以适当增加对高风险运营平台的处罚力度,反而有可能降低监管效率,使监管机构疏于履行社会职责。一种更好的方式是,在

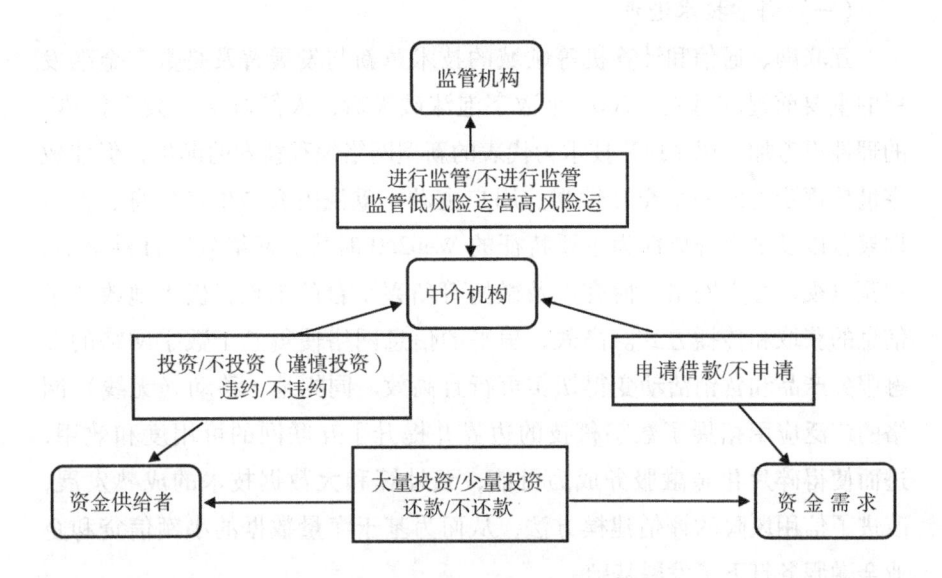

```
                    ┌──────────┐
                    │ 监管机构 │
                    └────▲─────┘
                         │
              ┌──────────┴──────────┐
              │ 进行监管/不进行监管  │
              │ 监管低风险运营高风险运│
              └──────────▲──────────┘
                         │
                    ┌────┴─────┐
                    │ 中介机构 │
                    └──────────┘
         ↗                              ↖
┌──────────────────┐              ┌──────────────────┐
│投资/不投资(谨慎投资)│              │ 申请借款/不申请  │
│   违约/不违约     │              │                  │
└──────────────────┘              └──────────────────┘
         ↓                                    ↓
┌──────────┐    ┌──────────────┐      ┌──────────┐
│资金供给者│◄──►│大量投资/少量投资│◄──►│资金需求  │
│          │    │  还款/不还款  │      │          │
└──────────┘    └──────────────┘      └──────────┘
```

图1-1　数字金融各参与主体间的关系

维持监管质量不变的情况下尽量压缩监管成本，提高监管效率，具体的方式可以鼓励社会监督和行业自律。从监管流程的各个环节看，对日常监管和重点监管设定不同的标准，用特定监管补充日常监管可以确保监管的全面性。金融领域呈现的去中心化、去中介化等特点，使监管任务日益繁重，而大数据、云计算、人工智能等关键技术的突破可以为改进监管手段带来新的机遇。

三　数字金融兴起的原因

自20世纪90年代中期民用数字技术在美国率先广泛应用之后，美国等主要发达国家的数字金融开始普及和广泛应用。值得注意的是，美国数字金融的发展是一个以传统商业银行为主导的、相对缓慢而渐进的过程，它不但没有进行过中国式的"井喷式"增长，也没有给其传统金融服务业态与金融业的发展格局造成重大挑战和冲击。换言之，美国数字金融与传统金融之间的融合是一个较为自然和渐进的过程，而中国数字金融的强势崛起引发了诸多矛盾和争议。事实上，数字金融在我国的快速发展是一系列特殊因素共同作用产生的结果。

(一) 科学技术进步

互联网、通信和计算机等领域的技术革新与发展普及是数字金融发展的重要前提和基石。2001年数字泡沫破灭后，人们对于"数字狂热"的理性思考加上以AJAX技术为代表的新型网络编程技术的诞生，促使数字世界逐步走向一个交互性强、用户主动，重视内容与生产信息、大数据聚合以及平台开放性为主要特征的Web2.0时代。网络数字百科全书、视频电视、社交网络、博客以及微博等新兴平台的出现，极大地改变了信息的获取和传播方式。高效、扁平的信息网络使得基于数字网络的金融服务产品和营销活动变得切实可行且高效。同样地，移动（无线）网络的广泛应用拓展了数字科技的边界并提升了互联网的可用度和效用，进而使得碎片化金融服务成为可能；云计算和大数据技术的成熟发展，改进了信用风险的评估建模方法，从而为基于海量数据的小额信贷和企业金融服务打下了发展基础。

(二) 金融制度创新

我国长期以来的以利率和信贷规模管制为特征的金融抑制扭曲了金融资源的市场化配置机制和金融机构的创新意识与能力。其后果主要是，一方面，广大中小企业的融资需求和草根阶层的金融服务需求遭到抑制和漠视；另一方面，金融机构将大部分精力放在了如何规避信贷规模管制，从而采取了持续扩大资产负债表的方法追逐高额收益，而不是专注于创造差异化的服务产品、提高服务水平和效率、强化产品创新能力。在特殊环境下，金融资源的错配以及传统金融意识和行为的歪曲，为中国数字金融服务的萌芽与高速成长提供了有利条件。

(三) 市场化刚需

长期以来，中国金融市场尤其是资本市场和债券市场发展速度缓慢，传统银行部门始终占据绝对主导地位。有限的投融资渠道与旺盛的投融资需求之间始终存在着突出的矛盾。一方面，不同领域、不同规模、不同形式的企业融资需求难以借助传统的银行信贷方式得到有效满足，储蓄—投资转化渠道并不顺畅、效率低下，这刚好给数字融资平台、众筹融资以及小额贷款等数字金融模式的快速发展创造了机遇。另一方面，社会资金盈余方除了投资银行存款产品之外，难以通过投资高成长性的股票市场和基金市场等其他方式配置资产组合、谋取高收益，而这也就是认购门槛低、名义回报率高、融资手段灵活便捷的"余额宝"式网络金融理财产品获得市场热捧且迅速流行的主要原因。

（四）综合改革赋能

1. 货币市场利率上调。2013年以来，在金融机构的流动性错配持续增强以及利率市场化加速等各种原因的共同影响下，货币市场利率（尤其是月末、季度末等重要时点）持续上涨，从而整体上抬高了依靠货币市场基金的数字金融理财产品的总体收益。

2. 金融业分业监管架构。在目前的分业监管架构之下，不同监管部门对于数字金融这一跨行业、跨领域的金融创新模式需要一个认知、评估和协调的过程，进而为数字金融的发展预留了最大监管真空期。

3. 数字技术逐步发展。传统电子商务和数字企业经过十余年的发展和积累，逐步形成了依靠互联网技术、客户以及大数据分析建模优势而进入新金融领域的能力，这是一种从量变到质变的进程。

4. 消费主体增加。刚进入工作岗位和逐步变成社会消费主体的青少年对网络的广泛接触乃至依赖性，增加了数字网络使用中的网络外部性。所以，新兴数字金融通常可以在网络平台中呈现几何级数扩散，其推广与普及的速率通常远超传统金融产业。

四　数字金融的演进特征

（一）去中心与民间化

在中国传统的金融模式下，资金供给方和需求方之间的对接通常需要媒介，以商业银行、证券公司以及保险公司为代表的金融机构则扮演着金融服务媒介或中枢的角色。金融资源最先向金融机构聚集，然后由金融机构完成金融资源的配置和再分配。传统的资源配置方式在现代数字金融模式下被打破，资金供给方和需求方可以通过数字网络直接衔接，从而摆脱了对传统的"资金中枢"的依赖性。这不但极大地提高了金融资源配置的有效性，而且让许多中小企业和普通百姓也能够享用到更加简单有效的现代金融服务。

（二）跨行业与跨产品

数字金融的另一个重要特点就是大大降低了传统金融服务业务的市场准入门槛，使得金融服务创新不再是传统金融机构的专利。数字企业和电商企业，依托于专业的数字技术以及多年积淀下的大数据库，可以设计研发出品种丰富的各种类型金融产品，进而给数量庞大的顾客群体带来个性化的金融服务。因此，从行业层次上说，互联网、电商企业与传统金融信息服务业之间的竞争必然存在着交叉。而从产品设计层次来说，互联网公司独特的开放、创新思想使其设计研发出的金融产品模糊了传统金融服务产业的界限，促进了金融创新的发展步伐。

（三）成本低与效率高

在数字金融模式下，资金供求双方之间的信息甄别、需求匹配、产品定价以及交易结算都可以通过网络平台进行，数字的开放和共享特性不仅极大地降低了金融交易的成本，而且提高了信息的传播效率和透明度。另外，通过运用数据挖掘和云计算技术等新型信息技术，数字企业和电子商务公司还可以在准确建模和把控市场风险的基础上，大大提高融资周转率和信用服务的质量。

（四）发展快与覆盖广

在数字金融模式下，金融产品的设计开发和市场营销十分高效便捷，创新型金融产品往往凭借电子商务公司成熟的客户群以及网络公司的号召力向整个社区快速推广，新型产品的认知与流行速度很快。从技术层面来看，移动数字技术的成熟和终端设备的普及极大地拓展了数字金融服务的地理边界，无线通信覆盖范围之处均可开展网络金融服务。从业务种类来看，数字金融极大地便利了中小企业融资和草根阶层的碎片化财务管理，从而在一定程度上覆盖了传统金融业务的盲区。

（五）风险大与监管难

迅速发展的数字金融也蕴藏着巨大的风险。一方面，在我国信用体系仍不完善、相关法律法规仍不健全的背景下，以网络借贷为代表的网络金融服务的违规成本相对较低，因此极易引发社会道德风险并影响金融机构的稳定。同时，由于网络世界十分复杂多变，如何在黑客攻击和病毒横行的国际开放性网络中保障金融消费者的信息自由和资金安全仍是一项不小的挑战。从金融监管层面来看，数字金融的跨界和开放特性往往使得各国现有的监管框架难以对其进行有效监管。在不抑制数字金融创新活力的前提下，有效管控其潜在风险是一项全新的全球性课题。

五 数字金融的功能

（一）支付结算功能

数字金融领域主要以数字支付来实现金融的支付结算功能。中国第三方支付服务市场形成了以支付宝和财付通为主的双寡头市场结构。数字支付涉及的主体有个人客户、第三方支付机构以及商业银行。传统银行支付体系中，由客户在银行开立支付账户，客户发布付款指令之后由银行完成资金划转。数字金融沉淀的庞大用户群体已经养成了线上支付习惯，甚至形成了路径依赖。同时，5G商用正式启动，公共无线网络覆盖范围持续扩大，为各种消费场景下的网络支付提供了技术支撑和现实条件。

（二）资产配置功能

资产配置功能是金融体系的核心基础，重点体现在动员储蓄和优化投资方面。然而，我国一直存在着中小企业融资难的情况，一方面是因为中小企业自身发展不健全，另一方面又有外部市场不完善和体制不健全等原因。传统金融体系始终无法解决这一问题，而数字金融则表现出独特的优越性。正是因为数字技术对于结构化数据和非结构化数据处理的科学和高效，使得信用贷款实现跨越式发展，资金供求双方借由数字金融平台就可以实现信息的自动匹配，实现资源配置的去中介化。

（三）信息管理功能

信息在金融领域具有非常重要的意义。随着大数据、云计算等数字网络技术的蓬勃发展，传统金融管理信息的效率和质量无疑将得到极大提高。在数字金融模式下，数字平台不仅可以作为信息资源的入口，收集不同的信息，还可以通过数字技术实现信息的有效整合，为数字用户输出更有价值的信息。通过数字金融可以构建信息管理体系，维护企业内外部的信息沟通，提升企业的内部控制水平，进而为企业的发展提供稳定的平台和良好的形象。

（四）风险管理功能

交易成本和信息不对称将产生逆向选择和道德风险。根据传统的金融中介风险理论，艾伦和萨托莫（Allen & Santonmero, 1998）认为，"可以定义金融中介为通过金融资产而经营金融风险的机构。依据中介发行、交易或偿付金融资产的实际功能，中介正管理和交易着风险"。而通过网络信息技术进行资源挖掘，能够极大地减少交易费用与信息不对称，从而促进风险管理与优化资源的配置。以众安保险为例，数字金融的风险管理相对于小额、数量大、标准化的产品来说具有突出的优势，同时，可以与传统风险管理形成竞争与互补格局。

（五）经济调节功能

金融的经济调节功能主要是指货币政策、财政政策、汇率政策、产业倾斜政策等通过金融体系的传导实现调节经济的目的。数字金融作为一种兼具技术性与金融性的创新型工具，既能依靠数字动能推动高技术产业的发展，也能够发挥技术福利与竞争效应实现对传统产业的改造，以营造优良金融环境共同促进产业结构的转型升级。这将促使整个金融产业运用互联网思维建设运营，依靠数字化技术提高产业内部的生产效率，依靠产业倾斜等各项政策，不断增强数字金融的经济调节功能。

第二节 数字金融发展概况

一 中国数字金融发展脉络

通过梳理中国数字金融1997—2019年的实践情况与学术成果，可以发现中国在全球数字金融的发展浪潮中逐渐实现从"跟随"到"引领"的演进，主要包括以下四个阶段。

（一）中国数字金融硬件革新（1997—2005年）

该阶段数字与金融的结合主要体现为传统金融机构通过革新数字所需的硬件设施，达到业务数字化的要求，这与西方发达国家数字金融的第一轮高速成长相类似。以招商银行1997年率先实现硬件创新、打造国内首家网上银行为代表，之后相继被各大商业银行和其他金融机构模仿。但是，这个过程中形成的网上银行等金融业务模式相似于普通银行的分支机构，没有在功能上进行区别，只是具备其网络覆盖范围较宽的优势。

（二）中国数字金融技术革新（2006—2012年）

该阶段真正运用了新兴的网络信息技术，将数字网络和金融业有效地结合，并深入中国传统的金融服务领域，即传统金融机构运用网络信息技术发展高品质服务，更主要的是推动数字企业运用电商、社交互联网、移动支付等信息技术服务进入传统金融领域。以2006年我国首家网络征信企业"宜信"的创立为标志,至2011年中国人民银行开始颁发第三方支付牌照,为中国数字金融技术大发展夯实了基础。

(三) 中国数字金融模式革新（2013—2016年）

2013年被称为"中国数字金融元年",数字与金融结合体现为更加金融化、结构化的结构性理财产品大规模出现,且成为数字金融行业蓬勃发展新趋势。数字企业推出各类数字金融新模式,其中中国互联网公司提出各种网络金融服务模式,以2013年6月"余额宝"的成功上线为标杆。起初,中国数字金融的模式主要以引入本地化西方成熟市场中已有的数字金融模式为主,如发展自己的第三方支付、P2P、众筹平台等,但到后期中国数字金融市场出现了更多具有中国特色的数字理财产品,真正使数字金融行业呈现"井喷式"发展。

(四) 中国数字金融监管革新（2017年至今）

自2015年开始,中国各级政府部门以及有关机构先后发布了有关数字金融领域管理的若干规定,但这些政策并没有真正落实到位。而到2017年2月23日中国银监会印发《网络借贷资金存管业务指引》,同年6月28日央行等十七部门联合印发《关于进一步做好数字金融风险专项整治清理整顿工作的通知》,并明确提出将专项整治工作延至2018年6月底完成。监管验收等实质性监管条例的出台,真正标志着数字金融在中国市场进入了监管革新阶段。

综上所述,第一、第二阶段中国数字金融主要完成了技术创新与积累,而第三阶段则对传统金融业改革形成了真正的冲击,也引起了更多来自地方政府部门、学术界和业内人士的重视。相较于欧美、日本等数字技术与金融市场率先发展的成熟市场,我国数字金融业务和服务均起步较晚,但后期发展速度迅猛,主要体现在第三阶段中的跨越式发展。例如,早在20世纪90年代,西方发达国家的金融成熟市场中缺乏物理网点的网上银行（纯数字银行——SFNB于1995年在美国创立）、网上证券（纯网络证券公司——美国的E-trade创立于1992年）、网上保险（美国家庭人寿保险公司和日本电信共同投资的数字直销的保险公司创立于1997年）开始发展,此后,数字金融随着第三方支付（1999年PayPal在美国成立）、众筹（2003年ArtistShare在美国创立）、P2P网贷（2005年

ZOPA 在英国创立）等具体商业模式逐渐形成，并与传统金融体系演进式融合。

围绕着网络金融的发展实践，广大投资者和专家学者对于数字金融的探讨均较好地证实了上述由起源走向发展的跨越式变化。本章截取百度指数中 2011 年至今的以"互联网金融"为关键词的搜索指数，如图 1-2 所示，互联网金融的中文搜索量自 2013 年开始缓慢增加，至 2015 年达到巅峰，而后震荡下降。

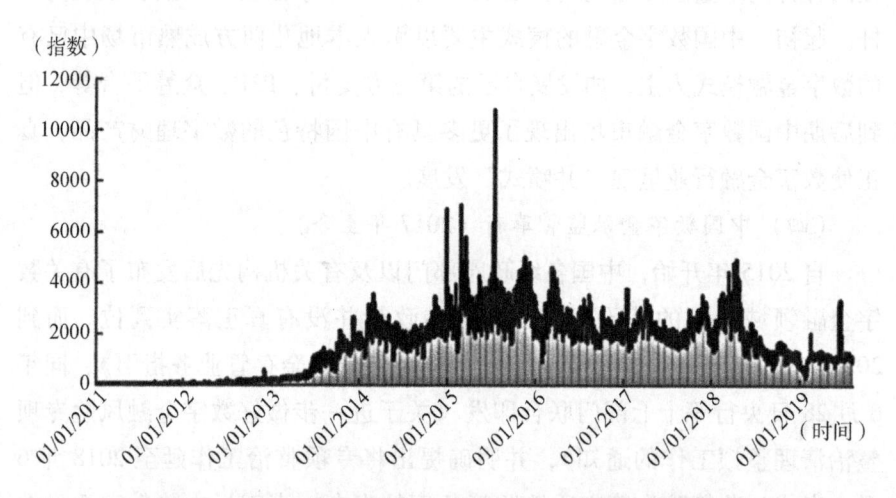

图 1-2 以"互联网金融"为关键词的百度搜索指数分布

二 国外数字金融发展概况

（一）美国

1. 网络信贷

近年来，随着网络的普及和使用率的上升，网络借贷作为新生事物也悄然出现，在一定程度上缓解了个人及中小企业融资难的问题。美国对网络信贷的监管框架相对较为复杂，包括多个监管部门、涉及多家监管机构，但与存款类金融机构相比，对网络信贷机构的监管相对宽松，基本没有市场准入的限制，重点是对放贷人、借款人权益的保障。美国监管当局对 P2P 网络贷款给出了比较明确的定义。美国著名 P2P 网络借贷平台，主要包括 Prosper、LendingClub 等，其中 Prosper 是业界领头羊。美国监管机构对于网络贷款的法律性质给出了明确界定：出借人和借款人自由交易，是一种直接融资方式。Prosper 通过建立和运营网络平台，向出借人发放支票构成了证券法规范的股票发售活动，但必须列入证券监管的范围，并要求依照证券法规范注册。例如，一家网络贷款机构 LendingClub 受到了此类处罚，而 Zopa 也需暂停它在美国分支行的业务。禁令发出的 9 个月后，Prosper 完成了注册并获准重新开业。由此，在美国 P2P 网络贷款有了清晰的定位，并掌握其合法经营的原则，将其纳入监管轨道，防范了金融风险，保护投资者的利益。

2. 众筹融资

2012 年，美国通过了创业企业融资法案 JOBS 法案。其意在于让中小企业在符合美国联邦证券交易条例规定条件的同时，更易于获得新投资者并得到有效融资，以解决美国当时面临的失业问题。众筹股权融资中，在保障投资人权益等方面也进行了更细致的规范。一是适当放开众筹股权融资。法案明确了满足条件的众筹融资平台不必到 SEC（Securities and Exchange Commission，美国证券交易委员会）注册就可以进行股权融资。二是保障投资人权益。法律对融资者和提供公共服务的投融资平台做出了具体规定，以保障投资人权益。融资者应当要求 SEC 和股东提供有关公司运营和财务管理方面的年度报告。同时法案在行业准入、业务自律、资本交易、风险披露、防范欺诈、法律保障等层面对投资平台加以限制。

3. 第三方支付

美国对第三方支付实行功能监管，将第三方支付视为货币转移业务，把从事第三方支付的机构界定为非银行金融机构，监管机构涉及财政部通货监理署、美联储、联邦存款保险公司等多个部门，其监管的重点是交易过程而非从事第三方支付的机构。欧盟对第三方支付实行机构监管，倾向于对第三方支付机构作出明确界定，并主要通过对电子货币的监管来实现，第三方支付机构只有获得银行或电子货币机构营业执照的情况下才能从事相关业务。

（二）欧盟

1. 网络信贷

欧盟与网络信贷相关的立法主要是消费者信贷、不公平商业操作和条件等方面的指引性文件，这些指引对信贷合同缔约前交易双方提供的信息（如包含所有可预见税费在内的信贷成本）和各方权责作出了规范。

在具体管理方面要求只有注册的信用金融机构才可以利用互联网发布信用广告,同时对互联网信用提出了较其他信用媒介更加严苛的内容发布条件。

2. 第三方支付

近年来,欧美等发达国家对第三方网络交易的监管指导也逐渐由"自律的放任自由化"向"强制性的监理"过渡。一是相继出台了许多关于电子商务交易、非银行金融机构产品和服务等立法;二是建立了与自身第三方交易事业发展状况相适应的监管方式;三是欧盟将第三方支付机构纳入金融类企业监管,监管部门则为金融管理机构,并对第三方支付企业进行了明晰的责任划分。

3. 网络银行

欧盟对网络银行的监管模式较为创新,欧洲中央银行要求各成员国国内监管机构对网络银行采取一致性监管原则,并负责监督统一标准的实施,其监管的目标是提供一个清晰、公正的法律环境,坚持适度审慎和保护消费者的准则。

(三) 日本

日本主要是通过《贷金业法》《出资法》《利息限制法》对非银行民间金融公司资金借贷加以管制,并加强对贷金业者的行为规范。

1. 从证券入手

乐天希望收购的证券业务能与乐天集团电商业务相互促进,让证券业务为乐天带来更多的会员,让乐天在线零售网络平台"乐天市场"中累积的大批社员转变为股票金融服务的主要客户,通过数字的方式,让证券投资变得更为方便,从小众变得逐渐普及,同时也通过提供金融服务增加了公司的业务经营范围。

2. 从信用卡出发

在日本,第三方支付工具目前几乎没有什么市场(日本经济产业省的统计结果)。对于七成交易都要通过刷卡方式进行消费的"乐天市场"来说,刷卡已经成为把控消费资金来源的主要交易方式,与传统商家业务联系密切,所以刷卡对乐天市场来说就像是支付宝对应阿里的位置一般。近年来,通过乐天信用卡购买的成交额也增长迅速,2012年达18020亿日元，比 2011 年增加了 36%。①

3. 乐天银行

2010 年 5 月将乐天更名为乐天银行，截至 2015 年 2 月底开户数达到 422 万户，吸收存款 8194 亿日元。② 银行吸储功能为乐天带来了大量的资金，存款资本池里的资本也能够持续不断地为乐天的经营补充力量。使用乐天银行提供的服务获取的积分可以进行网上购买等其他业务，而使用其他业务所获得的积分也能够缴纳银行业务手续费。目前乐天银行账户类型分为个人、个体业者、企业三类，服务范围涵盖了传统线下银行业务的几乎全部范畴。

（四）俄罗斯

俄罗斯网民人数在欧洲诸国排名首位，并且维持着将近 20% 的增长速率，2016 年网民人数达到 5080 万。在包括搜索、社交、电商等在内的领域内，俄罗斯网络的发展有值得人们关注和借鉴的地方。

1. 搜索

Yandex 掌握了 60% 以上的俄罗斯搜索引擎市场占有率③，同时还是国内最大的网站，无论 Google 如何努力，始终无法突破 30% 的市场占有率，Yandex 每天要处理超过 1.5 亿次的搜索请求，2500 万网民每天都在使用着它提供的各项服务。

2. 社交

统计显示，俄罗斯网民保持着对社交网络的狂热兴趣，80% 以上的俄罗斯网民都使用着社交网站，而 2010 年才进入俄罗斯市场的 Facebook 尽管征服了全球 10 亿网民，但在俄罗斯却不得不向本国的社会化网络公司俯首称臣。俄罗斯最流行的社交网站 VK 拥有超过 1.2 亿粉丝，而主打社交的本土社交网站 Odnoklassniki.ru 的市场占有率也在 Facebook 之上。

3. 门户

Mail.ru 是俄罗斯本土最大的门户网站。另外，还有 Rambler.ru，不

---

① 数据来源：日本互联网金融中心，https://www.wang1314.com/doc/topic-22047621-1.html。
② 数据来源：《金融电子化报告》，https://www.sohu.com/a/270952072_672569。
③ 数据来源：中国贸促会电子信息行业分会，http://intl.ce.cn/specials/zxgjzh/201208/03/t20120803_23551014.shtml。

过这些门户网站也只是简单的信息查询平台，还不能构建出自己完整的商品与服务平台。尽管 Mail.ru 一直都在尝试发展着自身的轻博客业务，但是，就实际效果而言，这项尝试并未取得成功，因为受社交网络的影响，以往的门户网站对用户的吸引力也不可避免地会减弱。

三　数字金融的发展趋势

数字金融有利于丰富和发展多层次资本市场，提高直接融资比例，能够有效缓解长期以来困扰我国经济发展的三角债难题，并有助于高效整合产业链体系的上下游，推动行业整合发展。

(一) 数字金融产品服务将更具普惠性

众所周知，数字金融发展起来之前，我国传统金融产品的服务对象大多是一些违约风险较小、客户资信评级较好且收入相对稳定的高净值人群。对一些中低收入的普通大众来说，很难真正体验到传统金融发展所带来的这些惠益。数字金融产品的诞生则从根本上改善了这一状况，使更多普通大众从网络金融服务发展过程中获得更多利益。相关分析和调研结论充分证实，随着数字金融在我国的持续发展，其未来覆盖范围必定会愈来愈广泛，可以更好地满足广大人民群众的实际需要，进而真正实现普惠金融。

(二) 数字金融监管呈现持续完善趋势

数字金融的健康发展离不开监管工作的配套发展，这一点毋庸置疑。从数字金融诞生至今，我国政府及相关部门始终高度重视对其实施监管工作，尽管经历了曲折，但政府监督管理工作从未放松。数字金融是一种新兴金融业态，虽具备诸多优势和重大价值，但在具体发展过程中也表现出很多新问题。为了规范数字金融的健康发展，必须针对各种新问题、新挑战进行合理监督、有效监管，帮助其在健康发展的轨道上越走越远。从现有研究成果看，我国未来的数字金融监管呈现出持续完善态势。

(三) 数字金融与传统金融有效融合

一方面，数字金融对传统金融经营模式产生影响。通过数字技术不仅对金融的组织方式实施重构，还实现了金融风险的重新配置。数字金融缩短了资金融通中的链条，通过减少中间环节节约了传统金融机构中的高成本开支，降低了显性经济成本。另一方面，数字金融的发展对传统金融支付中介产生影响。依托现代数字技术的内在优势和平台支撑，第三方支付以其强大的用户黏性和增长态势冲击着支付结算行业，传统存款性金融机构的中间业务收入被大大分流。当前中国第三方移动支付交易规模正呈迅猛增长态势，且市场竞争格局尤为激烈。面对冲击传统金融业并未"坐以待毙"，而是积极采取有效措施以应对数字金融的螺旋式发展。可以预见，数字金融和传统金融双方的协作必然会更加完善，二者的融合也必将会越来越有效。挖掘需求、搭建综合平台、强化行业协同可以实现互惠共赢，进而使中国金融呈现多元化发展的良性趋势。

四　中国数字金融对经济的影响

（一）直接影响

1. 数字金融通过提高实体部门的融资可得性与缓解流动性约束，进而促进实体经济发展

在数字技术的帮助下，数字金融特别是移动支付和在线借贷，克服了地理障碍与传统风险评估的盲点，实现了以较低成本向中小企业和各地各类人群融资，尤其是为欠发达地区和社会低收入群体提供较为便捷的金融服务。除此之外，数字金融还为实体经济发展提供了保险服务，一定程度上对冲了实体经济的运营风险，重新调动了实体投资的积极性。数字金融发展可以通过更好的风险分担来提高生产效率，降低经济波动，促进经济快速发展。

2. 数字金融发展通过引导资金流向、降低信息不对称程度来增加创新研发投入

数字普惠金融具有政策性和靶向性，一定程度上能够抑制资本的逐利性和优化资本的配置方向，引导资金从过度繁荣的金融业和房地产业流向实体经济。政府高度重视金融改革，央行多次出台针对小微企业和"三农"领域的定向降准政策，动员金融机构为弱势经济群体提供普惠性贷款。同时，数字金融通过收集整合小微企业在互联网上沉淀下来的大量信息数据，借助大数据、云计算、人工智能等金融创新技术构建信用评估模型，改善信息不对称困境。

(二) 间接影响

数字金融发展引发创新效应，提振实体经济。实体经济发展是经济增长的根基，而推动实体经济的根本路径离不开科技创新。数字金融有助于弥补传统金融服务的不足，其诸多优势能更好地支持技术创新活动，进而促进创新绩效的提升。数字金融具有独特的信息收集和处理能力，能够更好地发挥信息筛选和风险甄别功能，促使风险评估成本和交易成本大幅度减少，进而降低中小企业的创新融资成本。依托社交网络、搜索引擎以及云计算等现代信息技术，能够有效降低信息收集和处理成本，改变传统金融服务的提供方式，更好地为创新活动提供融资支持。以信贷为例，P2P网贷平台通过互联网、手机等就可以实现在线信用贷款，信贷服务更加便捷，服务成本明显下降。创新融资成本的降低能帮助中小企业获得更多资金支持，进而激发其技术创新动力。综上所述，数字金融通过缓解创新融资约束、降低创新融资成本、提高创新融资效率等途径激励中小企业进行技术创新。

第三节 数字金融与传统金融的异同

传统金融主要具备存款、贷款和结算三大功能。数字金融是一种金融创新，是数字企业和传统金融机构利用数字技术和移动通信技术等现代信息手段，在各类金融服务行为中进行资金融通、交易、融资等信用中介业务的一种全新金融服务方式。数字金融改变的只是金融业务的技术和运作方式，而不会影响金融服务的实质与内容。数字金融与传统金融在本质上是一样的，核心功能不变，契约内涵不变，金融风险、外部性等概念的内涵不变。数字金融的蓬勃发展会造成结算脱媒、资产脱媒以及负债脱媒，极大地影响着传统商业银行的业务经营，但同时也调动着商业银行深化改革的积极性。数字金融与传统金融的区别主要体现在市场定位、技术基础、经营模式、治理机制和竞争优势方面。

一 市场定位不同

由于交易成本、搜寻成本及信息不对称等因素，中国传统金融领域多受"二八定律"支配。传统金融主要为"二八定律"中20%的中高端顾客提供金融服务，使得金融资源进一步向经济发达区域、中心城市、大型公司和高收入群体聚集，普通金融机构的理财业务给用户资金设置了一定的门槛，小额投资者较难进入。例如，长期以来，我国的商业银行不愿意对急需资金的中小微企业进行放贷，宁可把钱贷给一些并不急需资金的大公司。对小微企业和个体工商户为主的大众客户，他们的金融需求很难从传统金融业务中得到满足。然而，随着互联网时代的到来，数字金融迅速发展，80%的长尾小微客户可以享受到公平的金融服务。

二　技术基础不同

传统金融在处理存款、贷款、结算等相关业务的过程中主要使用电子终端设备，虽然数字技术在其中也扮演了一定的角色，但其深度和广度远不及数字金融中的深度和广度。数字金融服务基础互通网络系统、移动通信、互联网搜索引擎、大数据分析、云计算等先进技术手段，通过对海量非结构化数据进行挖掘和分析，及时发现目标客户及其相关信息，从而对产品进行定位以提高用户的黏性，进而对客户的信用数据进行积累。数字技术覆盖面广，信息获取和处理能力强，信息传播速度快，使资源配置效率更高，服务更为高效、便捷和个性化。

三　经营模式不同

传统金融机构与数字金融机构都在积极地运用数字技术，但在经营模式设计上是有差别的。传统金融机构拥有大量分布全面的实体服务营业网点，主要以线下服务为主，同时也注重线下向线上的扩展，借助工作人员进行金融业务的办理和处理。而传统网络金融服务公司则大多以线上业务为主，同时也强调从线上向线下的扩展，线上与线下相结合。在网络融资的运营模式下，融资供需双方依托网络平台找到与其融资时限、数额、利率相符的目标客户，即可实现融资的借贷。该模式不但程序简单、操作简便，同时更符合人性化的设计要求，可以更好地适应中小微客户的需求。

四 治理机制不同

传统金融大多为"二八定律"中20%的高端客户,但金融服务的规模一般较大,要尽量将风险降到最低,这些客户的相关资信记录较为详细、规范、完整,便于进行严格的监管。而随着网络金融服务的市场化水平逐渐提高,以往常规金融对行业、区域和时段的限制被打破,服务跨行业、跨地域、全天候,并出现了行业交叉跨界、组织主体广泛复杂的突出特征。

五 竞争优势不同

传统金融的竞争优势主要体现在资金、产品、风险管理、客户和实体营业网点等方面。传统金融机构体量大、资金实力雄厚,具备发展成熟的现代金融服务产品,资金来源和运用可直接对接,有一套成熟的风险管理体系,客户关系较为稳定,有完备的营业网点。而数字金融的竞争优势则主要体现在普惠性、效率、成本、技术和创新等方面。数字金融公司的用户目标主要为80%的长尾中小微用户,客户群体广泛,能够让那些无法享受传统金融体系服务的群体得到种类众多、更优质的金融服务,从而提高金融的普惠程度。

第四节　数字金融的外部性作用

《国务院办公厅关于金融支持经济结构调整和转型升级的指导意见》强调了促进数字金融发展的重要意义。数字金融作为科技金融的重要组成部分,是数字技术与金融相结合的新兴业态,是借助数字技术、移动通信技术实现资金融通、支付和信息中介等业务的新型金融模式。数字金融对于推动金融服务方式的革新、补充传统金融服务的缺陷、提升资本使用效率与质量,特别是减轻小微企业的投资负担都有着重大的现实意义。

一　促进金融产品创新

创新是数字金融发展的动力,也是数字金融的本质特征。大数据分析、云计算、新一代人工智能、区块链等现代信息技术的广泛运用，使得网络金融机构在线具有了强劲的核心竞争力和更广泛的前景。此外，随着民间借贷的逐渐规模化以及线上各种投资产品的出现，智慧金融也逐渐走向市场。目前，不少保险企业、证券公司都在探索利用电子商务网站、社交媒体，甚至微信平台来宣传自身的服务或产品，基于社交网络的金融服务产品和业务不断涌现。通过信息技术的运用可以不断提升金融产品和客户需求的匹配度，以缓解金融产品的错配，进而提升资本的配置效率。

二　弥合传统金融缺陷

传统金融机构的服务对象大多定在"二八定律"中20%的高端顾客，而数字金融机构的服务对象则大多为中小微企业、个体工商户、农户和个人等80%的长尾大众客户群体。传统金融系统无法满足庞大的长尾客户群体的支付、投资和融资需求。数字金融服务的问世则填补了传统金融范围狭窄的缺陷，使得一些不能获得普通金融机构支持的广大群体可以得到数量庞大、更加精准的金融服务。与传统金融相比，数字金融不受地域限制，具有低成本、低门槛以及高速运转的天然优势，并能够通过规模经济、外部经济以及范围经济促使金融资源多向流动，从而引致资本配置效率的提升。而资本配置效率的提升又会加快企业间的资金流速，进一步提升经济韧性。

三　降低企业融资成本

数字金融借助电商、第三方平台、社交网络等建立了大数据库，并利用数据挖掘技术，使得数据的供需双方都能够借助网络平台自动实现大数据的识别、配对、定价与交换。对于银行机构来说，就无须开设多个分行、聘用大批员工了。与以往的贷前调研、贷中及贷后核查的"三查"方式比较，数字金融成本低、见效快，也大大减少了业务成本。而对于用户来说，借助互联网就能够迅速发现最适合的金融供给，操作效率明显提高，同时业务成本与交易成本也得以降低。例如，支付宝提供的信用服务，有实名认证的客户可以现场办理，系统会调取客户信息并核实征信数据，还会自动评估并给予客户一定的贷款额度。与传统信用卡的开卡流程相比，省去了烦琐的线下申请和认证过程，同时也避免了人工介入与服务成本。

本章小结

数字金融目前尚无一个严格准确的统一定义，国内学术界和业界对数字金融的理解也存在分歧。综合以上观点，本书将数字金融定义为：传统金融机构与数字企业利用数字技术和信息通信技术实现资金融通、支付、投资和信息中介服务以更好地实现金融服务与价值增值的新型金融模式。

与传统金融相比，数字金融主要有服务高效、便捷、低成本、普惠性等特点。这些特点使数字金融能够服务于大量的长尾大众群体，从而提升资金配置效率和交易双方的体验，为客户提供便捷高效的金融服务。

数字金融改变的是金融业务的技术和运作方式，并没有改变金融的本质和功能。数字金融与传统金融在本质上是相同的，其核心功能和性质不变，契约内容不变，金融风险、外部性等概念的含义也不变。数字金融与传统金融的差异主要表现在客户定位、数字网络技术、经营模式、治理机制和竞争优势等方面。

数字金融的蓬勃发展离不开数字科技的进步，这是前提条件。没有互联网移动通信、大数据、云计算等现代信息技术的支撑，数字金融的发展就是一句空话。技术、社会需求和政策因素成为数字金融发展的主要驱动因素。

资料拓展

道德风险是在信息不对称条件下，不确定或不完全合同使得负有责任的经济行为主体不承担其行动的全部后果，在最大化自身效用的同时，做出不利于他人行动的现象。概念起源于海上保险，1963年，美国数理经济学家阿罗将此概念引入经济学中，指出，道德风险是个体行为由于受到保险的保障而发生变化的倾向。它是一种客观存在的，相对于逆向选择的事后机会主义行为，是交易的一方由于难以观测或监督另一方的行动而导致的风险。道德风险产生的原因：

1. 认识上存在误区

自20世纪80年代我国实行"拨改贷"以来，许多企业还没有从财政拨款、"伸手要钱"的惯性中转变过来，而政府因为种种原因，没有考虑到企业法人这个经济实体的客观要求，也没有注重培育银企之间"契约"关系、法制规则，结果只是形式上的转变，并没有真正建立银企之间的债务约束关系。尤其在我国转轨过程中，许多企业还不适应这种以"契约"为中心的规则，结果在巨大资金的需求下，企业仍然把银行当作靠山，"企业是国家的、银行也是国家的"，这就是企业用来逃废银行债务的冠冕堂皇的理由。

2. 法制观念淡薄

企业法人法制观念淡薄，认为企业变相逃废银行债务的行为不是可耻的，反而振振有词。经济规则的中心——"契约"，在他们的眼里只是一纸空文。银广厦事件从侧面告诉我们，法制观念淡薄已成为中国市场经济改革前进道路上的一块绊脚石，亟待提高已是当务之急。

3. 经济生产过剩

当前，国内消费需求不振，购买力下降，企业开工不足，资源配置、生产能力相对过剩，企业为争夺市场份额不得不低成本倾销，抢占市场，竞争的结果则是优胜劣汰，分化加剧。而与此同时，为抢占优质客户，出现几家银行同争一家客户的现象，一方面使银行的信贷风险集中增大，另一方面劣质企业告贷无门，因此，逃废银行债务动机日渐增强，产生了滋生道德风险的温床。

4. 经营模式转变

在传统的银企信贷关系中银行作为企业的债权人起着近距离监督甚至帮助企业搞好经营的作用；而在放款加转销模式中银行的这一功能不再存在。企业借了钱而又没有债权人的监督自然缺乏足够的动力搞好经营。用经济学的术语来讲，放款加转销模式导致了道德风险的加剧。

考研真题

1. 论述金融科技发展对金融稳定的影响。（中南财经政法大学，2018）

2. 哪个汇率分析法既是流量分析，又是实际层面分析？单选题（中央财经大学，2020）
   A. 国际借贷学说　　　　　B. 购买力平价
   C. 货币分析法　　　　　　D. 利率平价

3. 根据国际货币基金组织的标准，基础货币包括（　　）。多选题（中央财经大学，2020）
   A. 商业银行的活期存款　　B. 库存现金
   C. 法定存款准备金　　　　D. 超额存款准备金
   E. 流通在银行体系之外的现金

第二章

数字技术

案例导入

浮沉 10 年，百度网盘从工具向平台跃迁

2020 年，网盘市场重新掀起了风雨的大幕。一边是老牌玩家网易、三星彻底退出历史舞台，另一边则是小米、阿里等新玩家宣布入局。新旧交替间，这门老生意依旧热闹，只不过再也不是当年的草莽江湖。

十年前，百度网盘只有简单的上传下载功能。现如今，百度网盘已坐拥 7 亿注册用户、1.5 亿活跃用户和超 1000 万的付费用户，牢牢占据着市场超过 80% 的份额，堪称家喻户晓的国民个人云工具[①]。

"百度网盘存储数据总量已达到 1000 亿 GB，相当于 78 万亿本《西游记》的电子版。"2021 年 9 月 7 日，百度副总裁，百度网盘、百度百科总经理阮瑜在首届中国数字碳中和高峰论坛上表示，百度网盘在做好个人数据安全存储和智能管理的同时，持续践行"双碳战略"，通过在技术研发、AI 部署、自建光伏等方面的探索创新，为用户构建低碳智能化生活，赋能行业绿色数字化发展。

目前，百度网盘使用百度自研的超大规模存储系统，可支持百万级别机器规模，在线数据实现 1.2 副本存储，大大降低用户的数据存储消耗；为实现智能供电和智能散热，百度网盘应用百度"飞桨"AI 智能控制系统，确保绿色数据中心持续保持低能耗、高性能的日常运行。

---

① 数据来源：新浪财经数据中心，https://baijiahao.baidu.com/s? id =1685072858058324-355&wfr = spider&for = pc。

从 2012 年上线至今，已成立近 10 年的百度网盘，背靠百度 AI 技术，积累了 100 多项数据服务能力，为用户提供安全、智能的个人云存储服务。用户现在可以在手机、电脑、智能电视、智能音箱、智能手表和车载等设备上使用百度网盘。未来，百度网盘在拓展个人云服务边界的同时，也将不断推动新技术、新模式的探索和创新，推动数字产业朝着绿色、安全、可持续的方向发展，助力碳中和、碳达峰目标早日实现。

第一节　大数据

一　大数据的内涵界定

目前，虽然大数据的重要性得到了大家的一致认同，但是，关于大数据的定义却众说纷纭。一般意义上，大数据是指无法在有限时间内用传统 IT 技术和软硬件工具对其进行感知、获取、管理、处理和服务的数据集合。

2010 年 Apache Hadoop 组织将大数据定义为"普通的计算机软件无法在可接受的时间范围内捕捉、管理、处理的规模庞大的数据集"。在此定义的基础上，2011 年 5 月，全球著名咨询机构麦肯锡公司发布了"大数据：下一个创新、竞争和生产力的前沿"，在报告中对大数据的定义进行了扩充。大数据是指其大小超出了典型数据库软件的采集、存储、管理和分析等能力的数据集。目前，大数据的一般范围是从几个 TB 到数个 PB（数千 TB）。根据麦肯锡的定义，数据集的大小并不是大数据的唯一标准，数据规模不断增长，以及无法依靠传统的数据库技术进行管理是大数据的两个重要特征。

其实，早在 2001 年，就出现了关于大数据的定义。META 集团（现为 Gartner）的分析师道格·莱尼（Doug Laney）在研究报告中，将数据增长带来的挑战和机遇定义为三维式，即数量（Volume）、速度（Velocity）和种类（Variety）的增加。虽然这一描述最先并不是用来定义大数据的，但是 Gartner 和许多企业，其中包括 IBM 和微软，在此后的 10 年间仍然使用这个"3Vs"模型来描述大数据。数量，意味着生成和收集大量的数据，数据规模日趋庞大；速度，是指大数据的时效性，数据的采集和分析等过程必须迅速及时，从而最大化地利用大数据的商业价值；种类，表示数据的类型繁多，不仅包含传统的结构化数据，更多的则是音频、视频、网页、文本等半结构和非结构化数据。

但是，也有一些不同的意见，大数据及其研究领域极具影响力的领导者的国际数据公司（IDC）就是其中之一。2011年，在该公司发布的报告中（由EMC主办），大数据被定义为："大数据技术描述了新一代的技术和架构体系，通过高速采集、发现或分析，提取各种各样的大量数据的经济价值。"从这一定义来看，大数据的特点可以总结为4个V，即Volume（体量浩大）、Variety（模态繁多）、Velocity（生成快速）和Value（价值巨大但密度很低），如图2-1所示。

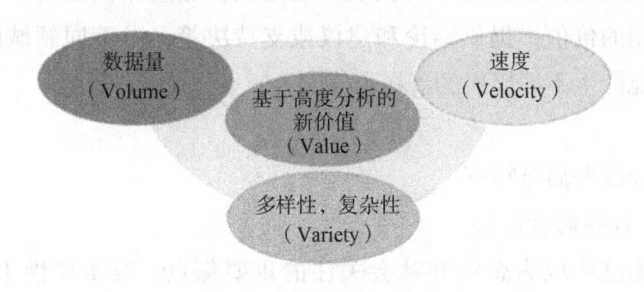

图2-1 大数据之4V特征

这种4Vs定义得到了广泛的认同，3Vs是一种较为专业化的定义，而4Vs则指出大数据的意义和必要性，即挖掘蕴藏其中的巨大价值。这种定义指出大数据最为核心的问题，就是如何从规模巨大、种类繁多、生成快速的数据集中挖掘价值。正如Facebook的副总工程师杰伊·帕瑞克所言："如果不利用所收集的数据，那么你所拥有的只是一堆数据，而不是大数据。"

此外，美国国家标准和技术研究院（NIST）也对大数据作出了定义："大数据是指其数据量、采集速度，或数据表示限制了使用传统关系型方法进行有效分析的能力，或需要使用重要的水平缩放技术来实现高效处理的数据。"这是从学术角度对大数据的概括，除了4Vs定义所提及的概念，还特别指出需要高效的方法或技术对大数据进行分析处理。就大数据究竟该如何定义，工业界和学术界已经进行了不少讨论。但是，大数据的关键并不在于如何定义，或如何去界定大数据，而应该是如何提取数据的价值，如何利用数据，如何将"一堆数据"变为"大数据"。

《大数据产业发展规划 2016—2022 年》以强化大数据产业创新发展能力为核心，明确了强化大数据技术产品研发、深化工业大数据创新应用、促进行业大数据应用发展、加快大数据产业主体培育、推进大数据标准体系建设、完善大数据产业支撑体系、提升大数据安全保障能力等任务。2018 年，美国希望利用大数据技术实现多个领域的突破，包括科研、教学、环境保护、工程技术、国土安全、生物医药等。

综上所述，笔者认为大数据价值链可分为数据生成、数据采集、数据存储和数据分析四个阶段。数据分析是大数据价值链最后也是最重要的一个阶段，是大数据价值的实现，也是大数据应用的基础。它的目的是提取有用的价值，提供结论和建议或支持决策，对不同领域的数据集的分析可能产生不同层次的潜在价值。

二 大数据演进特征

（一）数据的资源化

大数据已然成为企业和社会关注的重要焦点，其重要性不言而喻。大数据作为争相抢夺的重要战略资源，对于一个企业甚至是一个国家的兴衰成败起到关键性作用。因此，企业若想及时抢占市场先机，在竞争中使自己处于有利位置，就必须要提前制定大数据营销战略计划。数据资源化的本质是实现数据共享与服务，而数据共享是数据资源化的基础。现阶段，构建数据共享服务体系，促进数据与业务应用快速融合，是助力中国经济从高速增长转向高质量发展，推动数字中国建设的重中之重。运用大数据的销售企业可以做精准营销。大数据走向资源化是大势所趋，在数据资源化的过程中，必须建立高效的数据交换机制，实现数据的互联互通、信息共享、业务协同，以成为整合信息资源，深度利用分散数据的有效途径。

（二）与云计算深度融合

云计算和大数据都是新基础设施下的关键技术。由于技术实现的实际需要和场景需求，两者之间有着密切的关系。大数据为用户提供的服务需要大数据来处理，而云计算又主要集中在数据处理上。云计算的一个重要组成部分是基础设施和数据存储。因此，云计算和大数据密不可分。

近几年，云计算与大数据一样，正成为信息时代的热点话题。除此之外，物联网、移动数字等新兴计算形态，也势必将积极推动大数据革命，使大数据在营销方面发挥更加强大的影响力。大数据与云计算深度融合的方式主要有以下三种。

1. 应用方的大数据平台上的云计算

使用大数据技术的业务应用建设方，不再自建数据中心，而是将大数据平台搬到了云上，有的是在云厂商的 IaaS 层上自建大数据平台，现在以这种方式在云上使用大数据的案例已经比较少了，有的使用云厂商提供的 PaaS 层大数据相关产品，有的使用云厂商推出的 SaaS 层大数据相关产品。现在"上云"有一点趋势需要强调一下，就是大家都很重视 vendor-lockin，底层的云可能是多个公有的和私有的融合的 hybrid-cloud。

2. 云计算厂商推出基于大数据的各种增值服务

为了提高自己的市场竞争力，以进一步巩固市场地位，云厂商积极推出自己整合的大数据相关产品，有最基础的 s3/oss, emr/e-mapreduce, 阿里云的 maxcompute，除此之外，还有各种云上数据库，云上 serverless 形态的各种大数据服务等。

3. 传统大数据已转向依托云计算来提供产品及服务

如 elastic 很早就开始基于云交付自己的 elk 技术栈了，databricks 的大数据平台和产品一直都是基于云来向客户提供服务的，cloudera 不断探索改变自己的商业模式。

（三）信息数据化

大数据时代让我们可以把自己的记录、视频文件、图片文件以及文件文档等统统放置于云端中，可以让我们随时随地进行查看及数据同步，提高了便捷性。企业同样也可以把运营、营销、生产和客户等一系列环节数字化，同时还可以利用云处理去收集整个行业的相关信息，最终通过移动终端便可以迅速地得到本企业生产经营的相关数据报表和将来的趋势预测。大数据的发展趋势很难定位，但可以肯定的是未来我们每个人都将离不开大数据，必将生活在大数据时代里。未来大数据资源也将真正成为企业或国家的核心竞争力。

大数据起源于2008年Nature（《自然》）的一组专题文章。自2008年至今，大数据演进特征各不相同。

- 2009—2010年主要是数据碎片化、分布式、流媒体特征更明显。
- 2011年大数据概念开始风靡全球。
- 2012年大数据成为时代的重要特征。
- 2013年大数据监管进入公众视野。
- 2014年大数据产业从理论迈向应用。
- 2015年大数据成为一种新兴行业。
- 2016—2019年实施国家大数据战略。
- 2020—2021年加快大数据要素市场化建设。

三　大数据与数字金融

（一）构建大数据舆情监测系统

一方面，大数据的聚合、裂变可以释放出巨大的信息能量，可以更好解决数字金融平台突发风险事件造成的负外部性影响，间接促进数字金融安全发展。另一方面，数字金融监管部门通过大数据聚合与信息集成可以出台更加精准有效的细则，动态监测、评估数字金融平台的运行风险，使一些不合法、不合规的平台破产跑路。

（二）构建大数据产销一体化系统

系统可以更好地解决当前数字金融平台资产端设计与资金端营销出现的各类问题，促进数字金融可持续发展。一方面，以网贷标的设计为例，许多现有产品出现了同质化严重、规范性低、定价不合理的问题；另一方面，资金端的营销则出现了广泛撒网甚至虚假宣传的现象。这些问题严重影响了平台的运营效率、架构布局，与此同时，增加了平台的潜在风险。因此，有必要构建以产品设计、渠道优化、精准营销为主要模块的大数据产销系统。在实现产品合理风险溢价的同时，需要根据用户需求偏好优化销售渠道，摒弃人海战术、广告战术等边际效益低的宣传方式，利用精准营销降低运营成本并控制运营风险。

（三）构建大数据风控系统

大数据风控系统可以降低数字金融发展的系统性风险，是未来数字金融服务的生命线。中国出现小微企业融资"瓶颈"的一个原因是融资成本高，而另一个原因就是小微企业的违约风险大。一般来说，小微企业经营方式单调、组织架构单一、实物资产薄弱，这些都使其信贷违约风险客观存在。鉴于此，绝大部分银行在对小微企业放贷时倾向于抵押担保，但这种方式本身就存在着抵押品保值性能低、变现难等问题。那么，在银行未能设计出有效风控系统的情况下，是否意味着发展迅猛的P2P网贷平台完成了这项工作？事实上，相较于银行来说，绝大部分P2P平台风控能力更差，面对客户违约时更加力不从心。因此，在数字金融发展过程中，构建包括风险识别、风险度量、风险管控在内的大数据风控系统至关重要。

（四）构建大数据征信系统

我国当前的征信系统还不够完善，目前形成了以人民银行征信系统为主、市场化征信机构为辅的发展格局。与国外相比，在国内征信需求日益增加的同时，征信短板凸显。从服务模式来看，"重征信、轻评级"现象严重；从服务对象来看，当前针对大中型企业的征信市场相对稳定，针对个人和小微企业的征信流程尚未成熟，由此带来了诸多问题。例如，由于征信体系不健全，大量P2P网贷平台出现承诺保本保息等自征信情况，违背信息中介本质，衍变成信用中介，却又因为没有信用牌照而面临巨大的合规风险。与此同时，由于数字金融平台之间的数据共享不充分，个人和小微企业的融资规模和渠道，均受到征信体系有限服务能力的制约。因此，一个统一的征信标准、规范信用管理、合理信用评级为主要模块的大数据征信系统可以更好地促进数字金融的发展。

四 大数据的发展趋势

大数据技术是一种新型技术，其应用情景广阔，大数据技术在应用过程中，不断完善，不断革新技术，以适应现代社会发展的需要。大数据技术的应用，促进了其他领域的发展，尤其在企业的发展进程中，应用大数据技术能够对产品的质量、产品的销售情况进行有效的数据分析，为企业决策者提供可靠的参考依据。

大数据的出现，开启了一次重大的时代转型。在IT时代以前，技术（technology，T）才是大家关注的重点，是技术推动了数据的发展；如今数据的价值凸显，信息（information，I）的重要性日益提高，今后将是数据推动技术的进步。大数据不仅改变了社会经济生活，也在影响着每个人的生活和思维方式，而这样的改变才刚刚开始。

（一）数据的复杂化

目前，以 Hadoop 为代表的技术虽然取得了巨大的进步，但是，随着大数据迅猛的发展，这些技术肯定也会落伍从而被淘汰。为了能更好地应对未来更复杂的数据，很多研究者已经开始关注此问题，其中最为著名的当属谷歌的全球级的分布式数据库 Spanner，以及可容错可扩展的分布式关系型数据库 F1。大数据的存储技术将建立在分布式数据库的基础上，支持类似于关系型数据库的事务机制，可以通过类 SQL 语法高效地操作数据。

（二）数据的资源化

大数据中蕴藏着巨大的价值，掌握大数据就掌握了资源。一是大数据的价值链分析，其价值来自数据本身、技术和思维，而核心就是数据资源，离开了数据技术和思维是无法创造价值的。二是不同数据集的重组和整合，可以创造出更多的价值。今后，掌控大数据资源的企业，将数据使用权进行出租和转让就可以获得巨大的利益。

（三）数据的可视化

在许多人机交互场景中，都遵循所见即所得（what you see is what you get，WYSIWYG）的原则，如文本和图像编辑器等。在大数据应用中，一是混杂的数据本身是难以辅助决策的，只有将分析后的结果以友好的形式展现，才会被用户接受并加以利用。二是报表、直方图、饼状图、回归曲线等经常被用于表现数据分析的结果，以后肯定会出现更多新颖的表现形式，如微软的"人立方"社交搜索引擎使用关系图来表现人际关系。

（四）数据的面向对象化

程序是指数据结构和算法，而数据结构就是存储数据的。在程序设计的发展历程中，也可以看出，数据的地位越来越重要。一是在逻辑比数据复杂的小规模数据时代，程序设计以面向过程为主。二是随着业务数据的复杂化，催生了面向对象的设计方法。如今，业务数据的复杂度已经远远超过业务逻辑，程序也逐渐从算法密集型转向数据密集型。可以预见，一定会出现面向数据的程序设计方法，如同面向对象一样，在软件工程、体系结构、模式设计等方面对 IT 技术的发展产生深远的影响。

（五）数据的便捷化

在大数据时代，数据的收集、获取和分析都更加快捷，这些海量的数据将对我们的思考方式产生深远的影响。对大数据引发的思维变革进行了总结。一是在分析数据时，要尽可能地利用所有数据，而不只是分析少量的样本数据。二是更为关注事物之间的相关关系，而不是探索因果关系。三是大数据的简单算法比小数据的复杂算法更为有效，大数据的分析结果将减少决策中的主观因素，数据科学家将取代"专家"。

（六）数据的人本化

纵观人类社会的发展史，人的需求及意愿始终是推动科技进步的源动力。一是在大数据时代，通过挖掘和分析处理，大数据可以为人的决策带来参考答案，但是并不能取代人的思考。正是人的思维，才促使众多大数据的应用，而大数据更像是人的大脑功能的延伸和扩展，而不是大脑的替代品。随着物联网的兴起、移动感知技术的发展和数据采集技术的进步，人不仅是大数据的使用者和消费者，还是生产者和参与者。二是基于大数据的社会关系感知、众包、社交网络大数据分析等与人的活动密切相关的应用，在未来会受到越来越多的关注，也必将引起社会活动的巨大变革。

第二节 云计算

一 云计算的内涵界定

目前，有一种流行的说法将"云计算"称为"云"计算：在数字技术刚刚兴起的时候，人们画图时习惯用一朵云来表示数字，因此在选择一个名词来表示这种基于数字的新一代计算方式的时候就选择了"云计算"这个名词。自 2007 年 IBM 正式提出"云计算"的概念以来，许多专家、研究组织以及相关厂家从不同的研究视角给出了云计算的定义。目前，关于云计算的定义已有上百种，主要有以下几种代表性的定义。

定义 1 云计算是一种能够在短时间内迅速按需提供资源的服务，可以避免资源过度和过低使用。

定义 2 云计算是一种并行的、分布式的系统，由虚拟化的计算资源构成，能够根据服务提供者和用户事先商定好的服务等级协议动态地提供服务。

定义3 云计算是一种可以调用的虚拟化的资源池，这些资源池可以根据负载动态重新配置，以达到最优化使用的目的。用户和服务提供商事先约定服务等级协议，用户以用时付费模式使用服务。

综上所述，笔者认为：云计算是一种通过网络按需提供可动态伸缩的廉价计算服务，是与信息技术、软件、互联网相关的服务。

二 云计算的特征

（一）规模性

通过云计算，对存储、计算、内存、网络等资源化，按用户需求动态地分配。供应商的计算资源汇集在一起，通过使用多租户模式将不同的物理和虚拟资源动态分配给多个消费者，并根据消费者的需求重新分配资源。各个客户分配有专门独立的资源，客户通常不需要任何控制或知道所提供资源的确切位置，就可以使用一个更高级别抽象的云计算资源。

（二）可扩展性

用户随时随地可以根据实际需求，快速地请求和购买服务资源，扩展处理能力。服务商的计算能力根据用户需求变化能够快速地实现资源供应。云计算平台可以按客户需求快速部署和提供资源。通常情况下资源和服务可以是无限的，可以是无限购买的和不限时间的。云计算业务使用则按资源的使用量计费。

（三）广泛性

通过数字提供自助式服务，使用者不需要部署相关的复杂硬件设施和应用软件，也不需要了解所使用资源的物理位置和配置等信息，可以直接通过数字或企业内部网透明访问即可获取云中的计算资源。高性能计算能力可以通过网络访问。

（四）可度量性

服务资源的使用可以被监控、报告给用户和服务提供商，并可根据具体使用类型（如带宽、活动用户数、存储等）收取费用。云服务系统可以根据服务类型提供相应的计量方式，云自动控制系统通过利用一些适当的抽象服务（如存储、处理、带宽和活动用户账户）的计量能力来优化资源利用率，还可以监测、控制和管理资源使用过程。同时，能为供应者和服务消费者之间提供透明服务。

（五）可靠性

自动检测失效节点，通过数据的冗余能够继续正常工作，提供高质量的服务，达到服务等级协议要求（SLA）。

三　云计算的服务形式

云计算还处于发展阶段，有各类厂商在开发不同的云计算服务。云计算的表现形式多种多样，简单的云计算在人们日常网络应用中随处可见，如腾讯 QQ 空间提供的在线制作 Flash 图片、Google 的搜索服务、Google Doc、Google Apps 等。目前，云计算的主要服务形式有：软件即服务（Software as a Service，SaaS）、平台即服务（Platform as a Service，PaaS）、基础设施即服务（Infrastructure as a Service，IaaS）。

（一）软件即服务

SaaS 服务提供商将应用软件统一部署在自己的服务器上，用户根据需求通过数字向厂商订购应用软件服务，服务提供商根据客户所定软件的数量、时间的长短等因素收费，并且通过浏览器向客户提供软件的模式。这种服务模式的优势是，由服务提供商维护和管理软件、提供软件运行的硬件设施，用户只需拥有能够接入数字的终端，即可随时随地使用软件。这种模式下，客户不再像传统模式那样花费大量资金在硬件、软件、维护服务上，只需要支出一定的租赁服务费用，通过数字就可以享受到相应的硬件、软件和维护服务，这是网络应用最具效益的营运模式。对于小型企业来说，SaaS 是采用先进技术的最好途径。实际上，云计算 ERP 正是继承了开源 ERP 免许可费用只收服务费用的最重要特征，是突出了服务的 ERP 产品。目前，Salesforce.com 是提供这类服务最有名的公司，Google Doc、Google Apps 和 Zoho Office 也属于这类服务。

（二）平台即服务

分布式平台服务是把开发环境作为一种服务来提供，厂商提供开发环境、服务器平台、硬件资源等服务给客户，用户在其平台基础上定制开发自己的应用程序并通过其服务器和数字传递给其他客户。PaaS 能够给企业或个人提供研发的软件平台，提供应用程序开发、数据库、应用服务器、试验、托管及应用服务。Google App Engine 是 Salesforce 的 force.com 平台，八百客的 800App 是 PasS 的代表产品。以 Google App Engine 为例，它是一个由 python 应用服务器群、Big Table 数据库及 GFS 组成的平台为开发者提供一体化主机服务器及可自动升级的在线应用服务，用来编写应用程序并在 Google 的基础架构上运行就可以为数字用户提供服务，Google 提供应用、运行及维护所需要的平台资源。

（三）基础设施即服务

IaaS 即把厂商的由多台服务器组成的"云端"基础设施，作为计量服务提供给客户。它将内存、I/O 设备、存储和计算能力整合成一个虚拟的资源池为整个业界提供所需要的存储资源和虚拟化服务器等服务。这是一种托管型硬件方式，用户付费使用厂商的硬件设施。例如，Amazon Web 服务（AWS），IBM 的 Blue Cloud 等均是将基础设施作为服务出租。IaaS 的优点是用户只需低成本硬件，按需租用相应计算能力和存储能力，大大降低了用户在硬件上的开销。

四　云计算的核心技术

云计算系统运用了许多技术，其中程模型、海量数据存储技术、海量数据管理技术、虚拟化技术、云计算平台管理技术和移动云计算最为关键。

（一）编程模型

MapReduce 作为 Google 开发的 Java、Python、C++编程模型，它是一种简化的分布式编程和高效的任务调度模型，应用程序编写人员只需将精力放在应用程序本身上，使云计算环境下的编程十分简单。MapReduce 模式的思想是将要执行的问题分解成 Map（映射）和 Reduce（化简）的方式，先通过 Map 程序将数据切割成不相关的区块，分配给大量计算机处理，达到分布式运算的效果，再通过 Reduce 程序将结果汇总输出。

（二）海量数据分布存储技术

云计算系统由大量服务器组成，同时为大量用户服务，因此，云计算系统采用分布式存储的方式存储数据，用冗余存储的方式保证数据的可靠性。云计算系统中广泛使用的数据存储系统是 Google 的 GFS 和 Hadoop 团队开发的 GFS 的开源实现 HDFS。GFS 即 Google 文件系统（Google File System），是一个可扩展的分布式文件系统，用于大型的、分布式的、对大量数据进行访问的应用。GFS 的设计思想不同于传统的文件系统，是针对大规模数据处理和 Google 应用特性而设计的。它虽然运行于廉价的普通硬件上，但可以提供容错功能。它可以给大量的用户提供总体性能较高的服务。一个 GFS 集群由一个主服务器（master）和大量的块服务器（chunk Server）构成，并被许多用户（client）访问。主服务器定期通过 Heart Beat 消息与每一个块服务器通信，给块服务器传递指令并收集它的状态。

（三）海量数据管理技术

海量数据管理是指对大规模数据的计算、分析和处理，因此，数据管理技术必须能够高效地管理大量的数据。云计算系统中的数据管理技术主要是 Google 的 BT（Big Table）数据管理技术和 Hadoop 团队开发的开源数据管理模块 HBase。BT 是建立在 GFS、Scheduler、Lock Service 和 MapReduce 之上的一个大型的分布式数据库，与传统的关系数据库不同，它把所有数据都作为对象来处理，形成一个巨大的表格，用来分布存储大规模结构化数据。Google 的很多项目使用 BT 来存储数据，包括网页查询、Google earth 和 Google 金融。这些应用程序对 BT 的要求各不相同：数据大小（从 URL 到网页再到卫星图像）不同，反应速度不同（从后端的大批处理到实时数据服务）。对于不同的要求，BT 都成功地提供了灵活高效的服务。

（四）虚拟化技术

通过虚拟化技术可实现软件应用与底层硬件相隔离，它包括将单个资源划分成多个虚拟资源的裂分模式，也包括将多个资源整合成一个虚拟资源的聚合模式。虚拟化技术根据对象可分成存储虚拟化、计算虚拟化、网络虚拟化等，计算虚拟化又分为系统虚拟化、应用虚拟化和桌面虚拟化。

（五）云计算平台管理技术

云计算资源规模庞大，服务器数量众多并分布在不同的地点，同时运行着数百种应用，如何有效地管理这些服务器，保证整个系统提供不间断的服务是巨大的挑战。云计算系统的平台管理技术能够使大量的服务协同工作，方便地进行业务部署和开通，快速地发现和恢复系统故障，通过自动化、智能化的手段实现大规模系统的可靠运营。如图 2-2 所示。

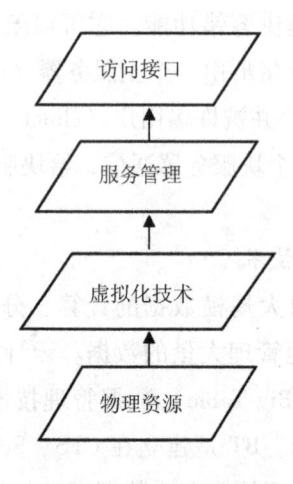

```
    ┌─────────────┐
    │  访问接口    │
    └─────────────┘
          ↑
    ┌─────────────┐
    │  服务管理    │
    └─────────────┘
          ↑
    ┌─────────────┐
    │  虚拟化技术  │
    └─────────────┘
          ↑
    ┌─────────────┐
    │  物理资源    │
    └─────────────┘
```

图 2-2　云计算流程

（六）移动云计算

"移动云计算"一词通常是指被扩展以处理移动设备的企业云计算基础设施。被提供给用户使用的数据存储和计算处理资源都在云计算平台端而不是在移动设备本身。移动数字与云计算合在一起就是"移动云计算"，可以称为移动数字中的云计算。随着移动设备的发展越来越快，从智能手机、移动数字设备、笔记本计算机，到智能笔记本和其他设备，都可以快速连接到高速无线网络。企业级移动云计算服务领域将获得巨大的发展。

五　云计算在数字金融领域的应用

云计算作为推动信息资源实现按需供给、促进信息技术和数据资源充分利用的技术手段，与数字金融领域进行深度结合，是互联网时代下金融行业可持续发展的必然选择。2017 年，京东推出金融云、2019 年中央银行首个金融科技发展规划明确了云计算对金融发展的重要性。

从客户体验来看，金融客户特别是年轻客户对网页页面、相片、音频、视频等数据服务有了更多的感受。金融业务单位需要更多云计算，快速地业务回应；移动办公平台自然环境；业务界限化、垂直化、智能化系统、轻量和个性化业务终端设备。

从市场竞争来看，互联网和通信运营商，冲击性了传统数据金融 IT 和业务。与此同时，第三方支付企业正运用云计算给予低成本服务项目，服务项目外包商和系统集成公司也在转为云计算。

从管控效率来看，云计算促进金融监管部分积极贴近销售市场，灵敏、准确地掌握中国实体经济对金融提供服务的需求，提高金融监管工作效率，控制监管成本。

第三节 移动数字

一 移动数字的内涵界定

（一）内涵界定

移动数字是目前 IT 领域最热门的概念之一，但是，业界并未就其定义达成共识。这里，再介绍几种有代表性的移动数字的定义。

独立电信研究机构 WAP 论坛认为：移动数字是通过手机、PDA 或其他手持终端通过各种无线网络进行数据交换。中兴通讯则从通信设备制造商的角度给出了定义：狭义的移动数字是指用户能够通过手机、PDA 或其他手持终端通过无线通信网络接入数字；广义的定义是指用户能够通过手机、PDA 或其他手持终端以无线的方式通过各种网络（WLAN、BWLL、GSM、CDMA 等）来接入数字。可以看到，对于通信设备制造商来说，网络是其看待移动数字的主要切入点。

MBA 智库同样认为，移动数字的定义有广义和狭义之分。广义的移动数字是指用户可以使用手机、笔记本等移动终端通过协议接入数字；狭义的移动数字则是指用户使用手机终端通过无线通信的方式访问采用 WAP 的网站。

Information Technology 论坛认为，移动数字是指通过无线智能终端，如智能手机、平板电脑等使用数字提供的应用和服务，包括电子邮件、电子商务、即时通信等，保证随时随地的无缝连接的业务模式。认可度比较高的定义是中国工业和信息化部电信研究院在 2011 年的《移动数字白皮书》中给出的:"移动数字是以移动网络作为接入网络的数字及服务,包括三个要素:移动终端、移动网络和应用服务。"该定义将移动数字涉及的内容主要囊括为三个层面,分别是:(1)移动终端,包括手机、专用移动数字终端和数据卡方式的便携电脑;(2)移动通信网络接入,包括2G、3G甚至4G等;(3)公众数字服务,包括Web、Wap方式。移动终端是移动数字的前提,接入网络是移动数字的基础,而应用服务则成为移动数字的核心。

综上所述,笔者认为,移动数字是移动通信网络与数字的融合,用户以移动终端接入无线移动通信网络的方式访问数字。

(二)体系结构

从宏观角度来看,移动数字是由移动终端和移动子网、接入网络、核心网络三部分组成。其中,移动终端和移动子网是移动数字中的主体。接入网络主要负责为异质异构移动终端及移动子网提供统一的接入服务,同时屏蔽掉影响核心网络的移动终端和移动子网的复杂介质特征;核心网络负责传统数字的主干网络拓扑结构和路由信息的维护,并为接入网络的数据提供统一标准的交换路由。

(三)参考模型

世界无线研究论坛(WWRF)认为移动数字提供了一种自适应的、多样化的、个性化的、实时感知周边环境的应用服务,并描绘出了移动数字的参考模型(见图2-3)。

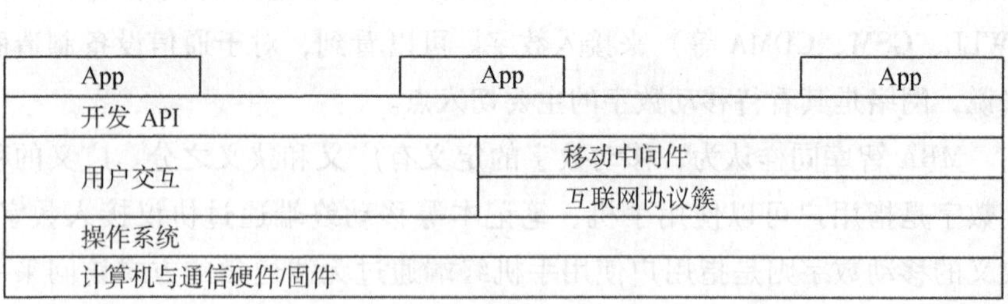

App		App		App
开发 API				
用户交互		移动中间件		
		互联网协议簇		
操作系统				
计算机与通信硬件/固件				

图2-3 移动数字的参考模型

其中,App应用经过开放API获取用户交互支持和移动中间件或数字协议的支持;移动中间件由多种通用性服务元素构成,主要包括建模服务、存在服务、配置管理、数据管理、服务发现、时间通知和环境感知等。数字协议簇主要包括 IP、传输、联网、控制与管理等方面的协议，并且负责网络层到链路层的适配任务。操作系统负责上层软件（协议）与下层硬件之间的交互。硬件或固件是指组成终端或设备的器件单元等。

（四）技术特征

相较于传统的电信网络或传统数字，移动数字具有如下典型特点：

一是便捷性。可以使用户在任何完整或零碎的时间使用，并且多种应用可以在同一时间进行。

二是多样性。移动数字的多样性表现在终端的种类繁多，一个终端能同时运行多种应用；接入网络支持多种无线接入手段；应用服务的种类多种多样等。

三是移动性。即终端具有移动性。终端用户始终可以在移动状态下接入和使用数字服务，移动终端便于用户随身携带和随时使用。

四是开放性。即技术上具有开放性。移动数字的业务模式借鉴了 SOA 和 Web 的模式，使封闭的电信网络业务对内容提供者和业务开发者进行开放。

五是融合性。移动数字的用户需求具有多样化、个性化特点，技术上也是开放的，因此，为业务融合提供了可能性和更广的渠道。

六是智能性。移动数字的终端可以定位，采集周边环境信息；感知温度、触碰感、嗅觉等，具有智能的特点。

七是局限性。即移动数字的终端和网络具有局限性：在网络能力方面，受到无线网络传输环境、技术能力等因素限制；在终端能力方面，受到终端大小、处理能力、电池容量等限制。

八是个性化。即移动数字终端、网络和应用服务的个性化。移动终端与个人消费绑定；接入网络能完成不同用户的需求；应用服务采用了社会化网络、博客等新兴个人社交网络技术。

九是隐私性。即业务使用具有一定的私密性。在使用移动数字业务时，提供的内容和服务需要保护个人的隐私。

二 移动数字的特点

移动数字具有终端性、及时性、便利性的特点。移动数字相较于传统固定数字的优势在于实现了随时随地的通信和服务获取；具有安全、可靠的认证机制；能够及时获取用户及终端信息；业务端到端流程可控等。劣势主要包括：无线频谱资源的稀缺性；用户数据缺乏安全和隐私保护机制；移动终端硬软件缺乏统一标准，业务互通性差等。

移动数字业务是多种传统业务的综合体，而不是简单的数字业务的延伸，因而产生了创新性的产品和商业模式。一方面，创新的技术与产品，如通过手机摄像头扫描商品条码并进行比价搜索、重力感应器和陀螺仪确定目前的方向和位置等，内嵌在手机中的各种传感器能够帮助开发商开发出各种超越原有用户体验的产品。另一方面，创新的商业模式，如风靡全球的 AppStore + 终端营销的商业模式，以及将传统的位置服务与 SNS、游戏、广告等元素结合起来的应用系统等。

三 移动数字技术

（一）移动数字的技术架构

移动数字的出现带来了移动网和数字融合发展的新时代，移动网和数字的融合也会是在应用、网络和终端多层面的融合。为了能满足移动数字的特点和业务模式需求，在移动数字技术架构中要具有接入控制、内容适配、业务管控、资源调度、终端适配等功能。构建这样的架构需要从终端技术、承载网络技术、业务网络技术各方面综合考虑。

一是业务应用层。提供给移动终端的数字应用，这些应用中包括典型的数字应用，如网页浏览、在线视频、内容共享与下载、电子邮件等，也包括基于移动网络特有的应用，如定位服务、移动业务搜索以及移动通信业务，如短信、彩信、铃音等。

二是移动终端模块。从上至下包括终端软件架构和终端硬件架构。

- 终端软件架构：包括应用 App、用户 UI、支持底层硬件的驱动、存储和多线程内核等。
- 终端硬件架构：包括终端中实现各种功能的部件。

三是网络与业务模块。从上至下包括业务应用平台和公用接入网络。

- 业务应用平台。包括业务模块、管理与计费系统、安全评估系统等。
- 公共接入网络。包括接入网络、承载网络和核心网络等。

从移动数字中端到端的应用角度出发,又可以绘制出业务模型。从图2-4中可以看出,移动数字的业务模型分为五层。

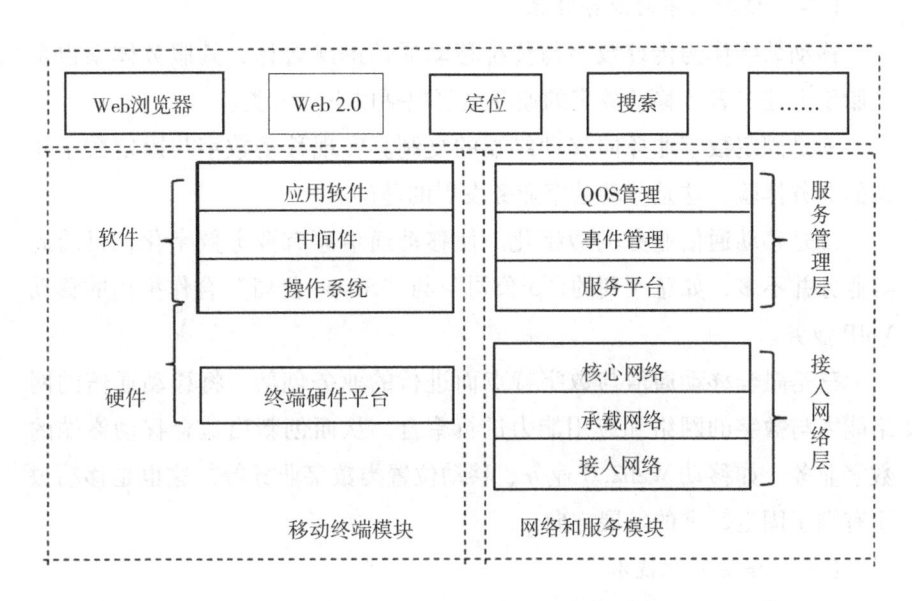

```
┌─────────────────────────────────────────────────────────┐
│  [Web浏览器]   [Web 2.0]   [定位]   [搜索]   [……]        │
│                                                          │
│         ┌──────────┐      ┌──────────┐                  │
│    软件 │ 应用软件 │      │ QOS管理  │ 服务               │
│         │ 中间件   │      │ 事件管理 │ 管理               │
│         │ 操作系统 │      │ 服务平台 │ 层                 │
│         └──────────┘      └──────────┘                  │
│                                                          │
│         ┌──────────┐      ┌──────────┐  接入             │
│    硬件 │ 终端硬件 │      │ 核心网络 │  网络             │
│         │   平台   │      │ 承载网络 │  层               │
│         │          │      │ 接入网络 │                   │
│         └──────────┘      └──────────┘                  │
│                                                          │
│         移动终端模块              网络和服务模块          │
└─────────────────────────────────────────────────────────┘
```

图2-4 移动数字的典型体系架构模型

一是移动终端。支持实现用户 UI、接入数字、实现业务互操作。终端具有智能化和较强的处理能力,可以在应用平台和终端上进行更多的业务逻辑处理,尽量减小空中接口的数据信息传递压力。

二是移动网络。包括各种将移动终端接入无线核心网的设施,如无线路由器、交换机、BSC、MSC 等。

三是网络接入。网络接入网关提供移动网络中的业务执行环境,识别上下行的业务信息、服务质量要求等,并可基于这些信息提供按业务、内容区分的资源控制和计费策略。网络接入网关根据业务的签约信息,动态进行网络资源调度,最大限度地满足业务的 QOS 要求。

四是业务接入。业务接入网关向第三方应用开放移动网络能力 API 和业务生成环境,使数字应用可以方便地调用移动网络开放的能力,提供具有移动网络特点的应用。同时,实现对业务接入移动网络的认证,实现对数字内容的整合和适配,使内容更适合移动终端对其的识别和展示。

五是移动网络应用。提供各类移动通信、数字以及移动数字特有的服务。

（二）移动数字的业务体系

移动数字作为传统数字与传统移动通信的融合体，其服务体系也是脱胎于上述二者。移动数字的业务主要包括以下三大类。

一是固定数字业务向移动终端的复制。实现移动数字与固定数字相似的业务体验，这是移动数字业务发展的基础。

二是移动通信业务的数字化。使移动通信原有业务数字化，目前此类业务并不多，如意大利的"3公司"与"Skype公司"合作推出的移动VoIP业务。

三是融合移动通信与数字特点而进行的业务创新。将移动通信的网络能力与数字的网络和应用能力进行聚合，从而创新出适合移动终端的数字业务，如移动Web2.0业务、移动位置类数字业务等，这也是移动数字有别于固定数字的发展方向。

（三）移动终端技术

1. 网络访问加速技术

移动终端是实现移动数字的前提和基础。移动网络发展迅猛，目前运营商提供包括2G、3G、Wi-Fi、4G等在内的各种接入网络。确保用户在各种复杂网络环境下使用移动数字应用均能获得良好的体验，是移动应用开发中的关键问题之一。总体指导原则为：能够动态感知用户的网络状况，调整应用处理逻辑和应用内容展现机制。当出现网络切换、网络中断、网速异常下降等情况时，能够及时进行处理，不影响用户的主流程操作；在代码编写中对网络请求代码做多重异常保护措施，增强代码的健壮性，防止应用因为网络不稳定导致闪退等问题。

2. 能耗控制技术

能耗控制技术受限于电池的供电能力，移动应用的耗电控制是开发过程中重点考虑的因素之一。应用耗电控制的技术包括系统级电源管理、无线通信节能机制等，涉及应用开发方法和应用网络访问等诸多方面。在应用开发中，需要掌握各种省电的手段。网络频繁访问和大数据交互也是应用耗电的一大重要原因，因而在应用设计过程中，需要考虑应用网络访问的频度并减少不必要的数据交互。

3. 移动搜索技术

移动搜索技术是指以移动网络为数据传输承载,将分布在传统数字和移动数字上的数据信息进行搜集整理,供手机用户查询的业务。通常,人们使用移动设备搜索时大多数需求都与位置密切相关,这与传统的纯文本搜索方式有着很大的区别。

四　移动数字在数字金融领域的应用

信息化和移动化是近年来全球金融服务创新发展的两大重要趋势。2011 年 3 月,中国人民银行出台了《关于推进金融 IC 卡运用工作计划》,融合我国基本国情给出了金融 IC 卡在公共服务领域运用的工作规划和实践路径,致力于保障人民群众应用金融机构卡的安全与提高便捷性。多年以来,各发卡行遵照金融行业标准规范对开卡和审批展开了更新改造,关掉金融 IC 卡降级买卖,开展电子现金转账圈存,扩展 IC 卡公共服务运用领域,使广大人民群众体验到了更安全便捷的储蓄卡服务项目。据统计,截至 2022 年 6 月末,全国各地已累计发售金融 IC 卡 8.77 亿张,其中仅在 2022 年的第二季度就新发行金融 IC 卡 1.54 亿张,占应季银行卡发售总数的 92%。现阶段,金融 IC 卡已延伸至公交车、的士、地铁站、铁路线高铁、医院门诊、院校、农贸市场、商场、餐饮、收费公路、加气站等众多公共服务行业,很好地充实了金融服务,并为下一步移动金融发展打下基础。

移动金融都是围绕现代商业银行各类业务的一站式服务专用工具,有益于推动商业银行向服务项目更丰富、运用更普遍、作用更强大方向发展。完成金融服务方式的多元化,已经成为当代商业银行、储蓄卡机构、清算机构占领金融自主创新能力和服务质量主阵地的主要市场竞争行业。这类小额贷款具备便捷和普惠金融的特征可以借助较小的基础设施建设资金投入获得广泛的便民利民实际效果,在便民利民行业具备显著的优点,在各个方面可弥补传统式金融服务的空缺。与此同时,移动金融的高效发展与理念创新,可以扩张金融服务的覆盖面和受众群体,高效地增进了普通百姓与金融服务之间的距离,达到民众对业务结合、安全性方便快捷、技术标准金融服务的需要。

第四节 物联网

一 物联网的内涵界定

随着信息领域及相关学科的发展,相关领域的科研工作者分别从不同的方面对物联网进行了较为深入的研究,物联网的概念也随之有了深刻的改变,但是,至今仍没有提出一个权威、完整和精确的物联网定义。

目前,不同领域的研究者对物联网思考所基于的起点各异,对物联网的描述侧重于不同的方面,短期内还没有达成共识。下面给出几个具有代表性的物联网定义。

(1) 物联网是未来网络的整合部分,它是以标准、互通的通信协议为基础,具有自我配置能力的全球性动态网络设施。在这个网络中,所有实质和虚拟的物品都有特定的编码和物理特性,通过智能界面无缝链接,实现信息共享。

(2) 由具有标识、虚拟个性的物体/对象所组成的网络,这些标识和个性运行在智能空间,使用智慧的接口与用户、社会和环境的上下文进行连接和通信。

(3) 物联网指通过信息传感设备,按照约定的协议,把任何物品与数字连接起来,进行信息交换和通信,以实现智能化识别、定位、跟踪、监控和管理的一种网络。它是在数字基础上延伸和扩展的网络。

对比物联网的最初概念以及上述不同的物联网定义,笔者认为,狭义上的物联网指连接物品到物品的网络,实现物品的智能化识别和管理;广义上的物联网则可以看作信息空间与物理空间的融合,将一切事物数字化、网络化,在物品之间、物品与人之间、人与现实环境之间实现高效信息交互方式,并通过新的服务模式使各种信息技术融入社会行为,是信息化在人类社会综合应用达到的更高境界。

二 物联网基本特征

从通信对象和过程来看,物联网的核心是物与物以及人与物之间的信息交互。物联网的基本特征可概括为全面感知、可靠传送和智能处理。

(1) 全面感知。利用射频识别、二维码、传感器等感知、捕获、测量技术随时随地对物体进行信息采集和获取。

(2) 可靠传送。通过将物体接入信息网络，依托各种通信网络，随时随地进行可靠的信息交互和共享。

(3) 智能处理。利用各种智能计算技术，对海量的感知数据和信息进行分析并处理，实现智能化的决策和控制。

为了更清晰地描述物联网的关键环节，按照信息科学的视点，围绕信息的流动过程，抽象出物联网的信息功能模型，如图 2-5 所示。

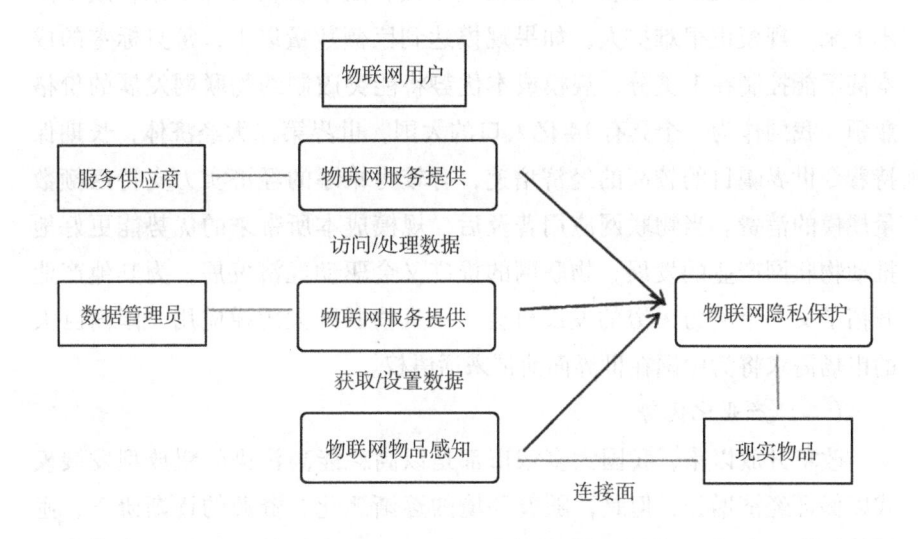

图 2-5 物联网信息功能网模型

(1) 信息获取功能。包括信息的感知和信息的识别，信息感知指对事物状态及其变化方式的敏感和知觉；信息识别指能把所感受到的事物运动状态及其变化方式表示出来。

(2) 信息传输功能。包括信息发送、传输和接收等环节，最终完成把事物状态及其变化方式从空间（或时间）上由一点传送到另一点的任务，这就是一般意义上的通信过程。

(3) 信息处理功能。指对信息的加工过程，其目的是获取知识，实现对事物的认知以及利用已有的信息产生新的信息，即制定决策的过程。

(4) 信息施效功能。指信息最终发挥效用的过程，具有很多不同的表现形式，其中最重要的就是通过调节对象事物的状态及其变换方式，使对象处于预期的运动状态。

三　物联网产业发展优势
（一）规模优势

如果仅仅实现数字化而实现不了"物"之间的互联互通，那么数字化的"物"就会变成信息孤岛。就物联网自身的特性而言，是必须形成规模的，否则难以形成一个智能运作系统。而制约物联网产业上规模的一个重要因素就是成本价格，规模上不去，成本就很难降下来；成本降不下来，规模也很难扩大，如果规模达到巨额数量以上，每只标签的成本甚至能控制在1美分，规模成本优势将能突破制约物联网发展的价格瓶颈。我国作为一个具有14亿人口的大国，世界第二大经济体，长期保持着令世界瞩目的较高的经济增速，有较为雄厚的经济实力支持巨额数量规模的消费。当物联网应用普及后，规模成本所带来的优势能更好地推动物联网产业的发展，物联网的推广又会驱动经济发展，为其他产业开拓了又一个潜力无穷的发展机会。一旦物联网大规模应用，国内巨大的市场需求将为中国在世界面前带来话语权。

（二）产业化优势

改革开放以来，我国大多城市都是以高耗能高污染的粗放型发展模式以保证经济增长，但是，随着环境的逐渐恶化，资源的逐渐匮乏，亟须新能源产业或者新的高科技产业集群来支撑下一轮的发展，物联网产业正好提供了这个契机，使整个市场的注意力转移到虚拟网络对经济增长的拉动作用上来。对物联网投资的战略不仅能够保经济增长，而且能够在新经济增长模式上获得先机。未来物联网产业链主要包括：传感器制造、芯片制造、设备制造、网络服务、网络运营、软件开发以及服务商等环节。尽管当前物联网产业的技术还不成熟，而且也很难在短期内实现大规模产业化，并将之在生产及生活中全面应用，但是，国内所具有的广阔的市场规模，以及所拥有的从材料、技术、器件、系统到网络的完整产业链，使得我国是当今世界上少数能实现物联网完整产业链为数不多的国家之一。在未来物联网产业的发展过程中，一方面，可以先选择物联网产业的产业链环节中相对成熟的技术进行转化应用；另一方面，也可以将这些产业链中的环节嵌入国内其他产业中进行整合应用，从而加快我国物联网产业化发展速度。

四 物联网产业发展模式

物联网作为战略性新型产业,其发展总是伴随着技术的不断创新和演进,是一个从科学知识的产生到应用,直至产业化的的动态化演进过程。物联网产业的发展模式主要取决于物联网产业的完善与成熟。因此,我国物联网产业的发展是以应用为先导,从公共管理和服务市场到企业、行业应用市场,再到个人家庭应用市场,逐步发展成熟的细分市场递进趋势。

(一)产业发展初期:公共管理创新模式

这种模式要求政府统筹指导和规划,政产学研相融合。即政府、企业和高校科研部门之间以合资、技术联盟、研发联合体等创新的组织形式主导产业技术的进步,通过技术联盟实现产学研间的联合创新,有效整合资源,加快促进企业技术进步和创新能力的提高。这个阶段,产业主要集中在公共管理和服务市场的政府管理、城市管理、公共服务等重点领域,结合智能安防、智能医疗、绿色环保、节能降耗、公众服务等具有迫切需求的应用场景,形成一系列的解决方案。

(二)产业成长期:商业模式应用创新

在公共管理和服务市场应用示范形成一定效应之后,随着物联网技术的初步成熟,企业应用、行业应用将成为物联网产业发展的重点。各类应用解决方案逐渐稳定成熟,产业链分工协作更明确,产业聚集、行业标准初步形成。随着产业规模的逐渐放大,传感感知等关键环节的技术创新进一步活跃,物联网各环节的标准化体系逐步形成。

(三)产业成熟期:公共服务应用模式

面向服务的商业模式创新活跃,个人和家庭市场应用逐步发展,物联网产业进入高速成长期。未来5—10年,基于面向物联网应用的材料、元器件、软件系统、应用平台、网络运营、应用服务等各方面的创新活跃,产业链逐渐成熟。行业标准迅速推广并获得广泛认同。各类提供物联网服务的新兴公司将成为产业发展的亮点,面向个人家庭市场的物联网应用得到快速发展,新型的商业模式将在此期间形成。在物联网应用、技术、标准逐步成熟,网络逐渐完善,商业模式创新空前活跃的前提下,物联网产业进入高速发展的产业成长期。

我国物联网产业目前的发展应当进入物联网的大规模应用和产业的规模化发展阶段，由以设备制造商为核心转变为主要依赖网络运营商提供整体解决方案和服务供应商开发应用商业模式。政府统筹指导和规划成为主流，设备商推动是重要力量，网络运营商在产业链中应发挥核心的作用。

五　物联网在数字金融领域的应用

物联网的核心技术性能帮助金融直联终端设备即时、全方位、客观地收集信息。在具体应用领域中，金融从业者能够远程实时监控资产、货品、场所的改变和流入，即时在线举报，自发性创建信用评级系统软件。推动了金融业从落伍的主观验证向全过程客观验证的演变，具备鉴别虚报诈骗信息、处理信用违约功能的，合理解决了传统金融机构信息获取途径。

物联网金融与各个领域协作，打造出各种各样的情景。物联网场景中，完成横向和纵向互联，连接重要节点信息，产生全球互联，将收集的交易数据信息立即传送到物联网金融投资平台，融合大数据技术实时分析公司金融需求，推动企业的银行可把握客户资金交易、日常个人行为、交易敌人、风险由来等信息，分辨客户的投资理财需求与风险水准。物联网科技的天地万物互联作用有利于中小型企业在股权融资活动中陈列展示鉴别融资方的所有交易和风险由来，最大限度地融入金融信息服务和产品供应于整个过程的所有阶段，处理企业融资难的问题。

物联网结合大数据技术、云计算技术和实时数据进行一定的分析与消息推送，协助企业进行加工预测分析和计划。这种智能服务有利于正确引导企业发掘金融需求，为企业给予精确、人性化、组合化的一站式即时金融服务。物联网金融的智能服务作用，将完全打破传统金融服务的主观、地区性、及时性和效率性界限，使金融服务真正智能化，大大增加金融服务的效率和精确性，为中小型企业股权融资给予高效支撑点，进而推动中小型企业发展。

现阶段，中国从业金融机构、商业保险、租用、金融证券等物联网金融签约合作公司预估有数百家，在其中平安银行、民生银行、南京金融机构、北京金融机构、江苏银行等动产融资业务,袋鼠妈妈车险业务,久龙物联网金融商业保险业务,陕西汽重型卡车借款业务,霍尼韦尔物联网安全性业务等,全是物联网金融的常见经典案例。

第五节 区块链

一 区块链的内涵界定

2008年,区块链(BlockChain)的概念由中本聪在论文《比特币:一种点对点的电子现金系统》(*Bitcoin: A Peer-to-Peer Electronic Cash System*)中首次提出,业内普遍把比特币视为区块链在全球的首个应用。虽然各国对于以比特币为代表的虚拟货币态度不尽相同,但对于其背后的区块链技术表现出极大的热情,并认为该技术有望继TCP/IP协议后,成为未来全球经济社会信息交互的新模式。

目前,全球对区块链并没有一个官方公认的定义。维基百科上"BlockChain",直译过来就是"由比特币衍生出的一种加密货币序列交易的数据库技术"。综合国内外各方观点,本书认为,区块链是指以去中心化和去信任的方式,借助数学算法集体生成一系列有序数据块,并由其构成一个可靠数据库的技术。如图2-6所示。

区块链技术主要让参与系统中的任意节点,使用密码学方法产生相关联的数据块(Block),每个数据块中包含了一定时间内的系统全部交易数据,并且生成秘钥用于验证其数据的有效性和链接下一个数据块。其中,每个节点由一系列存储全网信息的数据区块链接而成,如比特币系统中的每个区块存储的是某一时间段的全球比特币全部交易数据,每10分钟通过算法,生产新的模块,以此类推,滚动记录交易信息。

具体分析,每个数据区块由四个关键要素构成,分别是前一区块的哈希值、本区块的时间戳、一个随机数和本区块的哈希值数。其中,前一区块的哈希值用于将本区块与前一区块构建对应关系,头尾对应,构成一条链;时间戳用于记录存储模块的时间段;随机数可用于挖矿奖励,保证大家有动力做这个事情,同时也提供了系统需要的计算能力;而哈希值树则是该模块下各类存储信息的密钥阵列,客户只有密码才能获取数据区块下的某部分信息。总之,区块链技术以加密算法为基础,通过

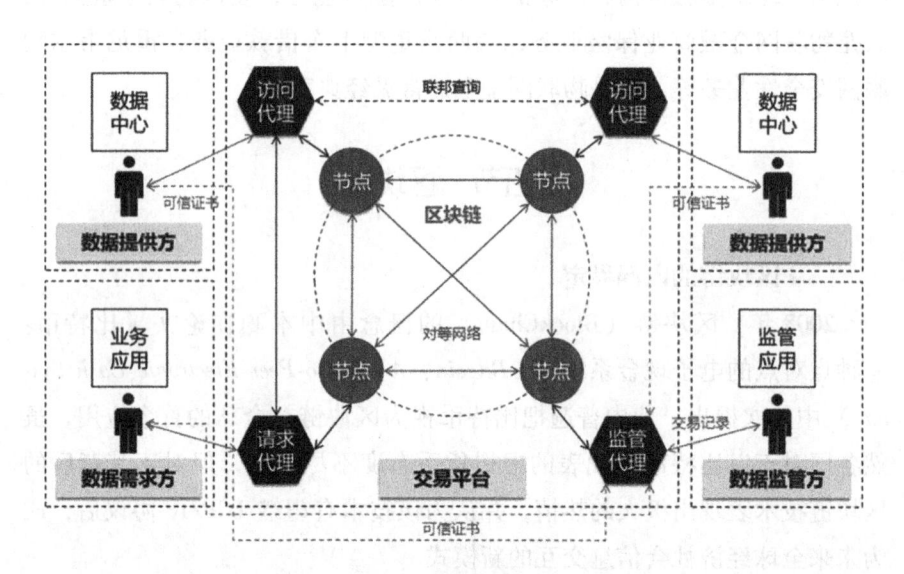

图 2-6 交易流程

去中心化的链条相通、时间有序，构建起记录和更新交易信息的全球分布式可信网络数据库。

二 区块链技术特征

区块链是一个全新的数据库系统，具有弱中心化、不可篡改性、包容性等特点。其中，弱中心化、不可篡改性是区块链技术区别于传统技术的核心特征。这两个特征使得由区块链技术构建的系统能够通过系统机制设置，实现"自信任"。

（一）弱中心化

区块链系统的每个节点都保存着一份完整数据备份，能够有效预防中央服务器发生故障而导致的网络瘫痪和数据丢失，以及黑客对单个节点的恶意攻击，从而保证数据的安全。除非有人能同时控制系统中超过 51% 的节点，否则对于单个节点的攻击不能影响其他节点数据的内容。

（二）不可篡改性

区块链系统是一个公共的总账本，系统全部数据公开、透明地记录在该账本上。所有数据通过网络共识算法记录，每笔基于区块链交易的新信息都会向全网发布，经各个节点逐一确认、保存后，将收到的交易信息形成新区块，确保区块链系统信息不可篡改、无法作假、可以追溯。同时，区块链技术使用随机散列算法和时间戳技术，节点在验证时会盖上时间戳，提供交易时间证明，保证同笔交易的唯一性。如果要修改某个区块的交易信息，必须要完成该区块及之后区块的所有信息。由于修改后会造成哈希值与原来的哈希值不同，无法通过其他节点确认，将使得修改无效，大大提高了篡改信息的难度。因此，区块链技术可以为交易提供可靠的信用保证。其不可篡改的特性为解决合同冲突提供了有效方案，可以应用于存储并公证永久性记录和需要确保信息真实性的领域。如财产所有权的公证。

（三）包容性

区块链技术以算法为基础，摒弃了不同国家文化和经济差异，使各国机构可以建立统一的信用体系。此外，区块链技术是对外开源和共享的：任何进入区块链的机构和个人，不仅能提交记录，还能得到完整的系统历史交易记录，并对信息所有者确权；同时，由于区块链系统运行于数字，符合要求的任何机构和个人都能以节点的方式加入该系统。

三　区块链与数字金融演化

计算机网络技术的酿生不仅改变了人类日常生活的基本样态，而且大大提高了生产、交换、流通和消费的速度和效率。自计算机数字技术发明以来，人类共经历了三次大的区块链金融时代。三大金融链条的转换，不仅印证了科技创新的强大生命力和发展前途，而且引领着数字金融变革的基本走向和发展趋势。

（一）基于局域网的区块链金融时代（1980—1999年）

20世纪80年代以来，借助于数据库分类技术和区块链技术的帮助，以美国为首的西方发达国家纷纷将数字技术深深嵌入交通、信息、能源、金融等各个领域，由此而产生了"数字交通""数字通信""数字能源""数字金融"等流行词语。同一时期，在改革开放的推动下，我国也将数字的开放、协作、平等、共享机制尝试运用到快捷支付和银行监管等基础领域。此时期，我国科技金融界对区块链的理解大多存在于学习和引进阶段，基本上没有在全域金融网络上实施"互联互通互融"的计划。中国金融协会推荐的主要区块链金融领域也只包括柜台清算业务、保险基金支付、金融风险控制和手机快捷支付等领域。在这些金融区块链支持下的网购平台仍处于探讨和摸索的阶段，尚未形成规模化电商效益；相关的第三方支付仍存在严格的审批程序，发展相对缓慢。这一时期大约持续了 20 年，被称为我国数字金融发展的"有限区块链"时代。

（二）基于广域网的区块链金融时代（2000—2010 年）

从 2000 年开始，伴随着全球数字规范化整治工作的开展和"数字+融资"战略的实施，传统金融机构开始逐渐尝试基本的网上金融服务。就国内发展而言，伴随着光纤通信速度的提升和电缆宽度的增大，各种借助于深度区块链技术的金融业务也快速发展起来。各大银行、证券公司和保险公司等传统金融机构纷纷通过网上银行、网上证券和网上保险平台实现网上转账、网上投资理财、网上资金借贷、网上证券和保险交易并提供相关的信息服务；第三方支付机构通过与国内外各大银行签约的"中立性"支付平台解决了买卖双方信息不对称的难题；众筹融资机构通过数字创意和文化认同开发了多种文创产品投融资项目；各种电商跨际支付平台纷纷为国内外商家提供区块链跨币交易服务。总体而言，基于广域网的区块链金融时代持续了将近 10 年，为我国金融市场的深度竞争打下了坚实基础。

（三）大数据区块链金融时代（2011 年至今）

这一时期是全球区块链金融业务发展最快的时期。全球首个基于区块链的电子钱包跨境汇款服务在我国香港上线，港版支付宝 Alipay HK 的用户可以通过区块链技术向菲律宾钱包 G cash 汇款。世界知识产权协会通过版权区块链汇款为我国学者申请了 602 项实用新型技术专利。世界银行开发的跨境支付 Ripple 体系已经开始了实验性的应用，全球征信领域纷纷引入了"无差别化"信用登记制度，为国际资本提供流动性无偏好优惠。这一时期是我国区块链金融模式获得飞速发展的时期。一是网络基金销售、网上数字货币交易平台、跨际资产交割模式的出现代表了我国在区块链金融领域的最新进展；二是在第三方支付方面也由独立的第三方支付、有担保的第三方支付等内容创新发展出了第三方支付工具与基金、保险合作投资理财等内容；三是在 P2P 网络借贷方面则由纯粹提供信息中介服务平台内容创新发展出了 P2P 平台和担保机构合作、线上与线下结合以及债权转让等内容。

四 区块链金融发展

从国内外实践来看，除了在虚拟货币已开展实际应用外，区块链技术在金融领域，仍以探索性实验为主。

目前，包括摩根大通、西班牙 BBVA 银行、高盛、瑞银 UBS、桑坦德银行等一大批国际先进同业，或通过自身的创新实验室和产品孵化器，或采用股权投资创业公司方式，开展区块链探索和实验（王硕，2015）。例如，花旗银行通过其创新实验室，创新出一种名为"花旗币（Citicoin）"的加密货币，现已开发了三条区块链。西班牙 BBVA 银行在 2015 年 1 月，通过旗下子公司以股权创投的方式参与了 Coinbase 融资；7 月，BBVA 宣布将在区块链技术基础上，建立完全去中心化的金融系统思路。瑞银 UBS 集团于 2014 年在伦敦成立了区块链金融研发实验室，重点探索区块链在支付、电子货币和结算模式等方面的应用前景。桑坦德银行在 2015 年 6 月，通过金融技术投资基金 Inno Ventures 进行区块链试验，研究如何将区块链技术应用于传统银行业，目前已发现了 20—25 种可以使用区块链的场景。桑坦德银行认为，区块链技术每年可节省 200 亿美元的国际交易结算成本。巴克莱银行通过"巴克莱加速器"选出了三个与区块链相关的初创公司 Safello、Atlas Card 和 Block trace 开展投资孵化，并与比特币交易所开展区块链应用合作。纽约梅隆银行已尝试将比特币的点对点模型基础应用到银行系统，并在其员工内部推出基于区块链技术的 BK Coins 虚拟货币。此外，包括澳大利亚联邦银行、西太平洋银行（澳洲）、荷兰银行、荷兰安智银行（ING bank）、拉博银行、星展银行等多家银行，都已开展区块链技术的应用探索。

（一）区块链的应用形态

区块链系统具有灵活的结构。根据区块链可扩展节点范围，区块链分为公有链、联盟链、私有链和侧链四种应用形态。金融机构可以根据不同的应用场景和用户需求进行选择。

表 2-1　国际商业银行对区块链技术研发的应用探索方式

探索方式	实例
运用已有技术平台	德国商业银行（Commerzbank）和伦敦商业银行（LBBW）在 Marco Polo 区块链贸易融资平台上进行了第一次交易测试；瑞士银行、巴克莱银行和瑞士信贷银行在以太坊区块链上测试合规平台；荷兰银行（ING）的区块链部门一直在测试确保机密性和提高 Bulletproofs 网络生产力的技术
合作开发	摩根大通与澳大利亚澳新银行（ANZ）、加拿大皇家银行（Royal Bank of Canada）于 2017 年合作开发研究法律合规领域中的跨境支付
自主研发	西班牙国际银行采用 Ripple 的 x Current 技术提高国际转账处理速度以此推出 Santander One Pay FX

表 2-2　中国商业银行对区块链技术研发的应用探索方式

探索方式	实例
融资领域	微众银行和上海华瑞银行共同开发关于联合贷款的清算和结算业务的区块链应用系统；中国银行（香港）与汇丰银行合作开发了一套区块链抵押贷款估值系统；建设银行成功试水系统内区块链福费廷（无追索权融资）交易
数字票据领域	江苏银行与无锡农商行合作完成首单票据"区块链"跨行贴现业务交易；浙商银行发布首个基于区块链的移动数字票汇平台，为企业与个人提供在移动客户端签发、签收、转让、买卖、兑付移动数字票汇功能
跨境支付领域	招商银行利用区块链直联跨境支付功能，通过永隆银行成功地实现了跨境支付业务

资料来源：《中国统计年鉴》（2016—2020）。

1. 公有链

公有链是任何人都能参与共识机制形成的区块链组织架构。无论采取何种共识机制，没有节点可以阻止其他新节点加入区块链。比特币就是一种典型的公有链。

2. 联盟链

联盟链的参与主体由构建区块链的组织或个人决定。只有通过确认后，新节点才能加入联盟链。有观点认为，联盟链可能是未来区块链应用的主要形式。多家大型金融机构组成的区块链联盟——R3CEV 就是典型的联盟链，其主要职责是制定金融行业区块链技术开发的标准，探索区块链技术在金融实务中的应用。

3. 私有链

私有链由开发人指定参与成员，仅对特定主体内部开放，不对外公开。私有链主要应用于机构内部的数据管理和审计。

4. 侧链

侧链是在主区块链基础上锚定了主区块链的某一个节点而形成的新区块链。主链与侧链之间可以进行数据交换，从而提升了主链的可扩展性，也扩大了主链的应用范围。每一条侧链可以对应特定的应用场景。针对不同应用场景，每条侧链还可以形成分支侧链。区块链初创公司——区块流（Blockstream）就是在比特币的主区块链基础上开发了侧链和一系列工具，并允许客户创造自己的侧链，从而提升了区块链的可扩展性。

（二）金融机构对区块链技术应用的探索

对区块链基础理论和技术研究的不断深化，是区块链技术大范围应用的前提。目前，区块链技术依然处于概念引入和技术研究的阶段。区块链技术在金融业落地主要通过三种途径：一是金融机构设立区块链技术研发部门。如瑞士银行、花旗银行等机构，均成立了区块链研发实验室，围绕数字货币及其支付、结算，探索区块链技术的应用。二是投资区块链初创公司。2015 年以来，部分大型金融机构以股权投资的形式投资区块链技术企业，如高盛联合其他机构注资比特币公司 Circle，西班牙对外银行通过子公司参与了 Coinbase 的融资等。三是与金融科技初创公司合作开展业务。例如，澳大利亚联邦银行和开源软件瑞波（Ripple）合作构建了可以在其子公司间转账支付的区块链系统；普华永道与 Blockstream 等科技公司合作，为客户提供区块链技术咨询服务。

在所有研发区块链技术落地的金融机构中，R3CEV 是区块链技术在商业银行领域应用的典范。R3CEV 成立于 2015 年 9 月，作为银行业区块链组织，其核心职能是探索区块链技术在金融领域的开发应用、制定银行业区块链技术开发的行业标准。目前，美国银行、花旗银行、汇丰银行、高盛等60多家银行集团均加入了该组织。

2016年至今，R3CEV已经进行了两轮测试，测试内容包括电子交易、商业票据签发和票据赎回。第一轮测试是在2016年1月进行的，巴克莱银行、瑞士信贷银行等11家大型银行参与了该测试。R3CEV发布了首个分布式账本实验，使用以太坊和微软Azure的区块链后端即服务。第二轮测试是在2016年2月进行的，有40家大型金融机构参与，主要测试分布式分类账系统执行智能化指令的性能。在预先存在的条件满足时，区块链系统自动执行协议并完成交易。

区块链技术在国内也引起了金融机构的重视。2016年5月，中国平安宣布与R3CEV建立合作伙伴关系，成为中国第一家正式加入该区块链联盟的金融机构。平安集团希望通过与R3CEV的合作，开发和运用区块链技术打造更加高效的端到端的金融资产数字化管理。此外，万向控股也设立了专门的区块链技术投资基金，在全球范围内投资区块链商业应用项目。2016年4月，万向集团等机构发起成立了中国分布式总账基础协议联盟。

（三）区块链技术在金融行业的应用展望

区块链技术应用于金融领域可能产生巨大的潜力和价值。金融机构可以基于区块链技术的三个特点开展应用。一是区块链弱中心化特点可以简化金融服务、管理流程；二是基于区块链不可篡改的特性，可以构建开户、登记、结算和清算系统，将消费类资产、实物资产和虚拟服务类资产数字化；三是基于区块链技术开源的特征，可以构建智能合约，如：出具证明、医疗、保险、政治投票等。未来，区块链技术在金融科技领域的应用主要可能集中在以下方面。

1. 法定数字货币

除比特币、瑞波币（Ripple Coin）等数字加密货币外，全球中央银行或商业银行都在研究利用区块链技术开发法定数字货币平台。国际货币基金组织、美联储、英国央行等机构对区块链技术表现出浓厚兴趣。数字货币具有"直升机撒钱（Helicopter Drops of Money）"的功能，可以将央行的现金直接发到每个人手上，减少中间环节。因此，汇丰银行认为，央行可以把区块链技术作为一种货币的政策工具，更直接地实施宏观调控政策。

目前，英国央行计划发布由中央银行发行的数字货币 RS Coin。RS Coin 是一款完全基于央行需求利用区块链技术设计的数字货币，目前已进入了初步测试阶段。RS Coin 的发行将有助于推动各国政府对区块链技术的认可。人民银行和中国社会科学院（2015）提出，e-SDR 是走向理想的超主权货币创新，表明我国央行正在跟踪区块链技术及其在数字货币领域的应用。2016 年 1 月，中国人民银行召开数字货币研讨会时表示，人民银行 2014 年就组建了研究数字货币及区块链技术的团队。

2. 支付清算

商业银行是传统支付清算的重要中介。按照现有流程，完成一笔支付清算需要经过央行、开户行和对手行，境外交易还涉及境外银行或代理行。在此过程中，各个机构都有自己的财务系统，需要事先建立代理关系，并批准授信额度。每笔交易节点多、流程长、成本高。

通过区块链技术构建的数字货币支付、清算体系，与传统支付清算体系完全不同。区块链技术实现了去中介和自信任的效果。因此，运用区块链技术支付数字货币不再需要第三方做信用中介，整个支付过程由交易双方直接进行，从而可大大提高跨境、跨区域支付的效率。此外，支付信息在区块链系统上的完整记录，能够保证交易信息的可追溯，并实现实时统计资金的流向和用途，从而在很大程度上避免洗钱、偷税漏税等违法行为的发生。即使区块链系统部分网络节点瘫痪，也不会影响整个系统运行。这就增加了黑客攻击区块链支付体系的难度，提升了支付系统的安全性。

利用区块链技术构建的数字货币网络，还可以使没有银行账户的人通过手机软件就能即时跨境支/取款项，突破了机构、地区甚至国家的信用局限，实现不同地域、不同文化背景人群的信用共识。

3. 数字直接融资平台

（1）数字有价证券利用区块链技术发行有价证券，可以减少交易成本，提高交易和结算速度。利用区块链技术将有价证券的每笔交易信息都放到区块链上，公开透明，从而可以解决信息不对称的难题，使投资决策更加高效。一些机构已在应用区块链技术探索搭建数字直接融资平台。美国十大网上零售商之一的 Overstock 于 2015 年发布了 tΦ 区块链平台，利用区块链技术发行数字有价证券，颠覆了传统有价证券的发行和交易模式。同年 7 月，Overstock 通过 tΦ.com 发行了总额 500 万美元的"数字企业债券"。Overstock 还希望运用区块链技术发行和交易股票。2015 年年末，Overstock 运用区块链技术开发弱中心化股票交易系统——美第奇项目（Medici Project）获得美国证券交易委员会（SEC）的批准。此外，2015 年 6 月，纳斯达克宣布和区块链技术初创公司 Chain 合作，构建区块链股票交易系统。同年 12 月，纳斯达克通过该平台成功完成首单证券交易，证明了运用区块链技术进行股份交易的可行性。

（2）股权数字众筹平台区块链技术的弱中心化、不可篡改的特性，可以应用于搭建股权数字众筹平台，对借款人个人情况和家庭商业行为、投资记录等进行识别；同时，利用区块链技术还可以对投资项目进行全过程跟踪，使投资人及时掌握项目的进展情况，降低信用风险。

4. 风险管理

（1）数字征信系统商业银行进行信贷审批，需要在客户授权的前提下，从央行征信中心调阅借款人信用记录；同时，商业银行也需要将收集到的借款人信用信息上传至央行征信中心。这种由央行集中收集信用数据的模式可能造成借款人信息不完整、使用效率低的问题。区块链系统可以依靠算法自动记录信用信息，由系统每台计算机确认并存储信息，透明度高、不可篡改、使用效率高。商业银行以加密形式存储并共享客户在本机构的信用状况，客户申请贷款时不必再到央行申请查询征信，商业银行通过调取区块链系统的数据就能全面掌握借款人的历史信用记录。

（2）数字票据系统传统 P2P 票据模式下，监管机构、投资者与被投资企业存在信息不对称。监管机构和投资者不能全面掌握企业是否存在虚构票据、一票多卖，以及资金是否被挪作他用等信息，存在较大风险。基于区块链技术开发的数字票据是一种更安全、智能和便捷的票据形式。一是可以有效防范企业信用风险。区块链系统是一个公共账本，信息不可篡改，避免了纸票"一票多卖"、电票打款背书不同步等问题。二是节约成本，降低中心化风险。区块链信息系统的搭建和数据存储不需要中央服务器，不用进行中央系统开发，减少了系统维护和优化成本，降低了系统中心化可能出现的风险。三是降低监管成本。区块链技术不可篡改的特征为系统提供了信用保证，降低了监管调阅成本。监管机构可以在区块链系统中建立数字监管规则,实现全面、实时、有效的监管。

(3)数字审计和内控系统区块链技术可以提升审计效率,提高系统数据的完整性和真实性。运用区块链技术还可以永久保存监管记录和审计痕迹,为监管、审计等提供便利,有效控制欺诈、手工输入错误等操作风险。由于交易确认即完成清算和结算,大大降低了交易对手的信用风险。使用区块链系统可以马上识别任何细微的造假,从根本上避免单点风险的发生,进而使金融机构以较低的成本提升自身内控和内审能力。

五 区块链金融的风险

（一）区块链金融系统性风险

系统性的区块链金融技术风险包括系统性区块链金融安全风险、区块链金融技术选择风险和区块链金融技术支持风险。系统性区块链金融安全风险,是指由于黑客攻击、数字传输故障和计算机病毒引起的,能够造成数字计算机系统瘫痪的技术风险。具体表现在三个方面:加密技术和密钥管理不完善带来的金融风险、TCP/IP协议安全性差带来的金融风险、病毒分布式扩散带来的金融风险。

区块链金融技术选择风险,是由于在选择区块链技术解决金融问题时,因操作失误或设计缺陷而带来的风险。它可能来自网络投融资技术的落后,也可能来源较低的金融信息传输效率。区块链金融技术支持风险,是指由于数字金融机构为了降低运营成本而采用外部技术解决内部管理难题时带来的区块链风险。这种风险可能导致投融资信息的失真或金融服务器的中止,也可能导致区块链服务器金融数据检索的障碍,给客户造成技术性的资金边际损失。区块链金融技术支持风险还包括使用国外技术设备的风险,如由于我国缺乏具有自主知识产权的区块链设备而导致大多数计算机核心元件需要从国外进口,这对我国的数字区块链金融安全造成了技术性支持风险。

（二）区块链金融业务性风险和交易风险

包括区块链操作风险、区块链金融市场选择风险和区块链金融信誉风险。

区块链金融操作风险,是指由于交易主体操作失误而造成的金融区块链风险,包括由于交易主体对数字区块链金融业务的操作要求不太了解而造成的支付结算终端、资金流动性不足等操作性风险；由于区块链金融风险管理系统、账户授权使用系统、与客户交流信息系统设计缺陷而引起的操作风险。

区块链金融市场选择风险，是指由于信息不对称而使得客户面临的道德风险和不利选择的业务风险，也包括使数字区块链金融市场成为"柠檬市场"的风险。数字的虚拟性增加了交易者信用评价和身份的信息不对称，导致其在选择过程中处于不利地位。这种区块链选择性风险可能使价格低但服务质量差的区块链金融机构被客户接受，而高质量的区块链金融机构被挤出市场。

区块链金融信誉风险，指数字金融机构不能与客户建立良好关系从而导致其无法有序开展金融区块链业务的风险。数字金融依托的是区块链技术，而数字技术发生故障的不可避免性势必引起客户预期需求不能实现的情况，金融机构的信誉会受到影响，进而资金链断裂和客户流失等问题应运而生。

（三）区块链金融法律监管风险

1. 资金筹集方面打法律擦边球的风险

首先，区块链众筹融资风险。目前，我国还没有为众筹模式创造良好的金融环境，区块链众筹融资平台主要通过严格的审核环节降低众筹风险、谨防欺诈现象、保护投资者利益。虽然我国法律明确规定任何单位或个人不得私自进行股票债券等相关证券的发行工作，更不允许向投资者承诺包括货币、实物在内的任何方式的回报，但现实中仍存在借助于区块链金融平台的非法集资现象。尽管严格的法律准入机制把大多数非法"网络众筹"缩水成了天使投资，但仍有个别众筹平台借助于区块链金融模式向社会不特定对象吸纳资金。

其次，基于区块链的P2P网贷风险。《民法通则》《合同法》《担保法》等民事法律严格规定P2P网贷利率不能高于国家同期一般银行贷款利率的4倍，但现实中仍然存在着借助于区块链金融平台进行非法网络欺诈和高利贷集资的现象，有些区块链P2P网贷模式甚至演化为风靡一时的"网络传销"陷阱。

最后，区块链电商小贷风险。电商小额贷款额度不大，但"滚雪球式"的高利金融模式可能酿生信息不对称条件下的"循环贷"和"贷还贷"风险。

2. 基金融资备付金账户监管风险

尽管中国证监会出台新规定允许区块链电子商务平台在证监会备案后进行基金销售，但是，从事基金销售支付的第三方机构必须到证监会注册或备案。从当前的实际情况看，数字基金理财仍然存在夸大投资收益、口头或书面误导消费者等违规现象。比如，天弘基金在支付宝开立账户的余额应作为备付金由央行进行统一监管；支付宝还应在银行开立专门账户管理资金的结算、暂存和划转；余额宝的购买和赎回应属于两个账户之间的资金流转，尽管这些规定都有证可循，但仍没有采取任何针对备付金和结算账户的监管措施，所有这些规定也都只是停留在口头上。这样必然引发监管式金融区块链交易风险。

3. 基于区块链的货币支付用户身份验证和监管风险

（1）准入式区块链监管风险。虽然《支付业务许可证》规定了市场准入机制，但现实中仍然存在严重的监管纰漏，如假造记账凭证引发的会计审核风险、伪造企业所得税数据引发的审计风险、虚拟增值税发票引发的过往记账风险等。

（2）基于区块链技术的反洗钱式监管风险。央行《支付机构反洗钱和反恐怖融资管理办法》明确规定，数字金融从业机构反洗钱和反恐怖融资的职责和义务，指出数字区块链金融平台应做好客户身份的认证和登记工作，完整记录客户的每一笔交易行为。

（3）数字区块链支付认证风险。银监会明确规定，所有进入第三方支付系统的客户在平台上进行首笔交易之前，必须到银行网点进行身份确认，或通过其他有效途径证明自己身份的准确性，而在实际操作中，区块链金融支付机构往往以用户体验为由，拒绝执行在首笔交易时需与银行签约的规定。由此必然导致区块链金融交割行为的"认证违规风险"。

（4）区块网络套现风险。中国人民银行和银监会曾联合声明第三方网上支付机构不能故意为持卡人套取现金，并强调如果出现非法套现情况将立即封闭该客户的支付账户，包括禁止使用该账户进行网上购物或开网店、禁止该账户再开设私募基金账户等，但现实中仍然存在区块链金融业务人员和"社会游资"非法串谋引发的国有金融资产转移信息泄露和高额现金套利风险。

本章小结

当前，人工智能、大数据、云计算、区块链、5G、物联网等新技术快速发展，金融业纷纷加大力度布局数字化转型战略。数字金融通过数字技术与金融服务的深度融合，提高金融可获得性，助力产业链、供应链的创新，着力服务于实体经济发展，解决产业生态中小微企业融资难问题，赋能产业数字化转型升级和生态高质量发展。具体来讲，以产业数据为基本生产要素，综合运用5G、物联网、大数据、云计算、区块链等技术，收集、存储、分析、处理和传递数据，通过人工智能算法，提供智能、精准、高效的金融服务。

资料拓展

"柠檬品"市场（the "lemons" market）

柠檬在美国俚语中是"残次品"的意思，著名经济学家乔治·阿克洛于1970年提出了"柠檬市场"的概念，柠檬市场也称次品市场，是指信息不对称的市场。即在没有完全掌握交易信息的前提下，买方只能通过市场上的平均价格来判断平均质量。在信息不对称的市场中，产品的卖方对产品的质量拥有比买方更多的信息。根据阿克洛夫的经典理论，柠檬市场的形成从过程形成的角度来看是消费者选择的结果，是自发的行为过程。

"柠檬品"理论背景

Akerlof（1970年）在经典论文《柠檬市场：质量不确定性与市场机制》中阐述了质量信息不对称引起的逆向选择是产品市场失灵的根本原因。

Cooper（1984年）进一步阐述了质量信息不对称问题，表现为部分市场参与者（农产品生产者）对产品质量更具有信息优势，而消费者处于信息劣势。根据可观察性和可验证性，食品是一种信任品。消费者即使在购买且消费后也难以确知的质量特性，使得消费者即使消费后也无法知道是否会对自身产生负面影响。

"柠檬品"理论核心

柠檬市场所引出的一般结论在于：信息不对称将导致市场参与者的逆向选择，而逆向选择博弈的结果就是市场彻底萎缩甚至完全消失。均衡即使存在。也将是交易主体之间的投机行为与投机成本之间的均衡，这时的市场价格也仅仅是此时市场外部条件下各方投机博弈的预期心理价值均衡点。该均衡点属于不稳定均衡。一旦市场外部条件改变，该均衡点将重新调整而达到新的均衡。这表明，一旦突破信息不对称的局面，并且作为信息的信号被主体接受，柠檬市场就会发生演进。而柠檬市场的演进路径主要是通过信号发送机制来实现的。通过大量释放信号，市场依然可以获得部分被逆向选择破坏的市场效率。

考研真题

1. 谈谈金融科技的主要内容、特点及发展趋势。（对外经济贸易大学，2017 年）
2. 谈谈金融科技发展的十大特点和趋势。（中南财经政法大学，2018 年）
3. 当前金融科技的发展对金融监管的挑战，金融科技需要严格监管的原因。（中央财经大学，2008 年）

第三章

数字资产

案例导入

区块链数字票据应用案例

美的作为一个家电企业拥有几万家的关联企业，这些关联企业有供应商和经销商，两者之间会有很多交易的联系，众所周知，中小企业的融资非常困难，企业不知道这些中小企业的信用怎么样，销售以后能不能收到货款。于是，美的就想做个区块链平台，把这些企业所有的信息都放在区块链上，如企业的合同、仓单、融资的状况都会写在区块链上。美的做的是票据撮合系统，又如一个企业供货以后收到商业承兑汇票，承兑汇票可以放在这个美的的平台上去卖。把票据放在区块链上，现金可以转为区块链上的代币，买卖双方通过私钥签名不可篡改地记录在区块链上，相当于他们交易的合同在区块链上就签了，不需要纸质的。不可篡改地保存在上面，企业在区块链上交易越多，记录的就越多。下一次融资的时候，美的金融向这些企业放款时就能够分析哪些企业信誉好，哪些企业信誉不好，从而分成不同的等级。没有这些信息，放贷非常困难。如果这些企业能够在区块链上分类，就能够放款，放款从4%的利率提高到8%的利率，这个部分每年有二三十亿的收入。对于中小企业来说，本来融资融不到，可能要到银行去融资，成本非常高。如果融资到位，不但美的可以赚到钱，而且企业可以比较低的成本拿到资金，对整个生态的影响非常大。

第一节　数字资产理论概述

对数字资产相关理论进行概述之前，需要把"数字资产"与一些相似的概念进行区分。"数据、数字"和"资源、资本、资产"这两组近义词就衍生出了六组相似的组合词。

2020年4月9日，《中共中央、国务院关于构建更加完善的要素市场化配置体制机制的意见》（以下称《意见》）正式发布。首先，数据作为一种新型生产要素写入党中央正式文件中，与土地、劳动力、资本、技术等一同列为重要的生产要素。而数字资产则是数据生产要素的重要表现形式，也是最常见的具体形式。有了这一前提，使用同样作为生产要素的"资本"一词就不恰当了。其次，对比"资源"与"资产"来看，资产是一种特殊资源，相较于资源的自然属性，资产不仅具有自然属性，还有其独特的社会属性。2014年7月23日公布的《企业会计准则——基本准则》第20条规定资产的定义是："由过去的交易或事项形成、由企业拥有或控制、能够带来经济效益的资源。"因此，使用"资产"一词更为合适。接着，考虑"数据、数字"这组概念，"数据"是电子化记录，而"数字"往往指具有二进制形式的数据，即数字化的数据，虽然"数据资产"和"数字资产"内涵大致相同，但显然"数字资产"的论述要更贴合本书强调的企业数字化转型之本意。

一　数字资产的内涵界定

陆岷峰和王婷婷（2020）认为，数字资产是市场经济和数字经济高度发展、共同作用的结果。数字资产是一种新型的生产要素，是技术高度发达的产物，只有社会经济、科学技术水平达到相当的程度，数字才能成为资产，且其作用不是传统的技术、人才、劳动等传统的生产资料所能替代的。徐翔和赵墨非（2020）认为，规则从数据要素角度更深入地探究了"数字资产"的内涵，只不过他们将这类数据化的生产要素称为"数据资本"，指出这类数据生产要素是以现代信息网络和各类型数据库为重要载体，基于信息和通信技术的充分数字化、生产要素化的信息和数据。

资产的数字化存在形态就是数字资产。简单来说，就是经济主体在参与社会生产活动中所创造、获得、积累、交易的，具有明确的权属关系的，能为拥有者带来预期经济利益的，并以数字形态存在的经济资源。数字资产本身不能直接创造价值，而是通过数据作用于生产或服务过程，使其在创造收益、降低成本中获得更加突出的价值体现，这就是数字资产使用价值的本质所在。

二 数字资产的必要条件及特点

（一）数字资产的必要条件

数字资产概念的界定有三个基本要件。

一是在生产经营活动中产生；

二是具有明确的权属关系和排他的盈利属性；

三是数字化的存在形态。

（二）数字资产的特点

数字资产的基本特征很多，但归纳起来，主要体现在六个方面。这六个方面的具体特征之间既相互区别，又相互联系，共同构成了数字资产的主要特征。

第一，属于无形资产管理范畴。从资产的形态大类来分，数字资产没有具体的物质形态，属于无形资产的范畴。

第二，具有可以长期重复使用的价值。数字资产与其他资产相比一个重要特征是可能发生贬值，但只要存在便不会出现价值完全灭失。一般的有形资产甚至是一些无形资产，由于各种原因，可能退出社会经济活动，或者由于物质形态灭失而失去价值。

第三，具有所有权以及使用权。数字资产与其他资产一样，其所有权与使用权（经营权、管理权）也可以分离，正因为有这种分离职能，数字资产具有临时让渡的功能。而对于数字资产使用权的临时让渡一般是以一定的经济补偿或其他形式为代价。

第四，具有市场商品基本属性。商品是市场经济的产物，具有价值和使用价值，商品通过市场上的交易实现其价值。

第五，属于新型的生产要素。劳动者、技术、资本等作为传统的生产要素构成社会经济发展的基础，而数字资产只有当市场经济、科学技术发展到一定的程度,才能作为资产,具有资产的属性。

第六,具有资产保值增值功能。数字资产如同一般性资产,随着时间的推移,其价值会发生变化,有些数字资产由于供给量过大或失去其应有价值,则会发生贬值,有些数字资产贬值的速度还相当快,如果对数字资产不断赋予新的内涵和效用,其不仅有保值功能,且还有不断增值的功能。

网络时代的网络会计、办公自动化、电子支付系统平台等使现行的生产方式具有传统生产方式无法比拟的优越性。可是,在现实生活中,它们只是依托磁性介质而存在的一连串"0"和"1"的代码。它们虽是数字化商品,却体现出资产的性质,因此,不妨称其为数字资产。这种资产有以下几个特点是。

(1) 价格昂贵。由于这些有着特殊用途的应用软件是专门为某一特定工作而研制的,因此其成本比较高,价格也不比厂房等固定资产的价格低。

(2) 依附性强。应用软件必须得到计算机硬件及系统软件的支持才可以发挥作用,而不能独立存在并发挥作用。

(3) 数量上的无限性。数字资产是稀缺的(因为并不是所有的企业或个人都能创造出数字资产),但它的供应可以是无限的。而有形资产由于企业的财产和存储空间的限制,总是有限的。即使是最简单的应用软件也有一定的交互功能,如对操作人员的错误提示,这是 IT 行业产品最基本的优越性体现。

(4) 成本递减。有形资产的生产成本与生产数量成正比例关系。数字资产的成本主要是在前期的研究开发阶段以及在销售过程中发生的销售费用和其他经营费用,由于数字产品产量的无限性,其开发成本按传统财务会计的方法被分摊到产量上,因此数字产品的成本随着销售量的不断扩大,其成本是越来越低的。

从表征特点分析,数字资产是经过二进制编码、以电子方式记录、由企业或机构控制并可以授权使用、能给企业或机构带来潜在经济利益的数字资源。数字资产主要是以电子数据形式存在的一类特殊资产,具有非实物形态特征。狭义数字资产仅指数字货币;广义数字资产则包括信息系统产生的数据,即以电子形式存在、同资产交易相关的直接数据

（物流、资金、信息、商品流）和行业数据。开发平台属于原始的数字资产，基于开发平台研发的软件以及基于软件应用产生的视频、数据等都属于数字资产。Yakel Elizabeth（2004）认为数字资产同传统资产一样，具有长期价值并可重复使用，不会被快速消耗，可以被不同的消费者识别和使用。王刊良（2002）提出，数字化产品具有六个经济特征，即特殊的成本结构、对个人偏好具有较高的依赖性、网络外部性、无磨损性、易变性和可复制性。

三 数字资产的分类

第一，数字资产根据其存在形态和功能用途，可以分为数据资产、数字知识产权类资产和数字货币资产。

数据资产是指由个人或企业拥有或者控制的，能够为企业带来未来经济利益的，以物理或电子的方式记录的数据资源。数据资产是拥有数据权属（勘探权、使用权、所有权）、有价值、可计量、可读取的网络空间中的数据集。[①] 数据资产可以划分为工业数据、科研数据、地理空间数据、医疗数据、金融数据等。

数字知识产权类资产是知识产权的总汇。包括专利、商标、版权作品、工业品外观设计、地理标志、商业秘密和其他形式。是企业提升产品价值，进而提高利润的关键。是更广泛经济意义上的人力资本的组成部分，其中受法律保护的无形资产，诸如专利、版权作品和商标发挥着关键作用。[②] 数字形态的知识产权类资产是目前全球主流存在形态，如数字出版物、影音资源、软件程序、计算机模拟设计作品等。

第二，按照数字资产的特征进行分类，中国学者王刊良（2006）根据数字资产具有特殊成本结构、依赖个人偏好、局部外部性、无磨损性、易变性以及可复制性六大特征，提出了数字资产分类的五个指标，包括产品的传输模式、产品与时间的相关性、产品使用的频繁程度、运行性使用和外部性，使得数字产品的分类更加标准化、可量化。数字货币资产是基于密码学技术，利用复杂的算法所产生的网络货币资产总称，数

[①] 叶雅珍、朱扬勇：《数据资产》，人民邮电出版社2021年版，第5—10页。
[②] 陆雄文：《管理学大辞典》，上海辞书出版社2013年版。

字货币主要包括主权数字货币、私人数字货币和公有链数字货币（如比特币等）。

第三，依据数字资产表现形式的不同，李钧、孔华威（2014）等从金融学的视角将其划分为标准化的数字资产和非标准化的数字资产。其中标准化的数字资产有明确的价格和表现形式，按自身单位分割后，每一份价值相等，且可以明确度量，如比特币、盛大点券等；而非标准化数字资产是按自身单位分割后，每一份价值不平均，无明确算法可以统一标出每份的独立价值，如域名、QQ 号、电子邮箱等。

第四，蒋艳、李玻（2016）从统计学的角度，设计了一种基于统计分析的数字资产分类流程模型，通过计算机系统实现对复杂的数字资产进行自动分类。

第二节 数字资产的应用

一 区块链在数字资产交易中的应用

（一）"去中心化"版权确权

通过在版权登记过程中引入区块链技术后，就可以很好地解决这个问题。在作品发布前，作者在区块链网络上增加一个新的节点，并在节点中加入通过散列算法计算得出的作品 Hash 值和作者身份信息，同时将获取到的第三方时间服务器的时间戳添加到区块，最后将这个区块发布到区块链中。由于区块链采用"去中心化"的技术架构，这个用于确权的区块就会被所有节点验证并记录下来，当发生侵权行为或需要查找到权利人时，只要查找到区块链中的历史记录，即可证明权利归属。通过使用区块链技术，作者不再需要依赖传统的方式进行版权注册，不仅节省了申请时间，还可以节省大量的成本。

（二）实现"智能合约"交易

由于智能合约的交易过程不需要任何第三方参与，而且仅依赖于已经存在的判断规则，因此，能够极大地降低交易成本。同时，交易记录采用分布式的形式记录在区块链的节点上，每个节点之间都承担着互相验证的职责，交易记录也不能被随意修改，使交易信息更加真实可靠。除此之外，智能合约还具有减少人为操作失误概率、提高合约准确度等优势。

(三) 资产完整性和防伪性证明

将区块链技术引入网络数字出版行业，就可以较好地解决以上问题。数字作品的原作者在互联网发表作品时，首先会将数字内容进行 Hash 计算，生成与作品对应的一串唯一标识码，这个编码与原数字内容对应，如果作品被修改或者发生变化，对应的 Hash 值也会发生改变，通过这种方式即可以保证作品的完整性。随后将作品的相关信息连同 Hash 值生成区块节点，并在区块链网络中进行发布，所有节点都会对信息进行验证并进行分布式存储，到此完成作品的发布过程。后续如果发生作品被修改或者冒充等情况，就可以通过验证区块链中的对应节点信息，以便核实数字作品的真实性和完整性。

(四) 使用分布式账本弱化中介模式

区块链技术由于具有分布式账本数据记录的技术优势，不会像传统的中介机构存在"单点"模式，所有交易数据都会分散存储于各个不同的节点当中，从而有效地避免了信息孤岛的形成。由于数据并不由某个组织或机构独占，所有数字资产信息和交易记录都可以实时共享，系统中每个节点都支持对历史数据进行查询，因此，能够较好地解决信息不对称的问题。此外，数据都会先进行加密后再存储到各个分布式节点，令恶意使用者无法对用户信息进行非法使用，可以更有效地保证用户信息安全。

(五) 提高交易效率和可追踪性

依赖于区块链的追溯机制，能够更好地确认权利归属和历次版权变更情况，当发生涉及作品权利纠纷等情况时，通过查询区块链中的历史信息，就能够更好地提供证据以支持作者的主张。

二 个人数字资产的开发

(一) 个人数字资产的开发模式

1. 运营商模式

它是指以网络为基础从事 IT 行业、电子商务、软件开发的运营商，运用关系分析、数据挖掘、预测评估和可视化技术，对自身庞大的用户数据资源进行处理，分析用户主体特征以及个人数字资产价值。比如，阿里巴巴通过对用户注册、登录频次、订单信息等相关数据的检测，洞察用户消费喜好，确定用户信用等级，开展集购物娱乐、城市服务、财富管理以及其他第三方服务为一体的全网联动营销；同时用户可凭借个人数据取得一定额度的在线资金支持。

2. 第三方开发模式

它是指以技术驱动和数据算法为核心，以数据采集、存储、分析和处理为主要业务，专门从事大数据服务的公司，为企业类客户定制满足全网营销需求的大数据分析平台，为个人类客户提供全生命周期的个人数字资产管理支持。在国外，该模式已经相当成熟，如为销售商提供数字市场营销优化服务的 Baynote、为广告商提供数据和分析的 Exelate。目前国内专门为客户定制个性化大数据分析以及提供可视化、移动端解决方案的第三方大数据公司也开始大量出现，如芝麻信用、蚂蚁借呗、京东白条等都在探索对个人数字资产的创造性运用。

3. 政府引导模式

它是指由政府统一规制、引导和监督，在不侵犯个人隐私的前提下，为市场合理采集、加工、转移、利用个人公共基础信息、纳税信息、信用信息、社保信息等提供行为准则与对接渠道。近年来，我国政府开始重视、鼓励和扶持个人数据的商业化开发和应用。借助人民银行征信中心的互联网个人信用信息服务平台，个人可通过互联网及移动通信工具等非现场渠道查询本人信用信息，各金融机构可通过系统接入的方式，接收个人征信系统实时更新的数据。

4. 行业共享模式

它是指各类行业协会等自律组织运用大数据分析技术，将市场主体行为数据纳入统一平台，建立和完善行业数据信息共享机制、黑灰名单约束惩戒机制。中国支付清算协会的行业风险信息共享系统扮演着信息通路和连接枢纽的角色，采用星形网络结构与接入机构相连，将零散、分散的个人数据有机地整合、汇总，并反馈至申请查询机构，减少接入机构与市场主体之间的信息不对称，实现行业风险联防、联控。

在全球信息化快速发展的时代，信息技术与经济、社会的深度交汇融合引发数据规模迅速扩大，大数据作为一种新型"生产要素"的价值逐渐凸显出来。当个人拥有或控制的数据资源参与经济活动时，数据便成为一种重要的个人资产。国外学者研究指出，数据挖掘能够发现潜藏的有价值的数字资产（Michae等，1999）。随着大数据管理与价值创造的深入推进，国内学者在对大数据的多重属性研究中发现，数据价值可以被多次挖掘和利用，形成一种宝贵的资产（李海英，2015）。从广义上讲，个人数字资产是个人过去交易或其他事项形成的、由个人拥有或控制的、以数据形式存在的、现在或将来可转化为有形资产从而带来经济利益的资源（李吴松，2010）

（二）个人数字资产的价值评估

交易是市场经济的核心问题。个人数字资产交易活动需要科学合理的资产定价机制。参照资产价值评估的基本思路，个人数字资产在价值形态上的评估是根据翔实的数据资料，按照特定目的与交易需要，本着公正公平的原则，遵循法定或公允标准，采用科学合理的方法，对被评估资产的现时价值或价格进行评定和估算。具体而言，个人数字资产的价值评估有以下几个特点。

1. 评估侧重于效用

在评估方法上，个人数字资产可以采用与其他无形资产相同的收益法，但是，个人数字资产的本质特征是其价值与成本保持长期平衡的高度脱离状态，其价值评估更应当通过运用最优控制理论，动态量化评估使用个人数字资产与不使用个人数字资产时的效用之差。

2. 预期收益决定供求关系

在对个人数字资产定价时，要从虚拟资产的预期收益出发，将预期收益的贴现值作为定价基础。当使用个人数字资产的预期收益贴现值高于其他类型资产的收益时，对个人数字资产的需求就会增加，从而造成个人数字资产价格上升；反之亦然。

3. 受短期不确定性因素影响

个人数字资产预期收益贴现是个人对长期积淀数据进行动态调整后的最优决策，对个人数字资产价格的评估必须根据需要进行动态更新。相对而言，这是一项长期评估。对于短期性、突发性、不确定性因素，由于线上化转变等因素并不会及时在评估体系中得以体现，这就使得个人数字资产定价具有短期随机游走的特性。

三 会计工作中的数字资产

（一）数字资产的会计计量

数字资产作为企业的资产，如何计价入账也是研究数字资产会计核算的关键问题之一。在现行会计实务中，按历史成本原则计量计算机软件产品成本的一般做法是，将商品化软件的研究开发费用，以及为维持软件基本功能所必需的费用作为资产计列（如列入无形资产），并在预计销售数量的基础上，将成本分摊入产品。这样做符合传统财务会计的原则，会计信息具有客观性和可验证性，有利于消除财富分配中的主观现象。但按历史成本计量，由于数字资产价值的不确定性，会计信息的决策相关性将大大降低。通常情况下，这种资产的市场价值会脱离其开发成本，尤其是当一件产品成为整个行业的标准，或者形成为人们的消费习惯，其价值将大大高于开发成本。以上讨论仅仅针对数字资产开发企业，至于企业出于其生产经营管理需要而购买的数字资产，计价应另当别论。在此，仍分两种情况进行分析。

1. 自创数字资产的会计计量

如前所述，目前大多数软件开发企业仍然采用原始价值计量数字资产，将该产品的开发成本、产品的商品化费用及其他相关费用（如升级费用）计入产品价值。这是根据产品从研究开发到销售再到维护整个经营过程来计量的。开发成本构成数字资产原始价值的主体，产品开发成功后商品化之前尚要产生许多费用如评审鉴定费、注册费、版权费、处理费等，也是数字资产原始价值的组成部分。此外，不断追加的产品升级成本和随主产品赠送的辅助软件的成本也将增加数字资产的账面价值。这种按原始价值计价的方法具有客观性和可验证性，便于进行会计确认，账务处理也有凭证，有利于资产保管责任的履行。但是，其缺陷也很明显：不适于作经营和投资决策，不能反映企业真实的财务状况；缺乏计量方法和时间上的一致性；不能反映资产置存所获得的收益。

2. 外购数字资产的会计计量

与自创数字资产的会计计量相比，外购产品的会计最较为简单。企业购入数字资产主要是为工使展以提高其经营和管理效率，可采用原始价值计量，将其买价和投入使用过程中发生的相关费用计入该项数字资产,再按预计使用期限进行摊销,会计处理可参照无形资产来进行。

(二)数字资产会计核算问题归纳

由于数字资产会计准则尚未出台,会计人员对数字资产认知程度、对现有会计制度、会计准则掌握程度及其运用能力不同,数字资产会计核算也不统一,有待加以规范。

1. 会计确认存在差异

数字资产会计确认包括数字资产研发会计确认、数字资产入库会计确认、成本结转与摊销会计确认、会计期末数字资产跌价与减值准备会计确认等。

(1)数字资产研发和入库会计确认。目前实务中,一种观点认为,数字资产研发周期长,技术性强,累计投入大,一旦研发失败或其他同类数字资产率先占领市场,研发中的数字资产则毫无价值可言。本着谨慎性原则,研发过程发生的各种支出应确认为研发费用,计入当期损益;外开数字资产入库则确认为无形资产。另一种观点认为,数字资产是一种无实物形态的虚拟产品,一旦研发成功,只要不断自我更新,不被市场淘汰,可为企业带来源源不断的经济收入。本着历史成本原则,无论自开数字资产还是外开数字资产,均应以实际发生的支出或交易对价并区别用途分别予以确认,对外销售的则确认为存货,自用的则确认为无形资产。

(2)成本结转与摊销和跌价与减值准备会计确认。一种观点认为,数字资产无实物形态,作为无形资产无论是摊销还是计提减值准备,均应确认为管理费用。另一种观点认为,数字资产是一种无实物形态的虚拟资产,应按用途分别予以确认:对外出售的,本着收入与成本匹配原则,无论是摊销还是计提减值准备均应确认为销售成本;自用的则确认为管理费用。

2. 入库计量存在差异

数字资产会计计量包括研发成本、交易取得成本、成本结转与摊销、跌价与减值准备四个方面的计量。各个方面的观点差异有如下几个方面。

(1)研发中数字资产会计计量。一种观点认为,本着谨慎性原则,数字资产研发过程中发生的各种支出计入当期损益,无须对研发中数字资产进行单独计量。另一种观点认为,本着历史成本原则,应以研发过程发生的全部支出对研发中数字资产进行计量，并分项计量数字资产的原始成本。第三种观点认为，企业开发过程中发生的研究开发费用计入开发支出，年度终了若该产品开发尚未完成，按照现有的会计准则计入当期费用；若产品开发已经完成，则根据一定方法确认未来现金流量净现值，按照其金额计入数字资产，与开发支出的差额设立"数字资产折价/溢价"科目进行处理，在收益期限内摊销。

（2）交易取得数字资产的成本会计计量。一种观点认为，外购、出资者投入数字资产的目的是快速获取对经营管理决策有价值的各种信息资源，提高企业经营管理决策效率和质量，提升风险控制水平，降低成本费用和风险损失，增强市场竞争力，创造超额利润，实现企业价值最大化。本着历史成本原则，交易形成的数字资产应按交易对价进行计量。

另一种观点赞同前者对取得数字资产目的的看法，但不赞同交易形成的数字资产按交易对价进行计量。理由是：交易对价包括收益净现值和商誉两个部分。商誉是交易对价超过收益净现值的部分，这部分由交易双方意愿决定，体现的是企业谈判和决策水平，不应计入交易形成的数字资产。只有收益率法评估确定的收益净现值才是数字资产价值的体现，也是未来测算数字资产减值的依据，因此交易形成的数字资产应以收益净现值来计量。

（3）数字资产跌价与减值计量。一般认为，会计期末应对数字资产的价值进行月摊销，会造成自开对外销售数字资产结转的成本越来越高，不符合会计谨慎性原则；二是数字技术发展飞快，存在市场需求量前多后少、出售价格前高后低、收入逐步减少的可能，若不对自开数字资产出售成本进行恰当计量，不符合收入与成本匹配会计原则。

3. 成本结转与摊销计量存在差异

目前实务界对自用数字资产月末摊销计量、交易取得数字资产对外出售成本结转没有异议，分歧在于出售自开数字资产的成本结转计量，归纳起来有两种观点。一种观点认为，数字资产可供出售数量不确定，无法确定单位数字资产成本，按预期受益期分月摊销即可，无须再对销售成本进行计量。另一种观点认为，按预期受益期分月摊销只适合于自用数字资产摊销，不适用于自开对外出售数字资产成本结转的计量，应按预期数量进行计量。

4. 列报与披露存在差异

对于数字资产的列报，目前基本依据会计核算处理结果，有的并入存货项目列报，有的并入无形资产项目列报，有的在利润表研发费用列报，有的在资产负债表开发支出列报，不尽相同。当测算价值低于账面价值时，按差额计量数字资产跌价准备、减值准备。但影响数字资产价值的因素较多，容易因会计人员的能力差异造成测算结果不一致，无法客观反映数字资产状况。

四　数字资产与财务管理

(一) 资产的财务管理方法

1. 数字资产的计量

数字资产的特殊性使其在进行计量时也有诸多不同，根据会计准则的规定，资产在进行计量时一般选用历史成本计量法，这也是目前许多企业采取的计量方法。具体来说，从产品研发到销售维护等整个经营过程来看，产品的研发费用、商品化费用以及升级费用等均可纳入数字资产的初始入账价值。这种计量方式的优势在于客观性和可验证性，进行会计核算时也有相关凭证作为核算依据，有着一定的应用价值。但是，数字资产存在的意义并不仅仅是在财务报表上体现出来即可，而是要保证数字资产信息的准确性，以便为经营决策提供支持。从这个角度来看，历史成本计量法是存在着一定缺陷的。鉴于此，可以尝试采用多种计量方式并存的计量模式。例如，可以同时采用现值计量法，由于现值是根据一定换算方法，将未来现金流量折算成当前价值所得的，也就是说，现值计量法更多地考虑了未来资产，这与数字资产的确认是一个连续过程相契合。所以，如何科学地预测数字资产的预期收益成为确保现值计量法有效性的关键。企业需要确定影响数字资产未来收益的主要因素，在此基础上采用科学的模型预测数字资产的未来收益。保证了现值计量法科学性的前提下，可以将历史成本计量法与现值计量法相结合，采用这种多元的计量方式进行财务管理，就可以集多种计量方式的优势于一处，提高数字资产计量水平，为企业决策提供有效支持。一般来说，数字资产未来收益的影响因素可以从以下四个方面考虑：一是企业的市场占有率，这是因为高市场占有率为数字资产的推出和销售提供了十分便利的条件和环境；二是工作人员的能力素质，毕竟数字资产的创造需要高能力作为支撑，能力不足的人是无法完成数字资产的创造的；三是企业的管理水平，这是因为，企业是将数字资产转化为效益的沃土，只有高水平的管理才能实现高质量的利益转化；四是外部环境的影响，包括国家政策、市场稳定程度、竞争对手情况等。厘清数字资产未来收益的影响因素后，就可以不断调研以了解企业内外部情况，通过专业手段对调查结果进行分析，在此基础上采取科学的转换方式，将分析结果转化为现值，即可得出较为准确的未来现金流量。

2. 数字资产的核算

会计核算是财务管理中十分重要的环节，核算结果既是对已发生经济行为的核对审查，也是对未发生或即将发生经济行为可行性分析的参考。因此，核算结果的准确性至关重要。数字资产作为一种新型业态，传统会计准则中并未对其核算有较为明确的规定，这对财务管理造成了一定影响。为使财务管理更加适应新时代发展，需要对数字资产的核算进行梳理和确定。进行数字资产的核算时，可以设立数字资产的取得、摊销以及减值等条目，如将数字资产摊销、数字资产减值等作为数字资产的二级明细科目。对于数字资产摊销，由于数字资产的价值并非一成不变，企业在不断创新数字资产功能、实现资产升级的同时，也是原有数字资产价值回落的过程，也就是说，数字资产不断贬值。因此，需要对其一定时间段内的价值进行摊销，这样才能够保证所得数字资产价值的科学性和金额的准确性。

3. 数字资产的信息披露

对信息进行必要披露是企业必须履行的义务，也是企业对外公开自身情况、接受相关机构检查的前提条件。若是将数字资产纳入财务报表中，成为科目之一，那在信息披露时就必须也将其纳入披露范围，并保证披露的科学性与准确性。一般来说，数字资产的披露可以从两个方面进行：一方面是资产负债表，可以在此表中加入"数字资产"一栏，以此表明数字资产的真正价值；另一方面是会计报告的附注，需要在附注中标明数字资产的必要信息，如面临的风险。将风险作为附注之一，是因为在当今时代，信息技术更新迭代的速度非常快，新技术的出现势必会对原有技术造成冲击，特别是对原有技术的升级更新，抑或是替代技术的出现，均会对原有技术的价值产生影响，使价值性减少甚至是缺失。也就是说，企业所列数字资产虽然当前拥有较大价值，但是，与企业其他类型资产相比，它面临更大的潜在风险。因而必须将数字资产风险作为附注内容，这样使用者才能对数字资产和企业有一个更为全面真实的了解。

（二）提高财务管理水平的有效措施

数字资产的出现对财务管理和会计准则提出了更高要求，传统财务管理方式已不能满足企业需求，无法实现对数字资产的更好管理。为此，必须采取有效应对措施。

1. 完善财务管理制度

数字资产是企业的新型资产形态，它与其他既有资产存在着很大区别，因而现有财务管理模式并不能很好地实现对数字资产的管理，必须进行必要改变。而在此之前，首先要做的就是从制度上对财务管理进行完善，以保证所有财务工作的合理性与合规性。具体来说，先是需要对数字资产进行深入了解，包括国家相关政策、数字资产特性与需求等，之后对数字资产与财务管理制度之间的不适性进行分析，了解制度的缺失情况或是不完善情况，最后对财务管理制度进行完善。例如，信息评估应作为制度规范内容之一，这是因为，数字资产的体量较大，且内容繁杂，可能包含许多无效或是无用信息，若是将这些信息也纳入数字资产，会降低资产有效性，影响资产价值。因此，必须选用科学的评估手段，或是借用必要的评估工具，对信息进行评估，以去除无效无用信息，从而保证数字资产的有效性和高价值。另外，建立资源融合制度也是较为有效的制度完善方式，毕竟数字资产涉及的范围十分广泛，只有被员工真正利用起来，才能发挥出应有作用。因此可以建立数据与人和信息化系统之间的关系，通过制度规定将这些关系规范化。

2. 重视人才培养

数字资产的出现对企业财务管理产生了更高要求，为适应新要求，企业必须提高相关工作人员的能力素质。这样，才能在保证财务管理顺利进行的同时，加强对数字资产的管理应用，提高财务管理水平。为此，首先，需要让财务人员了解数字资产相关信息，包括特征、财务管理需求等。只有对数字资产有全面深入的了解，才能在工作过程中应用自如，不至于因了解不透彻而出现低级错误或是不应该发生的失误。其次，需要针对数字资产的财务管理对财务人员进行相关培训，帮助其了解含有数字资产的财务管理模式，掌握管理手段，以便在工作时能够得心应手。最后，应该培养财务人员的经济敏感性。这是因为数字资产的计量需要对未来收益进行预估，进行信息披露时还需要对风险情况进行评估，而这些都需要良好的经济敏感性，才能作出较为准确的预判，最终达到协同育人的目的。

3. 鼓励互动交流

高等学校通过开展会计学专业教师与思政教师之间的交流，让会计学专业教师及时更多地掌握党和国家的方针、政策等的变化情况，并将这些变化情况贯彻到日常的教学当中。在日常的教学活动中会计学教师必须加大与学生的互动交流，鼓励学生积极参与案例讨论交流，引导学生形成正确的人生价值观。

4. 建立科学的考核评价体系

科学的考核评价体系应包括学生和教师，学生的考核主要以课堂表现、积极参与程度作为考核指标，在每门会计学专业课程中增加思政表现考核分计入期末考核成绩中。而对教师的考核，则可以通过备课教案内容中的思政元素多少与是否合理准确，以及学生对教师的评价等形式进行。当然学校出台相关政策、拨付一定的经费支持"课程思政"教学创新是必不可少的制度保障。

第三节 数字资产经营风险分析

一 数字资产的风险

对于经济载体的高风险必须要有充分的认识，并提出有针对性的措施进行预防与化解。数字资产的经营风险一般来源于内生和外在因素两个方面。有些数字资产的风险属于资产管理中的共性风险，而数字资产的个性化风险也相当突出并且危害较大。总的来看，数字资产的风险主要体现在以下三个方面。

第一，数字资产安全风险。主要是指数字在生产、交易、储存过程中形成的风险。一是由于组织或个人在进行系统设计时，本身存在系统漏洞，导致数字系统不安全；二是外部黑客出于各种目的，对计算机发起攻击，从而造成数字信息的被盗和篡改风险。数字资产的安全风险一旦爆发，将造成数字资产的直接损失，而且往往难以弥补。

第二，数字资产侵权风险。一是社会组织或个人出于私利或某种目的，非法收集其他社会组织和个人的数字信息，造成他人的数字资产的流失；二是专业的数字资产经营公司通过计算机平台，运用技术手段非法盗取各种数字信息，用于交易、转让，从中牟利。

第三，数字资产法律风险。由于数字资产是一项新型的生产资料，相应的法律规范细则出台时间较慢。在数字资产法律与政策完善前，很多社会组织或个人会踩踏数字资产管理的法律红线，从而造成经营行为中事实上的违规违法。目前，利用爬虫技术获取的各种信息被明确界定为非法行为，利用 App 过度收集个人和组织信息的企业也被列入打击、治理的对象。尽管一些大数据公司开始的办企宗旨并不是要违法经营，然而，经营行为中又不可避免地非法收集客户或其他人信息，造成了实际上的违法行为，并最终为此付出沉重的代价。

二 数字资产交易存在的问题

（一）版权登记问题

根据我国《著作权法》的第二条第一款规定，中国公民、法人或者其他组织的作品，不论是否发表，依照本法都享有著作权。《著作权法实施条例》第六条也明确规定，著作权自作品创作完成之日起产生。也就是说，无论是个人、法人或者是其他社会组织，他们创作的包括文字、音乐、影像等任何形式的作品，在完成之日起都即刻享有著作权，而不需要再另行申请。但在实际操作中，为了更好地保障作品创作者自身的合法权益，通常还要对作品进行登记，通过由第三方证明的形式保障作者享有合法的权益；当发生著作权纠纷时需要主张自己权利或者明确权利归属时，权利人可以通过版权登记证书更好地保护合法权益。但著作权登记中也存在一些问题，如版权登记机构采取"自愿登记、形式审查"原则，主要审核提交人申请材料在形式上的合法性，提交的文件、证件是否真实有效，是否符合国家法律法规的规定等内容。由此可见，登记证书也仅是登记作者享有著作权的初步证据，而不是法定依据。因此，在发生权利纠纷时,登记证书的证明力就非常有限,需要法院进一步认定。又如,传统的版权登记流程,普遍存在登记成本过高、操作时间较长、欠缺法律证明力等诸多弊端,很难对当前大量出现的互联网影视或音乐作品等进行有效的保护。

(二) 网络交易信用问题

近年来,随着互联网技术的成熟和网络的大规模普及,以及创意文化产业的迅猛发展,基于网络的数字作品在短时间内呈现出迅速增长的趋势,数字作品的版权交易也空前繁荣。但在交易过程中,缺乏相应的监管流程,部分交易人缺乏诚信意识,严重制约了数字作品的网络交易发展,这种情况逐渐成为限制数字版权交易的瓶颈。如在作品登记时只进行形式审核,导致部分作品的登记权利人,在没有得到许可的情况下,抢先将他人作品进行著作权登记,随后向法院主张谋取不正当利益的恶意诉讼行为,这种失信行为给版权交易市场造成了极坏的影响。

(三) 小型作品版权交易问题

随着互联网技术的成熟和快速普及,近年来涌现出大量的文学艺术作品,依赖于网络高速、无地域性特点,这些作品得以在大范围内快速传播。从规模角度考量,这些作品大多属于小型甚至微型级别,它们可能是一小段拍摄的视频影像,一首原创的歌曲,或者是短短的几行文字,这些作品通常会在短时间内被大量转发和引用。这些作品规模很小且数量极大,在进行版权交易时通常会遇到很多新的问题。版权所有人考虑到作品体量较小,如果申请著作权登记,需要支付大量的费用且要等待较长的时间。

(四) 侵权举证难问题

互联网为数字作品的传播提供了良好的信息平台,同时也为各种侵权行为提供了便利条件。由于数字作品具有无实体、不占空间、易复制、易传播等多种优势,从技术角度来看,任何人都可以非常容易地将别人的数据作品上传到网络,并允许其他人进行下载和保存。由于这种复制的成本非常低,而且网络本身的虚拟性又可以较好地隐蔽侵权人的非法行为,因此,互联网逐渐成为盗版行为的高发场所。

第四节 数字资产发展趋势

一 数字资产的未来

在科技的进步下,全球经济正以一种不受传统经济学规律制约的方式发展。传统经济学的基本假设是供给约束,人们只能在有限的供给中选择。近二十年来,全球的货币在不断膨胀,但像美国、日本这样的发达国家却几乎没有通货膨胀,原因之一是这些国家的人均收入已达四五万美元,人们的基本物质需求已不像美国大萧条时期那样受经济波动影响。换言之,货币与人们的基本物质需求之间的关联在减少,而精神需求却在增多,数字资产恰好与精神最相关联。我们是否可以幻想一下,未来中国资产最多的人可能不是房子最多的人,而是数字资产最丰富的人。

二 关于数字资产的若干思考

第一,建立完善的要素市场维度。市场经济的本质是通过生产要素的流动来实现资源有效配置和产出效益。相比其他生产要素,数字资产的流动就显得更为重要。因为只有通过要素市场的流动才能将数字资产与应用场景连接起来,在对初始数据进行整合、加工、生产的基础上,将数字资产传递到需求者手中,最终实现数字资产在流动中增值。由此可见,数字资产的确权、定价与建立完善的要素市场体系就成为一枚硬币的正反面,呈现互为前置条件的"鸡蛋悖论"。若要打破这种困境,就需要国家相关部门鼓励引导各类市场主体建立数字资产交易平台,并提供必要的信用背书,以推进数字资产交易的要素市场体系不断完善。

第二,发展大数据和区块链维度。数据作为生产要素在实现资产化的过程中,必然会遇到权属确认、价格形成和隐私保护等诸多技术难点。区块链技术凭借其公开透明、可追溯、实时清算、安全匿名等特点,构筑了不可信环境下的可信交易新架构,天然完成了个人数据资产的确权和安全存储,可以很好地解决上述难题。而大数据技术则利用海量数据进行特定模型开发,在数字资产收集、识别、认证、权属判定等环节可以发挥事半功倍的作用。若要解决数字资产确权、定价和隐私保护等问题，就需要市场主体加大对大数据、区块链和数字资产底层技术的研发投入，为数字资产的价值提升创造条件。

第三，推进数字货币试点维度。数字货币作为数字资产的一个特殊类别，先于其他类型数字资产进入公众视野。数字货币也是数字资产中最受资本青睐的资产，其发展势头未来可期。数字货币在各类数字资产中最先解决了确权认证和交易定价问题，诞生出最大的流通市场，成为数字资产融入现实经济生活的"先行者"，数字货币完全可以成为数字资产交易的"试验田"。另外，不同于其他数字资产，数字货币没有不可替代性，即使市场化试验失败，试错成本低，不会对实体经济部门造成更多额外损失。为此，国家相关部门应积极作为，超前规划数字货币应用场景，加快推进数字货币试点进程。

第四，强化数字治理能力维度。数字治理能力与数字资产市场化存在"予取予求"的辩证关系，一方面，数字资产为政府部门数字治理提供必要的基础资源要素；另一方面，政府部门在数字治理中取得的成效，反向印证数字资产的价值所在。因此，构建数据联通、系统联动的数字治理体系是数字经济时代的大势所趋，党的十九届四中全会明确提出，"以数字化转型提升政府治理体系和治理能力现代化"。各级政府部门应树立数字治理现代化理念，广泛应用大数据、区块链等现代技术手段，加快提升科学决策的治理能力。数字资产的生产和风险特征，决定了数字资产的经营要实行数字化管理。各级政府部门应在知识产权保护、征信服务、信息安全保障等领域完善体制机制，为数字资产上下游产业链构建提供良好的治理环境。

第五，推动经济转型升级维度。正如前文所述，数字资产作为生产资料寓于其他生产要素中，以其他生产要素为生产的前置条件，同时又作用于其他生产要素。数字资产作为数字经济最活跃的生产要素，在当下我国经济转型升级过程中完全可以发挥非比寻常的作用。为此，各级政府部门应积极推进实体经济的数字化进程，以数字化场景推动经济结构的优化升级，加快"双循环"背景下的全球产业链、供应链和价值链的数字化构建，全力支持数字产业与实体经济深度融合。在推进实体经济数字化的同时，鼓励引导市场主体创新技术手段提升数字资产价值，解决生产经营过程中的痛点，寻找产业转型、服务升级和技术创新的正确方向。

本章小结

综上所述，数字资产作为一种新的资产类别，兼具无形资产和有形资产、流动资产和长期资产的特征，经济主体有必要从自身的业务逻辑出发，明确数字资产的内涵和外延，精准定位数字资产的经营边界和策略。推动企业高质量发展，需紧紧围绕数据这一要素展开，这一论述是由时代属性决定的。新时代下，探索数字化转型之路正是企业充分发挥数据要素效能的必然选择。数字资产作为企业数字化能力的结晶，其构建与应用促进了各类创新要素向企业聚集，推动了企业的创新发展，进一步提升了社会供给体系的创新力和关联性，畅通了国民经济循环。有鉴于此，本书对企业构建数字资产的逻辑展开分析。基于对数字资产的系统性论述，重点介绍了数字资产对畅通社会生产各个环节的作用，进而为数字资产投入助力经济循环畅通提供了理论依据。最后，抛砖引玉地讨论了数字资产构建过程中的价值与权属两个问题，指出数字资产具有使用价值但不创造价值，应对企业数字资产设置有限排他权的观点。

总结来说，在经济发展的不同阶段，生产要素对社会生产的参与程度和参与方式不同。构建数字资产是企业主动、内生打造数字化能力的手段，是企业顺应新时代发展的必然选择。一方面，数字资产构建通过优化企业内部业务结构和运行模式提高了企业生产效率；另一方面，数字资产作为生产要素作用在了社会生产的生产、分配、交换和消费各个经济环节中，畅通了经济循环。此外，在开启要素市场化体制机制改革新篇章的关键时点，企业数字资产的构建亦将促进我国数据要素市场化配置机制的不断完善。目前，《深圳建设中国特色社会主义先行示范区综合改革试点实施方案（2020—2025年）》已有提及数据要素市场培育问题，未来还应进一步规范数据权属、数据标准、数据交易等制度建设，为数字资产发展提供更加有力的制度保障。与此同时，我们也不应忽视数字资产所引发的社会化生产与私人占有形式的矛盾激化现象。由于率先构建数字资产的往往是大型平台企业，后期极易形成数据垄断，这使得数字资产在促进生产力发展中日益凸显出双刃剑的性质。

资料拓展

数字资产和数字金融

(一) 数字资产和数字金融的关系

资产数字化使传统证券的含义可能发生新的变化，资产数字化是算法与数据综合应用的典范，资产数字化以及自金融新模式有其深刻的实践价值和意义，数字金融或将重构金融运行方式、服务模式乃至整个生态系统。金融是现代经济的发动机与加速器，近年来在科技的加持下，各种新概念新模式层出不穷。比如，银行核心业务系统从分散到集中再到分布式；污名化后的互联网金融，改头换面，以金融科技的新形象继续讲着"互联网+""AI+""移动+"……的故事；直销银行、网络银行、智能投顾等概念方兴未艾。最近，数字金融与数字经济的概念又逐渐进入人们的视野，带来很多新的提法。实质上，若站在更高的维度来审视这些创新金融业务，可以发现它们依然没有摆脱传统金融业务的窠臼。"互联网+"的设计思路和产品形态着眼于渠道的拓宽，以带来长尾客户，数据分析能力的增强可开展精准营销，或与特定的产业政策结合进行定向服务……但这些都是"术"的层面，远没有到"道"的高度。到底什么是数字金融，或者说新金融到底"新"在哪里？笔者认为，数字资产才是数字金融的核心命题。只有数字资产活了，数字金融才能满盘皆活，因此，资产数字化是数字金融的基础。通过数字化，资产属性变得多样化了：可以是证券也可以是货币，可以是现货也可以是期货……这些名目，在传统金融业务中是资产可以流通的"护身符"，唯有在这些属性的界定下，资产才能流动起来；而在数字资产的新金融模式下，边界模糊了。因为资产数字化打通了金融市场的"任督二脉"，任何资产都有了可分割性和流动性，都标准化了，无须依赖传统的外在力量来激活和赋能（人们美其名曰"点石成金"）。在破除了对货币、证券、期货等标签的依赖之后，数字资产的流动将变得更加灵动和自主。2019年7月10日，美国证监会（SEC）批准了 Block stack 等多个项目，让大家看到了这一点：没有传统意义上的金融中介的参与，融资活动照样可以开展，而且资产的数字化使融资成本可以更低，范围可以更广，效率可以更高……这开启了金融体系的全新局面，以数字资产为核心的金融创新或将是数字金融的重要发展方向。

(二) 数字资产对金融稳定的影响

为规范未来区块链金融的发展，立法和执法部门需要推进技术规范化并实现有效监管。区块链技术规则包含软件和协议，此前互联网TCP/IP协议就是由政府部门在法律规则的框架下主导完成的，随着区块链技术的成熟和广泛应用，立法和执法部门有必要在现行法律规则的基础上牵头制定相关区块链金融准则，推进技术规范化。同时也要考虑如何将传统的法律规则与现行的技术规则相结合，既可以利用区块链技术规则发挥严格监管税收、限制违法犯罪活动的作用，也可以利用法律规则对于系统性风险和市场失灵具有一定的处理弹性，分别发挥法律规则与技术规则各自的优势，将执行力与灵活性更好地结合起来，通过两者的协同作用和更完善的智能合约设计，规范各主体行为，降低法律执行成本，促进经济和法律的一体化融合，更好地实现社会公平和效率。一方面促进区块链金融的发展，另一方面又通过前瞻性的立法来规范，更好地发挥政府在区块链金融监管方面的影响力。未来加密数字资产的继续发展，会对金融稳定带来影响包括：一是影响信心，对金融机构和监管机构造成声誉风险；二是由于金融机构直接或间接参与，而引发风险；三是加密数字资产在支付和结算中广泛应用带来的操作风险；四是市值和财富效应带来的风险。为维护金融稳定，未来区块链技术应当基于法律框架，不仅通过预设自动执行的智能合约，在约束并引导人们的行为时引入技术，而且要依靠技术使信息更加透明、数据更加可追踪、交易更加安全，以降低法律的执行成本，呈现出法律规则和技术规则协同作用、相互补充，法律与经济融为一体、逐渐趋同的态势，法律的约束与执行逐渐走向智能化，使得区块链能够为金融稳定做出贡献。

考研真题

1. 金融创新的动力是什么？运用金融创新原理，结合"大众创业、万众创新"，分析基于互联网大数据的金融创新机制及其效果。
   (中央财经大学，2016)

2. 举例说明商业银行的存款创造原理。（北京工商大学，2019）
3. 述评欧洲主权债务危机（爆发原因、影响及其对策）。（北京工商大学，2019）

第四章

数字支付

案例导入

  数字支付是金融及经济社会的基础设施，同时也是金融科技发展应用的先锋兵。当前以数字支付为主的支付手段对传统的现金支付和卡基支付替代效应明显，深刻变革原有的支付体系。得益于金融科技的迅猛发展和快速普及，中国的数字支付已经领先全球，尤其是在零售支付领域。

  随着数字经济的不断发展以及人们科技创新能力的不断提高，出现了"虚拟货币"。2011年，中国人民银行公布了首批支付许可证，自此开启了数字支付的时代。2022年1月12日，《"十四五"数字经济发展规划》提出"技术创新引导、融合，技术应用带动、资源赋能，平等竞赛、健康规范，体系推动、协调有效"的原则，我国的数字经济仍在持续地、有规划性地高质量发展。相关数据显示，2014—2020年中国移动交易规模达432.2万亿元，2016—2020年中国数字支付试用规模达到7.9亿人。

  杭州作为全球最大的数字支付之城，交通出行是拓展银联数字支付产品的关键入口。早在2012年，银联浙江分公司就启动了推动公交地铁行业方受理银联数字支付方式的工作，以公交、地铁为抓手，打造全方位、多角度的立体交通出行版图，力争实现浙江省内公交、地铁领域银联数字支付方式全覆盖。2015年，银联浙江分公司终于说服杭州公交集团同意在588和598两条公交线路试点上线开通了数字支付业务，但由于当时电子现金体验不便、受理环境改造等诸多因素，项目未能有效扩大受理面，可银联数字支付的"交通路"却就此启动。2017年年底，银联浙江分公司与杭州地铁集团共同研发的采用联机预授权模式的闸机非接交易系统推出。该系统下，乘客进闸时使用支持 NFC 的手机、智能手表、手环或银联卡，以预授权方式实时冻结最高票价，出闸时通过异步预授权完成的方式按实际票价实时扣款。2019 年 11 月，杭州公交下辖所有线路上的万辆公交车全面开通"云闪付" App 扫码支付功能，并同步于全国率先推出银联—杭州公交电子客票，将传统公交车票电子化、虚拟化，是公交—银联数字支付应用"杭州模式"的再一次升级，并在全国超过 11 个城市的公交地铁行业进行复制推广。

第一节 数字支付概况

一 数字支付的内涵界定

随着技术创新、政策支持，数字支付作为一种新的支付方式应运而生，已完全融入居民的日常消费活动中，相关研究也逐渐丰富。虽然目前数字支付与居民生活息息相关，逐渐取代了现金和信用卡支付，成为日常消费中主要的支付方式，但严格来说，数字支付在我国的发展时间并不长，仍属于一个较新的领域，对于数字支付也没有一个统一的定义。

（一）早期研究并未对"数字支付"给出明确定义

在早期的研究中，学者们依据研究目的和内容的不同，常提到的是电子支付、网上支付、第三方支付、电子货币等支付方式，很少单独对"数字支付"进行说明或研究。比如，2005 年央行发布了《电子支付指引（第一号）》，文件中将数字支付作为电子支付方式的一种，并未作出详细的说明。目前，不少国内外学者、研究机构尝试根据自己的理解对"数字支付"进行了定义。赵鹞和马伟（2019）认为，数字支付是指不需要账户就能够实现价值转移的数字支付工具，也称为非接触式支付，常用的数字支付包括电子钱包支付、金融支付、个人支付及其他形式支付交易。[①] 梁琦和林爱杰（2020）认为，数字支付是指包括微信支付、二维

[①] 赵鹞、马伟：《论脸书 Libra 的货币经济学难题》，《南方金融》2019 年第 9 期，第 3—11 页。

码支付、各种移动支付等移动支付产品的支付方式;① 关松立和伊玫瑰（2019）认为，数字支付属于非银行机构网络支付，数字支付业务不通过银行支付清算系统，而是借助支付宝、微信等移动终端上的第三方账户进行交易。②

（二）中国人民银行对"数字支付"的定义

央行自 2009 年开始对我国支付业务总体情况进行调查，但并未涉及数字支付相关内容。2013 年，央行发布的支付体系运行情况报告首次提出"电子支付"的概念，包括网上支付、电话支付和数字支付三种类型。2021 年第一季度的支付体系运行报告中，央行明确提出了"数字支付"的概念即数字支付是指客户使用手机等移动设备通过银行结算账户发起的业务，包括数字支付笔数和金额。

综上所述，笔者认为，数字支付是通过移动通信设备，运用通信技术和各种支付技术来完成资金的收付的一种方式，即数字支付依靠电子计算机、智能产品等硬件条件及其通信技术、人工智能技术、网络信息安全等数字技术手段达到的数字化支付方法。个人信用支付和电子支付变成当代支付体系关键方式。而归属于电子器件支付的数字支付，是当代支付体系的关键自主创新方位。

二 数字支付参与主体

数字支付是一个开放的市场，因此其涉及的环节众多（见图 4-1），主要参与者包括监管机构、数字运营商、商业银行、数字支付服务提供商、商户、消费者、设备制造商等，其中最主要的参与者为数字运营商、商业银行和数字支付服务提供商。

（一）监管机构

数字支付涉及金融行业和电信网络行业两个国家严格管控的行业。数字支付作为新型产业，大部分业务流程还处在监管措施的"灰色地

---

① 梁琦、林爱杰：《数字金融对小微企业融资约束与杠杆率的影响研究》，《中山大学学报》（社会科学版）2020 年第 6 期，第 191—202 页。

② 关松立、伊玫瑰：《移动支付市场竞争力研究——基于移动支付与传统网络支付的比较分析》，《价格理论与实践》2019 年第 9 期。

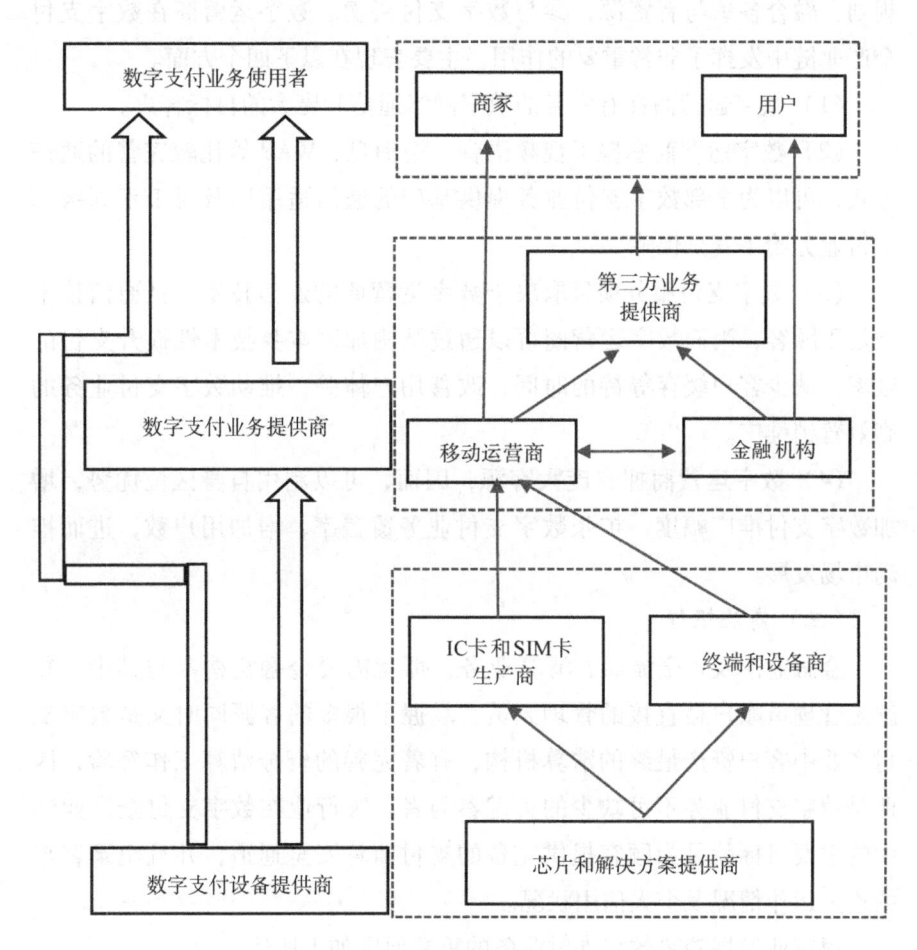

图4-1 数字支付的环节

带"。国家监管政策的变化与实施,将对数字支付业务流程造成很大影响。监管部门在数字支付产业链中的重要的作用是:制订有关的法律法规和行业规范来保证行业的有序竞争,根据高效的监管,融洽产业链各个方面的权益,推动行业的可持续发展。

(二)数字运营商

数字支付方式须有数字网络通信的大力支持,因此,支付渠道资源大多为数字运营商所操纵,数字运营商是数字支付业务的经营主体,是所有产业供应链的关键。为数字支付构建基本通信平台,制定业务建设规划，融合各参与者资源，参与数字支付买卖。数字运营商在数字支付全产业链中发挥了非常重要的作用，主要表现在以下四个方面。

（1）数字运营商拥有完备的数字网络通信和庞大的目标客户。

（2）数字运营商掌握了视频语音、短消息、WAP等比较完善的通信方式，可以为全部数字支付业务提供基础的通信适用以及对于不同级别支付业务给予安全保障。

（3）数字支付服务项目取决于数字运营商的通信技术，且通信技术立足于顾客，因而数字运营商可以通过结构加固本身技术性提升支付的效率，减少客户缓存等待的时间，改善用户体验，推动数字支付业务的高效营销推广。

（4）数字运营商拥有庞大客源，因而，可以利用自身区位优势，增加数字支付推广幅度，扩张数字支付业务覆盖率，增加用户数，进而推动市场发展。

（三）商业银行

金融业涉及资金流通、清算业务，那就需要金融机构参与其中，贷款是管理员账户最直接的管理人员，掌握了很多的客源同时又是数字支付产业中客户资产最终的清算机构，有着完善的资金清算工作经验，因此是数字支付业务不可缺少的关键参与者。银行业在数字支付全产业链中的重要目标就是为顾客提供完备的支付清算安全通道，并且纪录客户的资金运作情况及个人信用状况。

银行业发展趋势数字支付业务的重要原因如下所述：

（1）因为传统式支付业务的便携式较弱，为了使其固有支付不会被便携式很强的数字支付替代确保其支付业务的竞争优势，所以要发展趋势数字支付业务以健全和完善传统式支付业务。

（2）为顾客提供个性化的服务项目，提供多元化的支付方式以满足用户的个性化需求，提高用户体验。现阶段银行业有着以现金银行信用卡及银行汇票等为核心的传统式支付系统软件作为数字支付理论基础支撑点，并且金融机构有着全方位的消费者信用管理系统，可以有效防止其他单位所面临的信息不对称和风险点难题。

（3）数字支付增加了银行业务范畴，金融机构根据开展技术创新多元化的数字支付业务，完成了获利机会增加。

（四）店家

店家连接数字支付方式，促使消费者能通过数字支付的形式选购产品与服务，店家运用方便快捷的数字支付终端与消费者买卖交易，减少了交易成本。消费者仅需应用随身携带数字终端就可以完成支付，提升客户满意度，扩张数字支付的适用范围；对店家来讲，能提高资金往来和结算的效率，提升便捷性。

（五）消费者

消费者是数字支付最终的使用人，他的用户认可度是衡量数字支付产业发展规划的关键因素。消费者一般更加关心数字支付的便利性和安全性，其对数字支付业务的认同度、接受程度和用户习惯决定了该业务发展的方向。

（六）机器设备终端提供商

支付终端通常是顾客应用的各种数字终端机器设备，支付终端必须得到数字终端设备生产厂家的大力支持，设备生产厂家为网络运营商提供数字通信设备系统，及其包含数字支付业务等在内的数据信息业务平台和业务解决方法，为顾客提供适用数字支付的终端机器设备，并且提供数字支付业务解决方案。为适应用户对数字支付的需要，数字终端设备生产厂家投入了大批网络资源来从事数字支付有关机器设备、App 的开发和推广，现阶段，越来越多的设备生产厂家选译与数字网络运营商结为战略伙伴关系，合作生产订制与推广设备及终端。这种生产商为数字支付业务的高速发展提供服务支持。

三 数字支付分类

数字支付的品种繁多，针对不同的分类依据能够分为不一样的类型，大致讲，有以下四种分类方式。

（一）依据账户即支付数额分类

依据账户的差异，能将数字支付分为根据手机话费账户的数字支付、根据储蓄卡账户的数字支付、根据特有账户的数字支付。依据支付数额的金额尺寸，能将数字支付分为小额支付和大金额支付。小额支付就是指客户预付花费，再通过手机传出划账命令来支付服务费，该支付方法一般是由手机话费账户支付。大金额支付一般是指金融机构与营运商根据协作建立一个和用户手机号与本人身份号码相关的支付账户。该支付账户的功效等同于电子账户，为数字客户提供根据手机开展交易支付和身份认证方式，用户可通过各种形式进行交易实际操作。

（二）依据支付时间即距离分类

依据支付间距远近将数字支付分为线下支付和远程控制支付。线下支付通常是手机根据适用频射、红外线、蓝牙等新技术，完成手机与自动售卖机、终端设备等设施间的当地通信，实现技术为红外线、FID、NFC等。如应用自动售卖机选购饮品、支付加油费等。远程控制支付关键方法有金融机构账户与手机关联，根据手机银行转账，及其手机话费支付、第三方账户支付、充值卡等，实现技术为SMS、WAP、IVR、Kjava、BREW、USSD等，如根据手机进行在线订单。

（三）依据传输技术即环节分类

依据传输技术不一样，分为上空交易支付和局域网（WAN）交易支付。上空交易支付必须通过数字网络通信进行，如手机银行等。局域网交易支付则只需终端设备具有近距互换信息的功能，不必依赖数字网络通信，如手机连接Wi-Fi开展网络购物。依据交易环节中是否存在产品或服务的传送，能将数字支付分为交易性支付与非交易性支付。

（四）依据收付方分类

依据是不是事前特定收付方，能将数字支付分为定向支付和非定向支付，如根据手机充值话费归属于定向支付，而采用手机开展买东西就属于非定向支付。不同方式的数字支付在安全系数、可执行性、技术性费用等层面都有多种不同的规定，最后的实现模式也大不一样，不同类型的行业可以选择适合的方式。

四 数字支付特点

数字支付作为货币数字化和数字通信结合的方式，具备许多优势，但这些优势取决于数字支付未来的发展前景。

（一）支付方便快捷

数字支付具备便捷的特点，可以清除地域限制，并结合前沿的数字通信技术仅需拨通对应的手机、推送短信、连接数字网络就可以随时选购实体、享有服务项目、分享信息娱乐。与常规支付专用工具对比，用户黏性比较强，更为便捷。

(二) 交易费用低

1. 节省了经济成本

因为用户能够随时享有数字支付所带来的便捷，能够大大缩短银行和商户的交通出行时长。并且数字支付利用数字技术性，能够提升支付效率，缩短支付等待时间。

2. 节省了交易手续费

用户应用数字支付只需当向数字网络运营商缴纳极低的手机通信费、短信花费或者更加低廉的数据信息流量费用。

(三) 兼容模式好

用户所拥有的账户品种繁多，如金融机构账户包括不同的金融机构所提供的不同种类银行信用卡、储蓄卡，数字通信账户包括不同类型的网络运营商，不同数字支付平台上的申请注册账户不同。想让销售终端设备适用全部账户的难度很大，而数字支付则能够将金融机构账户、第三方账户等各账户结合于手机上，用户只需通过一部数字终端设备就可以实现线上支付和线下支付，可以比较好地处理兼容模式问题。

(四) 商业场景更加丰富

数字支付可以覆盖线上与线下等不同支付场景，用途十分广泛，如线下支付可以适用线下传统式卡业务流程所适用的画面，包括商场、便利店的线下购物、网上支付等，远程控制支付能够完成其他数字支付所能完成的绝大多数具体内容，包括转账、网上购物、公共事业缴费等。

第二节 数字支付发展趋势

一 数字支付的阶段性演进

(一) 数字支付成为我国数字经济发展的重要引擎

数字支付是为了解决买卖双方在电子商务平台不见面的信任问题，是买卖双方在缺乏信用保障或法律支持情况下的资金支付"中间平台"。数字支付的运作实质上是在收付款人之间设立中间过渡账户，使汇转款项实现可控性停顿，只有双方意见达成一致才能决定资金去向。2004年12月成立的支付宝，致力于为中国电子商务提供简单、安全、快速的在线支付解决方案，确保用户在线支付的安全，同时让用户通过支付宝在网络间建立起相互的信任。2005年9月，腾讯推出专业在线支付平台财付通。

(二) 支付平台通过拓展线下市场发展数字支付

2011年，支付宝因淘宝占据了国内线上电子商务交易的绝大部分市场份额，而国内线下支付市场主要被商业银行卡占据，为了开展线下支付业务，获得更大的市场份额，支付宝不断对线下业务进行探索，并尝试各种支付媒介方式。此时国际上较为流行的二维码支付方式正应用在多个场景，在这种背景下，支付宝于2011年7月1日正式推出了手机二维码支付业务，开始向国内线下支付市场发力。2012年3月，支付宝与银行合作，针对电商COD（货到付款）市场投入三万台支付宝POS机，基本完成国内一二线城市COD服务POS应用的全覆盖，试图撼动银联开展的支付业务。

2013年8月，支付宝宣布将停止线下POS机业务。同月，腾讯正式发布微信5.0版本，开启了微信二维码支付模式。支付宝等机构对二维码支付模式以及安全性不断进行优化，并尝试开拓更多支付业务。在支付行业的不懈努力下，二维码支付的技术性和安全性不断完善，已成为国内线下市场人们常用的支付模式。现有二维码支付的产品模式主要分为两种，一种是用户与商户的交互模式，另一种则是用户与用户的交互模式。其中，用户与商户的交互模式又可细分为用户主扫模式和用户被扫模式。

(三) 人脸识别变成支付领域探讨的新型支付方法

刷脸成为支付行业探索的新型支付方式。所谓刷脸支付，就是持卡人无须携带银行卡和手机，直接通过"刷脸"即可完成支付。刷脸支付不需要现金、手机、银行卡，让用户不需要任何实际载体就可以完成一次商品价值的交换，是完全脱离介质的支付变革。2018年，支付宝和微信支付分别推出"蜻蜓"和"青蛙"刷脸支付品牌之后，银联云闪付、苏宁支付、百度闪付等纷纷布局刷脸支付。刷脸支付可以成为老年人跨越金融数字鸿沟的重要途径。2019年，中国刷脸支付用户达1.18亿人，主要应用场景是超市便利店（40.2%）、商场（36.8%）、自动贩卖机（27.6%）、到店娱乐消费（25.4%）和到店餐饮消费（21.2%）。

(四) 数字支付"面向世界"发展跨境电商支付

国内支付监管趋势和格局基本形成，支付机构开始向国外市场寻求机会。支付宝等机构跟随国人海外消费的步伐，进入东南亚、日韩等市场，正向欧洲市场迈进。而中国银联加紧拓展全球受理网络，取得了积极进展。不同支付机构拥有不同的跨境支付方式，如合利宝推出跨境电商分账服务，接连推出跨境电商线上平台；汇付天下则选择直接对接金融科技企业、不对接服务的商户。中国支付机构进军海外支付市场，境外业务资质将是支付机构开展跨境支付的重中之重。

(五) 数字支付渗透至日常生活

我国数字支付用户规模持续增长，截至2020年6月，手机网络支付用户规模达8.02亿，占手机网民的86.0%。数字支付交易规模连续三年居全球首位。至2022年，中国数字支付规模达到33.5万亿元。数据显示，2019年，有69.6%的用户每天使用数字支付，其中衣食用等生活类场景的使用比例位居第一，高达98.1%；缴纳事业费和公共出行的比例并列第二，占78%；购买演出票、电影票等票务类使用比例为53.4%；买机票、住酒店等商旅类比例为52.2%。数字支付已经渗透居民日常生活的方方面面，"一部手机走天下"正在成为人们日常生活的真实写照。

二 数字支付的安全隐患

近些年，伴随着大数据技术、云计算技术、区块链技术、物联网技术、人工智能和新起技术的迅速发展，我国社会经济的各种支付业务流程正走向数字支付，但是新的风险亦不断涌现。

(一) 全球经济下行压力的信用风险

1. 偿债能力引起的信用风险

当前，全球经济依然深受疫情的不利影响。疫情冲击着产业链、供应链的良性运转，导致企业经营情况不断恶化，经营风险逐渐抬升。企业经营风险既导致企业资产质量呈现恶化趋势，又将风险传递至从业者，弱化从业者的消费和信贷偿付能力。而数字支付的便捷式体验，往往诱使经济支付主体产生支付冲动，导致已有支出超过实际支付能力，进而引发信用风险。

2. 数字支付平台引起的信用风险

开展数字支付，可靠的服务平台至关重要。金融平台要能够持续提供安全、准确、及时的数字金融服务，通信运营商服务质量也要有所保障。如果客户在数字支付过程中遇到严重的通信网络故障以及银行信息系统的不完善而造成客户资金的流失或不能及时偿还客户资金，将会造成客户对数字支付的不信任，引发信用风险。

3. 社会信用制度引起的风险

信用方面的缺失容易限制数字支付产业的发展，为我国数字支付安全领域带来一系列风险。例如，当前基于移动终端的诈骗方式层出不穷，尤其是个人信息一旦泄露，会导致诈骗分子冒充数字支付行为人进行财产转移，所以广大人民群众对数字支付安全问题是非常警惕的，这也导致了社会信用问题限制了数字支付的发展。除此之外，数字支付行为人如果利用法律制度不健全的漏洞，对支付金额恶意透支且拒不履约，也会制约数字支付信用体系的完善，长此以往会使社会诚信意识更加淡薄，数字支付安全系数走低且陷于不可持续发展的环境。

（二）市场环境复杂多变带来的违规风险

数字化技术在推动各种新型支付形态发展的同时，也致使市场交易环境日趋复杂。一是数字支付业务更易遭受精准攻击，利用新型支付技术进行套利、诈骗、洗钱、挪用资金等交易乱象频繁发生。复杂变化的市场环境促使各类违规风险多环节传导、跨机构蔓延。二是数字支付平台的各个资产项目存在因市场价格波动而蒙受损失的可能性，外汇汇率变动带来的汇率风险即是风险的一种。此外，国际市场主要商品价格的变动及主要国际结算货币银行国家的经济状况等因素也会间接引发市场波动，构成数字支付的风险。

（三）数字支付用户的信息泄露风险

1. 信息系统操作失误带来的泄露

随着我国数字产业的快速发展，伴随新型支付技术形成的黑灰色产业链条开始萌生，包括非法买卖个人支付信息、提供电信短信诈骗服务、搭建支付钓鱼网站等。然而，新型支付链条上各参与主体的信息安全管理水平良莠不齐，部分支付信息系统存在技术短板，数据传输的泄露是客户对数字支付最为关注的问题，用户信息的泄露风险同样值得关注。

短信支付密码被破译、实时短信无法保证、身份识别是数字支付面临的主要技术难题。手机仅仅作为通信工具时,密码保护并不重要,但作为支付工具时,丢失手机、密码被攻破、病毒木马等问题都会给用户造成重大损失。加之网络攻击与信息窃取手法快速翻新,致使数字支付面临信息泄露风险。

2. 支付终端面临的互联网安全问题

我国数字支付发展不够成熟,受到网络设备等多方面的制约,数字支付的终端包括用户身份、账户信息和认证密钥的丢失、设备受到攻击和数据被破坏等不安全因素。一是一般因素,由于移动终端的便携性提高了其丢失与损坏的风险,容易导致个人信息外泄。二是安全漏洞,我国社会应用较为普遍的移动终端如智能手机等,硬软件方面均存在一定的安全漏洞,如果遭遇大规模黑客攻击,容易利用数字支付应用程序窃取信息、财产。三是网络安全,当前无线网络的安全性一直是难以彻底解决的问题,特别是公共的免费 Wi-Fi,其往往蕴藏着不可预见的黑客攻击风险。例如,一些不法分子将钓鱼网站与公共 Wi-Fi 创建一键式连接方式,移动终端用户往往将这些与公共 Wi-Fi 相连的钓鱼网站错认成合法网站,一旦建立账户并输入了支付密码,就会被黑客获取个人账户与支付密码等重要信息,从而造成财产损失。

(四)制度不完善带来的政策风险

数字支付作为新兴业务,缺乏行业规范,尤其是准入政策和监管政策。行业中涉及的资源共享、服务质量保证、服务规范等都需要有明确的规定,唯有如此业务才能健康发展。数字支付业务的核心是支付,数字支付相关政策成为各方关注的焦点。数字支付处于电信增值业务与银行增值业务中间业务的交叉地带,有着不同的业务类型。国内非银行机构推动数字支付的积极性比银行更高,但数字支付涉及的金融业务必须接受金融监管,这无疑提高了市场准入门槛。由此可以看出,政策风险是数字支付业务发展无法回避的问题。

三 数字支付的风险防范

数字支付带来新的技术、新模式及新业务,将会对经济发展带来非常大的困难和可变性。因而,在规划数字支付工程项目的前提下,应进行一定的风险防控配套设施合理布局。与数字支付发展相关的安全体系基于传统电子商务的安全方法之上，但与大数据、加密货币、区块链、智能识别等先进技术的发展相比，数字支付本身的安全性并没有明显加强，甚至在搭载新技术方面落后于信息技术的发展，一些旧技术如邮箱及密码的身份认证、简单而未经认证的支付机制等仍然是当前威胁数字支付安全的常见现象。

（一）规范数字支付的业务流程

在对数字支付平台风险问题进行管控的时候，要保证财务管理工作的落实，对数字支付业务流程进行全面规划。在退费的时候，要依照原来的资金来源展开退费处理，避免出现对账错误的现象。对于数字支付平台而言，其支付业务并不是完全安全的，也存在一定程度上的风险隐患。而账户资金在实际清算的时候，要依照流水清单，针对时间与金额进行核对，充分落实财务工作，保证实际管理的可靠性。防止出现资金清算不及时的信用风险。

（二）调节数字支付体系中的风险管控

根据数字支付带来的错综复杂的经济环境，未来有必要对数字支付体系中的风险性管理机制进行适当调整。一是在推进支付数字化的前提下，要理清各种销售市场主体角色职责分工，优化标准数字支付业务组织获益主体的身份核查，并且对超大金额数字支付和异常数字支付设定标准高效的检测规范。二是市场准入阶段设置保证金制度。类似于商业银行存款保证金制度，当数字支付平台出现违法违规的行为并且侵犯到消费者合法权益时，可以以该笔保证金对消费者进行赔偿。保证金制度能够使消费者得到实质性的赔偿，让消费者无后顾之忧。

（三）加强支付信息内容的安全性治理整顿

根据目前数字支付方式可能出现的信息安全隐患，未来应加强比较敏感支付信息化管理和安全防控，包含确立数字支付记录查询管理权限、预防支付组织变向从事连接结算业务、严禁移动金融手机客户端系统软件违反规定收集和保留顾客隐私信息等。同时，应加强信息安全监管。一是对于数字支付平台而言，保护消费者的隐私是其法定义务。可以参考金融平台的信息安全管理体系，以更完善的信息安全管理制度和标准规范开展业务。二是限制数字支付平台使用用户信息的范围，必须取得消费者同意后才可以使用。三是制定数字支付平台侵犯用户隐私权的惩罚制度，一旦用户隐私被泄露，不仅要对用户进行赔偿，还要严厉追究支付机构的责任。对于侵犯用户隐私数量多、范围广的数字支付平台，央行可以责令取消其从事数字支付业务的经营资格，并可以在必要的时候追究当事人的刑事责任。

（四）加快社会信用体系建设

社会信用体系建设有利于促进国民信用水平的提高，是一个政府与公民共建的长期过程，也是一项系统工程。信息化相关管理部门要有效整合分散的信用体系，强化信息技术的应用，加强对个人征信系统业务的管控。例如，加强对失信人员的信息公开、限制相关支付活动、明确失信惩戒措施等具体行为，对失信机构及个人进行公开监管，有利于净化社会信用环境，促进数字支付安全事业的发展。监管部门应当承担监管主体责任，各业务部门相互配合、协同联动，灵活利用信用监管方式方法形成监管长效机制。

第三节 数字支付运营模式

一　数字科技创新与应用

数字支付产生在数字时期，爆发于移动数字时期。伴随着生物识别、物联网、人工智能和区块链等技术的持续全方位普及，即将迎来更为多元化的方式方法用于数字支付领域，转型支付基础设施建设，更改支付方式及支付形态，以至于推动全部支付清算系统的创新。

（一）生物识别为数字支付给予"天然密码"

生物识别即根据人体生物学特征，将电子计算机、电子光学、声、生物传感器和生物统计学原理等新型科技方式紧密融合，根据人工智能算法模型开展身份核查检验的技术性。实际生物识别技术性可以分为指纹验证、掌纹识别、人脸识别、虹膜识别技术、步态识别等各种技术类别。

1. 数字支付是生物识别最重要的应用领域之一

实际上，在远古时期，大家就已开始应用指纹识别系统，"签字画押"可以说是最原始的生物识别方式。当今社会伴随着技术改革的不断发展，掌纹识别、面部识别、虹膜识别技术等各类生物识别技术持续推陈更新，并运用在门禁系统、打卡签到等各类信息验证场景下。据Transparency Market Research（美国市场调研咨询管理公司）分析，全世界生物识别技术性市场容量从2015年的124亿美元，提高至2020年的233亿美元，年平均复合增速为15.7%。因为生物识别的认证速度快、防伪标识性价比高的市场优势，在数字支付领域具备广阔的应用价值。

2. 生物识别是保证支付安全的前提

生物识别为数字支付给予"纯天然登录密码"，可以解决支付情景端"身份认证"或是"活物唯一鉴别"问题。支付包含"身份认证"和"资金转移"两个流程，其中身份认证是保障支付安全的前提条件。"账户登录密码"的安全保障方式遭遇账户冒充、登录密码遭到进攻的风险，生物识别技术根据身体本身生物学特征的"自然密码"并非"数字登录密码"开展身份核查和认证，一方面，能够有效预防手机被盗、设备进攻、冒充身份等所带来的支付欺诈风险，另一方面，也能使支付步骤简单化，提升支付效率，完成支付可靠性和便利性的统一。

3. 生物识别促进支付"脱媒化"

生物识别技术在可以移动的时间以外，还完成了支付的"脱媒化"和"无影响"。数字支付时代，智能机已经成为人们付款的主要媒介，人们必须使用智能机或放置在智能机里的手机App"刷一刷""扫一扫"，并完成某笔支付。依靠生物识别技术，人们有希望解决包含智能机等在内的一切支付媒体，依靠铺装在多个场景下的生物识别硬件配置获得面部、声纹识别、体态等人体生物学特征，完成支付互动的"脱媒化"和支付勾起的"无影响"。

4. 生物识别为数字支付带来新方式

生物识别为数字支付带来了安全性、方便快捷、高效率的新支付方式，但现阶段也并不是天衣无缝的。面部识别的人脸检测技术虽然可以有效预防相片、短视频、面罩等诈骗和攻击性行为，但是变老、美颜、整容手术等原因导致的脸部转变却根本无法合理辨别。指纹识别系统运用更为简单，但易复制性却带来一定的安全风险。不难看出，每个生物识别技术都各有优点和缺点。将来，多种技术的组成运用将全面提升安全系数，这也是未来主要的发展前景。

（二）物联网为数字支付给予"腾飞的翅膀"

物联网科技，即通过灵活运用信息内容传感装置、数据传输、大数据统计与分析等方式方法，实现天地万物数据共享。在美国政府所公布的报告《2016—2045年新兴科技趋势报告》中指出，到2045年，超出1000亿机器设备都将联结到数字上。IDC的全球大零点五年物联网技术费用手册汇报预测分析，到2020年，全球物联网费用将超过1亿美元。而我国工信部也在2017年1月发布了《物联网发展规划》，强调在"十三五"期间我国物联网将步入最大经营规模发展过程。

1. 物联网渗入人民生活

物联网将加快支付向数字化方向演变，将资金账户及设备ID连接，有希望完成万事皆可支付。2017—2018年度Vodafone（沃达丰）物联网市场气象图资料显示，人民生活是当前物联网技术支付较先渗入的画面之一，都是物联网技术支付容易体现价值的领域。佩戴层面，除手机、智能手环等感悟支付专用工具外，一些企业已经试着将感应器嵌入鞋、衣服、裤子等衣着里边，完成"拔腿就跑"的支付计划方案；日常饮食层面，物联网技术以在智能家居产品中置入感应器来自动下单，或者在无人便利店中享有RFID（射频识别技术）支付；生活起居层面，电度表、智能水表与公共事业部门和住户账户连接网络，定期进行花费支付；交通出行层面，经过车牌号和支付账户间的关联，地下停车场、收费站、加气站、洗车店早已可以实现无感支付，开展自动缴费。

2. 数字支付融合物联网是智能工厂的关键一环

数字支付和物联网的融合，或将成为智能供应链和智能工厂的关键一环。工业互联网已经重新构建加工制造业的布局，推动我国甚至全球制造业"由大到强"。《中国制造信息化指数》显示，对比工业生产4.0，2016年中国制造业信息化管理指数值为36.9，正由工业生产2.0向工业生产3.0衔接。尽管中国在高端制造生产工艺、自动化生产等多个方面与德国相比还有很大差别，但在电商、公司间协作，尤其是在产业链生态创新等数字转型升级层面，中国早已站在国际前列。数字支付借助物联网在B端持续落地，工业化生产领域的"物联网"，完成自动下单、自动发卡密的数字化物流管理系统来日可期。

（三）人工智能为数字支付给予"智能化支付大脑"

人工智能可以简单地解读为人类思维的机器化表述，根据仿真模拟拓宽和拓展人的思想方法。高德纳报告显示，2018年全世界人工智能市场容量达到1.2亿美元，较2017年提高70%以上，2022年人工智能推动了3.9亿美元的经济收益。可以看出，人工智能在多领域获得明显提升，推动物联网技术、生物识别等技术联动发展。

1. 人工智能是数字支付的神经中枢

假如说生物识别和物联网是数字支付技术的手和脚，完成了人与物的数据共享，那人工智能便是将来数字支付大脑的神经中枢。人工智能在解决大量买卖智能并行处理水平、智能决策的优化算法及数据库管理与数据分析系统水平等方面优势明显，助推数字支付向更安全、更智能化和更人性化方向发展。从世界区域来看，人工智能在支付领域的应用逐渐拓宽。印度ICICI金融机构（工业生产银行信贷投行）和HDFC金融机构（抵押放款金融机构）将人工智能运用到合规管理和支付交易管理等领域，摩根银行运用人工智能开展股票买卖交易及清算，俄罗斯Yandeax（数字百度搜索引擎）则运用深度学习技术预防病毒感染和网站恶意攻击，确保互联网支付的安全性。

2. 人工智能扩展了数字支付的内涵

人工智能同大数据信息技术相结合，深入挖掘数据价值，扩展了数字支付的内涵和外延。一方面，数字支付自身生成很多的信息，这些信息能够用于大数据营销、智能风控、诈骗鉴别等多元化情景，产生绿色"支付"生态。另一方面，来源于数字社交媒体、数字交易等领域的信息也可以用于数字支付领域，根据对人或者物人性化特点的精确勾勒，完成支付可靠性和便利性的统一。人工智能和大数据相融合，通过鉴别客户在不一样环境下的个人支付行为，能够为消费者提供最大效用的支付方案。比如，在客户选购超大金额产品时，系统强烈推荐分期金融服务项目；当出现潜在的支付诈骗行为时，系统会立即提示客户停止支付个人行为；通过对比客户以往消费行为，为他们提供个性化商品推荐，完成大数据营销。

（四）区块链为数字支付给予"天然情景"优势

从集中化记账到分布式记账，从删改到不可篡改，从单方维护保养到各个方面维护保养，从游戏辅助软件合同书到嵌入合同书，区块链利用融合分布式架构、可追溯编码序列、多节点的共识共享等多项技术打造出了一个全新的信任管理体系，其实际意义在于解决认可问题和安全风险，同时也可以进行控制交易成本。

1. 国际贸易是区块链技术在数字支付领域"天然情景"

区块链技术在票据支付、数字货币、跨境交易等支付领域具有广泛运用前景。国际贸易是区块链技术在数字支付领域运用的天然情景。长期以来，跨境电商支付领域存在程序冗杂、花费昂贵、及时性低等缺陷，而区块链技术可以实现买卖双方的相互连接，改变传统跨境电商支付代理模式的资金转移和信息传递方式，提升跨境电商支付效率的同时减少业务成本。实际上，基于区块链技术的跨境电商支付早就在 Visa（维萨）Chain、Ripple（瑞波）等机构投入使用。

2. 区块链是数字支付前进的关键

区块链技术在数字支付领域的应用事关国家未来支付体系走向。必须从全社会层面推动。数字单据是以中央银行视角应用区块链技术支付的开端。一方面，单据商品流通存在信息内容不适感明显、实际操作不合规等关键困扰；另一方面，区块链技术不可追溯、可信任、遍布存放等技术特征与单据对真实有效、防篡改的高标准严要求恰好契合。2016 年上半年度，中央银行开启了基于区块链技术的数字单据的开发，2017 年 2 月检测取得成功。粤港澳贸易金融区块链平台在 2018 年正式步入试运转环节，该平台不但可以完成保理融资，还为监管部门、中国海关等预留插口，可以实现大数据的连接监管和多种技术手段的穿透式监管。2017 年 7 月中央银行创立数字货币研究室，积极推动国家法定数字货币的研究与开发。数字货币仅仅是法律规定货币未来流通的一个可选择方式，数字货币法定化已是大势所趋，这将会深刻改变我国已有的支付机制和支付框架。

二　数字支付发展主流方向

一方面，数字支付对原有卡基支付、现金支付也起到了明显取代功效，特别是伴随数字支付应用领域和商业环境的日益完善，"外出没有钱夹"成为中国人交通出行新风尚。另一方面，以高新科技、新机器作为最底层支撑点的支付基础设施建设、支付方法及其全球支付市场刚刚起步，数字支付将逐步向生态化、规范化、全球化方向迈进。

（一）支付生态化

1. 监管缩紧和科技的发展是促进支付生态化的驱动力和前提条件

一是伴随着市场竞争的日益激烈及其备用金全方位存缴的政策落地，支付机构靠收取服务费价差获得盈利的空间受到挤压，这会加速支付机构将运营模式由原来的扩展用户数量向拓宽支付传动链条、提升需求场景、扩展后端服务转变。二是"软硬件一体化"智能产品的持续铺装，将导致人脸识别支付、闻声支付、静脉血管支付等支付方式全新升级。智能化辨人、智能化辨物、智能化收单业务将大大简化，支付速度、支付效率、支付体验明显提升，大家可以在无感知的情况下完成支付姿势。借助数字支付可以提升情景、连通界限、拓宽绿色生态、扩展多元化的商业运营模式，推动支付生态化转型升级。

2. 数字支付是协助支付公司精准推送的关键工具

对支付机构来讲，将来支付价值并不在支付本身，它更像一扇门或一个专用工具，协助支付公司精准推送更丰富的数字化商业场景。比如在零售端，支付机构根据支付获得的流量和信息，进而发展广告宣传、营销等业务流程，快速完成商业化变现；通过为零售情景更新改造支付基础设施建设，进而为他们提供存货管理、智能配送、智能理财等个性化服务。在公司支付行业，通过助力企业完成支付数字化，进而实现资金分配的数字化乃至企业经营管理的数字化。

（二）支付规范化

数字化技术在支付应用领域极大地提高了工作效率，但这种新的支付方式也促进了新风险。跳码、伪造、嵌入连接等恶意欺诈行为在二维码支付行业并不鲜见，为数字支付安全性埋下隐患。除此之外，现行标准下每个支付机构会选择不同的支付规范，这一现象会严重影响用户体验。

1. 支付的多元性

现阶段支付的多元性至少表现在两个方面：一是现金支付、储蓄卡支付、数字支付等多种支付方法并行处理；二是为数字支付提供服务的机构各自为营，缺乏统一的技术标准及数据库系统。实际上，若抛开每个利益相关主体的博弈,实现每种支付方式的连通在技术上并不是难题。汇聚支付作为一种融合多种支付方式的技术已经被广泛运用,但是,这种所谓的"第四方支付"仍然由众多技术企业提供,在领域范围之内并不存在统一标准,故而导致了一些市场乱象。

2. 支付的标准化

为充分发挥数字支付引领科技持续发展的功效,必须从社会层面积极推动数字支付完成制度和技术标准化。抹平每个支付机构中间数据信息标准化的差距、创建统一的国家标准,是提高数字支付安全系数、完成信息共享互连的内在要求。自 2017 年至今,支付领域多种技术规范早已落地开花。2017 年 12 月 27 日,央行发布《条码支付业务规范(试行)》,自 2018 年 4 月 1 日起执行;由中国金融标准化技术联合会主导《聚合支付安全性技术标准》在 2018 年 8 月开始征询建议,汇聚支付规范一览无余。将来,包含二维码支付、汇聚支付及其即将来临的人脸识别支付、闻声支付等多种方式的数字支付手段将继续深入推进,进而推动支付领域向规范化、产业化方向发展。

(三) 支付经济全球化

全球化浪潮势不可当。伴随着技术的日益进步与市场的持续完善,数字支付必将走出国门,积极开展全球竞争,为全球支付销售市场注入新魅力新活力。

1. "一带一路"倡议是数字支付走出国门的时代特征

推动金融业开放,"一带一路"倡议是中国对外开放的重要途径之一,同时又是我国现阶段高质量构建人类命运共同体的有力举措,为中国与周边各国在科技、金融、文化层面上的沟通创造了机会。从当前看,数字支付走出国门是大势所趋。中国支付环境变化及其日益提高国际要求,为数字支付走出国门提出了现实需求。一方面,现阶段中国数字支付行业竞争日趋激烈、管控架构日趋健全,银行存款备用金等政策持续颁布,进一步缩小了数字支付平台的利润空间。另一方面,伴随着世界各国移动数字电商的兴起及其跨境电商的快速发展,国际上对数字支付的需求日益提升,印度尼西亚、泰国乃至葡语国家等"一带一路"沿线国家都在大力推广数字经济和数字支付销售市场。

2. 中国是数字支付的引领者

中国作为数字支付的引导者与引领者，目前在数字支付领域具备了一定的科技水平与丰富的市场实践，具备在全球输出数字支付技术的业务实力。在世界范围的金融技术研发大潮之下，我国已然是行业的先行者之一。根据毕马威发布的世界金融高新科技榜，位列前十的银行理财企业中有四家来自中国，而其前二位都被我国企业据为己有。值得一提的是，数字支付"走向世界"应坚持自由合法、开放双赢两个标准。一是保证运营活动在合法前提下开展；二是探寻本地优秀合作伙伴成立合资公司，防止将中国工作经验"照抄照搬"，要重视本地的大环境和当地标准。

三 数字支付的迭代更新与风险防范

（一）模式创新须搭配必要的技术实力

数字支付平台应在自己技术水平允许的情况下谨慎开展创新模式，且要持续提高自己的支付安全性和风险防控水平。

1. 数字支付的两面性

一方面，技术是中性的，它不仅能够为公平正义的一方使用，给人以更便捷、更安全的支付方式；也可以为邪恶的一方利用，行盗刷、行诈骗等违法的事。另一方面，伴随着生物识别技术、物联网技术、人工智能技术、区块链技术等新方法的持续运用，支付的方便快捷和安全度不断提升。与此同时大家也要意识到许多技术发展与应用还处在初始阶段，技术本身就存在一些风险性亟须清除。比如，生物识别被称作数字支付天然密码，但现阶段单一的生物识别还无法彻底抵挡黑色产业子公司的恶意攻击，此时就需要数字支付平台组合各种不同的方式方法开展身份识别认证，进而保证支付的安全性。

2. 诈骗和洗钱是数字支付的两大风险

诈骗和洗钱是如今数字支付开展服务时要重点预防的两大风险来源。数字支付催生的金融欺诈表现出专业化、产业化、隐蔽化和场景化的特点。黑色产业集团公司根据虚报 Wi-Fi、病毒感染二维码、盗用 App 手机客户端及其木马链接等方式窃取本人名字、手机号、有效身份证银行卡卡号等直接影响数字账户安全的数据，并以精确手段实施诈骗和恶意营销推广。洗钱是数字支付业务领域另一个要重点预防的关键因素。在数字支付环境下，洗钱更具有隐秘性、群体化和及时性，增强了识别打击的难度系数。当前和今后一个时期，伴随数字支付运营模式的创新和应用领域的持续拓展，其带来的诈骗方式也将随时演变，数字支付平台在风险防控层面必须做到提早鉴别、方法创新和依法依规运行。

（二）数据资产的应用要重视客户安全防护

理清数据库的资产属性和个人隐私特性的相互关系，支付机构在运营数字财产时要注意个人信息安全维护。对数字支付平台来讲，支付价值不仅仅在于支付业务流程自身，他们更在意支付业务流程所产生的数据资产。

1. 建立标准化管理体系

支付机构利用这种数据资产，能够开展大数据营销、消费信贷等多元化的个性化服务，进而取得更大的经济收益。但对个人和企业客户来讲，潜藏在个人支付行为背后的数据信息涉及私人信息和公司机密，理应受到有效的维护，这就需要支付机构在合理合法的范围之内运营数据资产。为应对互联网时代隐私保护难点，公司规范应互相配合，共享发展。专业法律为个人网络信息安全开设确立界限，有关支付机构则应根据数据信息合法创建相对统一、详细、标准化的企业资料合规管理体系，并随时评定数据安全风险，将标准切实落实。

2. 执行管理制度

现阶段，我国早已开始执行对于本人数据流通的管理制度。2018年5月1日起开展的 GB/T35273—2017《信息安全技术个人信息安全规范》为个人数据流通带来了基本政策法规。它主要对私人信息和个人敏感信息的范畴进行定义，以此确定了个人信息保护的基本原则，对个人信息收集、储存、使用及对外开放等作出了明确规定。伴随着人们对个人隐私的防范意识逐渐提高，数据安全保护及规定也将更严格。

（三）恪守数字支付合法道德底线

从短时间看，强监管下挫了支付机构的利润空间，引起行业领域疼痛。从长期来看，各类管控措施的落地可以起到适者生存、净化市场处理的实际效果。从总体看，政策性约束可以让数字支付更加规范、不断创新。

1. 加大对数字支付平台的监管力度

数字支付平台需要恪守合法道德底线、坚定信念、公开透明。据统计，2013 年前三季度，中央银行就数字支付领域开出的罚款单已逾 80 张，其中金额在 2000 万元以上的罚单总数达 6 张。自 2017 年至今，监督机构颁布多项举措来治理支付市场，备付金机制和二次清算等诸多问题成为整治关键。在《关于规范支付创新业务工作的通知》和《非银行支付机构网络支付管理办法》等有关通告和规范化的引领下，网联平台自 2017 年 6 月起开始启动业务切量。

2. 加大对备付金银行存款管理力度

现如今"断直连"此项解决支付自主创新导致管控疏忽的监管措施早已全面完成。为预防顾客备付金银行存管分散化可能造成的用户备付金被违法侵吞、搞转账资金结算进而便捷洗钱等违法犯罪活动，中央银行多次强调要加强支付机构的备付金银行存款管理，规定备付金缴存比例慢慢提升到 100% 直到注销账号。此外，无证机构参加支付二次清算的举动游走在监督机制外，容易引起诈骗、洗钱及其资金风险，这是本次管控治理的另一个关键方面。

本章小结

当前，数字支付技术快速发展，金融业纷纷加大力度布局数字化转型战略。数字金融通过数字支付与金融服务深度融合，提高金融可获得性，助力产业链、供应链的创新，着力服务于实体经济发展，赋能产业数字化转型升级和生态高质量发展。本章重点是了解数字支付的发展趋势和运营模式，进一步理解数字支付。掌握我国数字支付发展主流方向，防范数字支付的风险。

本章最后阐述如何构建我国数字支付监管体系，对数字支付的监管模式必须要审慎选择，不断完善和健全数字支付监管体系。

资料拓展

数字货币的风险监管

金融改革蕴含着一定风险,数字货币管理体系亦存在诸多问题,必须采取合理的监管方式。金融业监管通常落后于金融科技创新,缺乏监管的货币形态自主创新会扩张金融风险,如虚拟货币的应用增加了货币销售市场的风险,重视与化解数字货币体系金融风险是现阶段科学研究的关键点。

(一)货币认识的基础理论

该理论建立在完全理性人假定的基础上,古典经济学认为,货币是中性的,但是,事实上,人们因为信息受到限制反而是有限理性的,理性预期和市场出清并不是常态化,货币并不一定是中性化的。因为具有信息误差,大家也会产生货币错觉,从而导致各种各样的货币效用。人们存在了解误差,对风险体会和偏好也不一样,其金融行为存在很大的系统性风险,容易产生金融风险。在信用货币体制下,基于错误认知的货币市场表现暗含着比较大的不确定性。货币信用过多会造成通胀,货币信用偏少又会导致通缩,保持科学合理的货币信用供应量是货币风险监管的关键。在金融科技创新驱动下,数字货币的独创性和灵活性将可以改变货币投资乘数的影响因子,使得无法合理精确可能的货币信用创造思维,增加了央行对货币信用管控水平的难度,最后严重影响到数字货币时期现行货币政策的实效性。

(二)数字货币的风险剖析

现阶段数字货币风险主要有法律法规风险、信用风险、现行政策管控风险等。根据货币基础理论,数字货币风险可以分为不能预知风险与可预知风险、金融的系统性风险与非系统性风险相区别。数字货币的不能预知风险是指超过大家正常的预估范畴,主要是由突发性事件所带来的风险,包含技术性风险、销售市场风险等。然而,信息科技转型、网络信息安全等新技术风险在数字货币具体应用环节中至关重要,但并不是金融风险关注的关键。数字货币可预知风险是指在一段时间内大家根据一定方式所能观察到的潜在性风险,包含法律法规风险、现行政策管控风险和信用风险等。数字货币诉讼地位的认可，是一个缓慢的过程，一种新型货币形态的完善必须要有较好的模式定义、适当的市场容量、科学合理的法律体系，政策变化风险在一定程度上是能够预知的。数字货币现行政策会对经济活动造成很大影响，包含货币的总数效用和时间效应，它的作用包含产出率效用与价格效用两个方面，这也是未来金融科学研究的核心内容。

基于区块链科技的数字货币发售过程存在众多隐性风险。在数字货币的各类风险中，技术安全风险是主要风险，必须高度重视，但却不是经济研究的核心。法律体系风险是一个慢慢完备的过程，且法律规定数字货币的信用风险比较小，现行政策管控与市场风险是事后科学研究的主要内容。

（三）数字货币的风险监管

搭建高效的风险监管体系是保障数字货币有序、安全运行的重要手段。数字货币风险被分成不能预知风险与可预知风险，然而风险监管主要作用于可预知风险。结合风险监管态度（积极主动监管和消极监管）、监管标准（释放压力监管、适度监管和强化监管）及其监管方式（事前审批、事中监测、事后调节等静态数据到动态变化的多元化监管方式）等逻辑分析，数字货币风险监管的重点就是防范和化解可预知风险。从财务角度来说，对于政策变化的行业风险，可以采取谨慎监管标准建立完善的数字货币风险评定及意见反馈调节管理体系。

稳定数字货币管理体系的关键在于确保货币供应量与社会经济发展相匹配。在数据信用货币框架下，人们担心数字货币发售泛滥成灾，其货币风险主要由金融体制（主要包含金融企业、专用工具）的信用放缩而出现。第一，金融企业会反映出货币信用产生的影响。Borio & Zhu 给出了现行货币政策下银行的风险担负方式，通过"资产框架效应"影响金融机构做事态度，从而影响银行信贷管理决策。第二，金融衍生工具的突破对货币信用创造带来的危害。金融监管通常落后于金融科技创新，金融货币体制的突破通常会扩张现行货币政策风险。因而，数字货币风险监管的重点就是信用创造制度的监测和及时纠正。

（四）数字货币监管的体制构思

现阶段虽然有专家学者从监管心态、标准、方式等给出了数字货币风险监管的一些建议,但没有明确提出数字货币风险监管的体制构思。忽略数字货币技术安全难题,数字货币风险监管体系设计方案的关键是信息不对称性。金融科技的进步促使人和货币分离情形的人和货币一体情形转变,即信用人格化属性。因此,在数字货币风险监管体制中重点在于创建信用人格化属性的监测管理体系,外部经济主体的行为监控和评定体系搭建健全,宏观经济层面货币信用放缩和通胀预期的意见反馈才能顺理成章。选用互联网金融方式,完成信用人格化属性安全监测的单维体制到多维度模式定义,能够减少金融交易中的信息不对称。与此同时,人格特质信用形成的立体式数字货币管理体系有利于监管组织得到相应数据信息,进而适当调整现行政策,并促使数字货币合理运作。

考研真题

1. 以下哪些方法属于支付机构控制风险的方式?(　　)(西南财经大学,2019 年)

    A. 建立客户风险评级管理制度和机制

    B. 动态调整客户的风险评级

    C. 建立交易风险管理制度和交易监测系统

    D. 对风险商户进行调查核实、延迟结算、终止服务等操作

2. 以下关于数字货币的观点正确的是(　　)(上海财经大学,2017 年)

    A. 是主权货币的代表

    B. 有法定清偿力

    C. 不会造成物价上涨

    D. 可由央行发行

3. 什么是逆向选择和道德风险?从银行信贷角度看,为什么在存在逆向选择和道德风险的情况下,银行可能会选择不发放贷款?(西南财经大学,2017 年)

第五章

数字众筹

案例导入

庞氏骗局——骗子平台

简单来说,庞氏骗局就是用一个人的本金来支付另一个人的利息,通过庞大的资金池吸引投资者,利用群体性设局,用"拆东墙补西墙"的方法赚取收益。

众筹融资平台以高额利息回报为诱饵,通过发布虚高回报借款项目向公众募集资金,并运借新账还旧账的模式,在短期内募集大量资金后卷款潜逃。近年来频频上演的 P2P "跑路"事件基本上属于这一性质。例如,2014 年 3 月,深圳中贷信创、上海锋逸信投、杭州国临创投三家众筹平台同时倒闭,平台的实际控制人携款逃逸。经事后追查发现,三个平台的实际控制者为同一人,涉及投资者上千名,其所采取的正是典型的庞氏骗局模式。

在现实生活中,一些平台为招揽人气,通过设置高收益、短期限秒标、投资者快速竞标、平台在满标后迅速归还本息等形式,吸引更多投资者参与,提升平台知名度。但这造成了交易量的虚增和坏账率的虚降,误导投资者。由于在短时间内聚集大量资金,也存在着被"空手套白狼"陷入庞氏骗局的风险。2012 年 6 月 3 日,号称国内最大网络借贷平台的"淘金贷"以"开业庆典"的名义推出 50 万元"秒标",以高利率为诱饵,数分钟内即标满(50 万元被投资者认购)。"秒标"即发放高收益超短期限的借款标的,投资者拍下后马上就能回款。但上线 5 天后,该网站关闭,负责人逃逸。"淘金贷"事件被骗的人总共有 80 余人,100 多万元只追回了 50 多万元。属于典型的"庞氏骗局"案例。

第一节 众筹融资的内涵

一 数字众筹

(一) 众筹融资的定义

随着科技的发展,数字众筹作为一种全新的投融资模式,可以帮助企业筹集资金,打破原先买卖交易双方时空因素的限制,直接在互联网融资平台上,由项目发起人向大众展示自己的创意或产品。同时,投资人也可以向融资企业预购创意产品,以降低双方的交易成本和产品价格。即通过数字平台、大数据、区块链技术使用而产生的一种新的众筹模式——数字众筹。

众筹 (Crowd funding) 是大众筹资的简称,它最先由美国学者 Michael Sullivan 提出,是基于数字的新型融资方式,它通过借助数字平台将大量投资者的小额资金汇集在一起,为某项共同认可的项目、事业或者是个人贷款进行融资 (投资)。数字众筹最显著的特征就是通过数字技术实现投融资的直接对接,利用众筹平台、社交媒体实现资金撮合、信息发布,从而大大降低融资成本,提高融资效率。众筹的概念来源于众包 (Crowd funding) 和微型金融 (Micro-finance),一定程度上被认为是众包的一部分。随着大数据、云计算等网络技术的逐步发展,数字产业与金融业的联系也日益紧密,从而产生了一个新的金融产业——数字金融。该金融业务以数字技术为基础,以便利、开放、互惠为特色,向客户提供跨境金融服务。网络金融的发展改变了传统的金融服务模式,它满足了现代客户对金融服务的需求,推动了我国金融管理体制改革创新的深入发展,也给我国金融业改革的创新发展带来了许多机会。

数字众筹是网络金融时代出现的一种新型融资模式。它是由项目发起人直接依靠数字平台,而不是通过传统的金融机构如银行或私募基金等,从潜在的大量感兴趣的大众群体中汇集小额资金寻求帮助,而不是从少部分有经验的投资者中获得大量资金来支持项目发起人完成特定目标的一种融资模式。根据不同的回报方式,众筹资金被拆分成了股权型群众参与募资、奖励型群众参与募资、债权型群众参与募资和社会公益型群众参与募资四个类别。

近年来，众筹融资模式逐步得到发展，演变过程为由融资出借人通过在数字投融资信息平台网站上公开介绍自身投资的融资项目，以迅速引起目标投资人群体的广泛关注，从而迅速争取目标投资人群体的支持。众筹融资项目的运作项目发起人与中小投资者之间不仅仅包含个人，还可能包含公司，其中的项目申请人通常都具备较强的技术创新能力，项目本身的投资前景也不错，但缺乏后续发展的资金，项目的具体操作步骤一般为：在项目参与的各方都全部遵守法律协议约定的前提下，项目发起人将以项目产品的本身价值及其后续奖励的计划资金为基础回馈，招标给众多的中小投资者，把这种投资规模众多的、非常小额分散的融资集中披露出来，用以确保实现公司预先已制定好的超额募集资本目标。在互联网技术和区块链模式发展的推动下，数字众筹融资模式解决了传统模式下信息不对称的困境。

（二）数字众筹的基本模式

1. 基于捐赠的公益众筹

这种捐赠模式是目前众筹行业发展初期采取的一个主要运营方式。它最初产生于欧洲20世纪90年代，主要用于从粉丝们那里筹集资金，免费用于支持创意工作者自己的创意活动。一个典型的例子是在1997年的英国摇滚乐队海狮合唱团通过数字平台向其粉丝进行的筹款活动。乐团还通过网上众筹的形式筹集了6万美元，用于资助乐团慈善演出、音乐专辑制作发行宣传等相关活动，最终取得了良好的经济效益。

利用互联网平台发布筹款项目来募集资金，大大拓宽了募捐的渠道，提高了效率，渐渐成为大多数社会组织筹款的有效途径。公益众筹支持教育、健康、医疗、社会等各个方面的公益项目，捐赠式众筹平台通过互联网及时披露善款的捐款者信息及使用信息，这种公开透明的管理方式增加了平台的可信度，从而获得了更多资金。《2015年中国公益众筹发展报告》统计显示，2015年公益众筹共有873个项目取得成功，筹资额达到3432.7万元。近3年来，互联网慈善组织募捐信息平台募集的善款每年同比增长率保持在20%以上。互联网背景下的"慈善+公益+众筹"模式必将成为中国公益的主流方式和主打模式。

2. 基于股权奖励的股权众筹

这种新模式大概出现时间在 21 世纪，与以往基于股权捐赠方式的股权众筹完全不同。作为股权回报，投资者通常可以先在所投资的项目中获得较为适当金额的股权非财务的回报。这种股权回报也只是一些象征性的，与原始投资者实际提供获得的股权资金收益相比显然还有很大的差距。这种投资模式现在被人们广泛地用于电影产业和游戏娱乐领域等高科技创意产业。这在业界得到了高度认可。

中国人民银行等十部委在 2015 年联合发布的《关于促进互联网金融健康发展的指导意见》中明确将股权众筹定义为"股权众筹融资主要是指通过互联网形式进行公开小额股权融资的活动"。从实践操作来看，股权众筹实质上表现为一种股权形式，是借助于互联网技术由融资人将项目向不特定的公众予以发布，由有投资意向的公众向融资人投资换取项目方出让的一定比例的股权，最终通过股权的获取成为项目企业的股东并享有相应的股东权益的金融模式。

3. 基于民间借贷的股权众筹

与以往基于奖励的股权众筹模式相比，该投资模式具有进一步的商业化潜力。众筹网站可以用于充当信贷中介。与向银行借款不同，基于贷款的众筹主要是指企业（或个人）通过众筹平台向若干出资者借款。有直接融资服务需求的小企业能通过登录该融资平台来向全国众多机构投资者寻求融资，众筹网站用户也可以免除承担企业一定部分的本息还款的责任。这种合作模式将为企业解决部分中小企业用户的短期资金问题开辟了另外一条创业成功的途径。

4. 基于虚拟交易的资本众筹

这种投融资模式就是通过金融机构向机构投资者发行特定证券或为实施特定的项目来筹集资金。与许多其他的非公开发行方式投资相比，它具有资本门槛较低、灵活性比较强等特点。它也广泛应用于自媒体、数字公司和移动通信领域公司投资的早期阶段，以逐步满足其原始资本需求，投资者甚至可以获得类似于虚拟股权投资分配模式的直接投资和回报。这种投融资模式不仅极大促进了我国各类创新型产业模式的稳步快速向前发展，而且对于国内外大多数创业投资者群体来说，一旦投入这些科技创新密集型产业而获得投融资成功，其预期收益更将是极其可观的。

（三）数字众筹的特征

1. 门槛较低

众筹的发起条件很低，任何个人、企业或组织都可以按照自己的需求发布融资需求，"小而分散"成为众筹融资的主要特点。新型创业公司的融资渠道不再局限于银行、私募股权投资（Private Equity，PE）和风险投资（Venture Capital，VC）。

2. 大众参与

大众参与是众筹项目门槛低的延续，其充分诠释了数字金融普惠的根本特性。一方面，众筹使不具备传统融资渠道、融资能力的个人或企业可以为自己的项目开展融资活动；另一方面，这种方式也使网络大众可以轻松地参与众筹的投资，并获得投资收益的机会。众筹的融资一般而言是"小而分散"的，同时具有广泛、大众化特征，只有足够多的投资者及广泛的市场参与才能保证项目成功募资。

3. 形式多样

众筹项目种类繁多，不仅包括新产品研发、新公司成立等商业项目，还包括科学研究项目、民生工程项目、赈灾项目、艺术设计、政治运动等。这也催生了一大批垂直化众筹网络平台。各类众筹的回报类型也大不相同，典型的有产品奖励、股权分配、无偿捐赠等。

4. 传播迅速

数字信息丰富，信息形式多种多样，用户可以自主、定制化生成所需的传播内容。众筹发起人或组织单位不仅可以通过数字众筹平台充分展示项目信息，还可借助社交网络、专业媒体平台、关键意见领袖等渠道以及不同工具和信息载体充分展示和传播融资需求。

二 数字众筹的演进

众筹（Crowd funding）是一种大众通过互联网相互沟通联系，并汇集资金支持由其他组织和个人发起的集体行动。企业或个人通过互联网介绍自身的筹资需求和描述自己的项目，大众根据情况选择企业或个人项目进行小额的投资，并获得一定的报酬。众筹融资模式对我国互联网金融创新以及中小企业投融资模式创新有重要意义。

众筹发展过程中具有里程碑意义的事件是美国于 2012 年通过的《促进

创业企业融资法案》（以下简称"JOBS 法案"），使得众筹彻底脱离了"非法集资"的阴影。JOBS 法案通过后，更多专注于企业融资和提供现金，股权式回报的众筹网络平台如雨后春笋般出现了。近些年，我国股权众筹呈现倒"U"形的曲线发展状态，2012—2016 年呈现爆炸式的速度增长，据不完全统计，在 2016 年上线的平台达到了 283 家，但是从 2018 年的上半年开始，股权众筹平台数量骤减。截至 2019 年年底，在正常运营的平台只剩下 251 家，其中转型到线下的平台有 603 家。① 2022 年 2 月，《金融标准化"十四五"发展规划》提出要探索建立完善的法定数字货币基础架构标准。在以太坊等公链或联盟链的基础上，结合具体的应用场景，拥有实际流通资产、数据、流量的 ICO 项目将更富有价值。在现代科技和区块链推动下的数字众筹对我国中小企业和创业者的融资具有重大意义。

众筹这一融资模式之所以在美国迅速盛行，主要有三个方面的原因。

（一）企业融资需求

虽然金融危机后美国采取了量化宽松的货币政策，但是美国银行业的惜贷行为使大量中小企业无法从银行获得贷款。根据美国联邦存款保险公司的数据，2011 年第四季度，美国银行业投向商业和工业企业的信贷规模同比仅增长了 1.2%，远远低于同期美国基础货币增速。在美国信贷规模缓慢增长的背后，则是息差高涨。金融危机前的 2006 年和 2007 年，美国银行业的净息差分别为 3.7% 和 3.29%。众所周知，惜贷往往伴随着信贷配给，而中小企业由于其风险高、缺乏合格的抵押品以及信息不对称等原因成为信贷配给的牺牲品。在此基础上，数字众筹模式在美国开始发展。

（二）市场发展需要

美国著名的趋势学家杰里米（1996）指出，正在兴起的第三次工业革命有两大特点：一是直接从事生产的劳动力会持续地快速下降，劳动力成本占总成本的比例会越来越小；二是新生产工艺能满足个性化、定制化的各种需求，要求生产者要贴近消费者与消费市场。此外，Hal Varian（2011）还认为，数字众筹非常适合那些创造知识产权的行业。数字众筹的访问权与限制访问版权所有内容的途径不同，其做法是只要有足

---

① 数据来源：《中国众筹行业发展报告 2018》，https：//www.sohu.com/a/245985852_264613? from = bdhd_site。

够多的人承诺支付一定费用，创造者便同意提供内容。这种做法克服了搭便车的问题。长期以来在线内容制造商对搭便车问题特别头痛，因为在线内容的再生产有可能是无本生意。

（三）金融资本核心价值减弱

里夫金认为，在第三次工业革命中，社会资本的积累与金融资本的积累同等重要。原因就在于，随着通信成本的日益低廉，分散式网络的进入成本也随之骤降，每个人都可以成为广阔的、开放性的数字潜在的企业家和合作者。这样一来，金融资本在新型企业创业期所发挥的作用逊于社会资本。借助云计算、3D打印技术、社交网络和众筹融资平台，在第三次工业革命时代，将会有更多创业者纷纷崛起，人人都有可能成为生产者。

（四）数字技术与科技进步

新的众筹融资模式——数字众筹。区块链技术作为一种新型的数字技术，其去中心化特征解决了基于互联网平台融资过程中的信任度问题，该技术与众筹融资的有机融合将有效提高中小企业融资效率，助推众筹融资优质高效规模化发展。区块链所带来的分布式账本、智能合约、非对称加密和授权等技术的引入恰巧能弥补涉农中小企业在众筹融资方面遇到的许多问题，如投融资渠道受到地理位置的限制、速度较慢、风险的不可控、高成本、透明度低等。在整个融资过程中，众筹平台能在区块链技术的驱动下，不断拓宽融资的渠道和效率，融资方会随着融资渠道的拓宽提高融资绩效，投资方也会逐渐从生态消费者变成能力和价值的提供者。

第二节　数字众筹兴起的基础

众筹是指面向公众筹集资金。众筹融资则是指具有融资需求的企业通过数字众筹平台公布融资项目的信息，以转让部分股权为对价，向有意愿投资的社会公众筹集资金而进行融资的一种新型融资模式。数字众筹则是在此基础上结合互联网和区块链技术，以"互联网+众筹"的融资模式服务中小企业融资与满足互联网金融业务发展需求，降低了虚拟金融产品属性交易风险和信息不对称困境。

众筹融资的概念于2006年为美国学者迈克尔所提出，之后，英国出现了首个融资平台。2008年，美国Kickstarter平台允许融资人通过数字在其平台上发布需要融资的项目信息供人浏览查阅，同时以回馈服务和产品的方式作为对价，从而吸收存款、募集资金。之后的几年间，类似平台迅速涌现，到2011年，此类众筹融资平台在我国国内萌芽，网络众筹开始为社会公众所注意，由于其相比传统融资速度快、成本低，广为小中企业青睐，并随即迅猛发展。

一 中小微企业融资困境

中国的中小企业的融资路径主要分为外源和内源融资，这两种融资方式都要求企业有优良的资本规模与盈利并达到上市要求，但是由于中小企业规模一般较小，盈利情况存在不确定性，满足不了成为上市企业的要求，导致外源融资中的直接融资很难实行。所以在外源融资中，主要是依靠间接融资来进行融资，间接融资主要是指商业银行发放的贷款。但2019年艾瑞咨询数据统计显示[①]，在中国中小企业中，只有18%的优秀企业能够获得银行贷款，距离需要的总融资额度差了将近20万亿元，所以大部分中小企业很难获得银行贷款。而中小企业的内源融资方面主要靠自己的内部资金去进行投资生产，但随着2020年新冠疫情的到来，中小企业用内部资金进行生产的产品销售困难，资金得不到回笼，使企业内部资金短缺。

一方面金融机构的内部考核决定了其营利的目的性，而对中小企业的融资服务存在较大风险；另一方面缺少专门为中小企业提供贷款服务的商业银行。外部条件在一定程度上阻断了中小微企业的融资途径，导致中小微企业融资路径不足且融资费用较高。从中小微企业自身出发，由于其规模和业务范围的限制，存在信息不对称、应对突发风险能力不足、资产不足等融资困境。

二 数字技术的快速发展

互联网金融并未改变金融的核心实质，金融的风险性和外部性仍然存在，而互联网金融带来的"变"主要体现在互联网因素对金融的渗透

---

① 数据来源：2020中国金融科技创新国际论坛，https://www.sohu.com/a/440207908_100160903。

及所引发的商业模式创新上。一方面随着数字技术的发展，数字金融的业态更为丰富，互联网支付、网络借贷、数字保险、数字众筹和互联网理财等金融服务比较活跃，使金融产品和服务不断完善，丰富了金融业的业务体系；另一方面区块链作为一种分布式的账本，需要 IP 通信协议和分布式网络两项技术的支持，不需要中心服务器的节点管理，在进行数据传输的时候不需要中心机构的审核，通过把数据打碎成为碎片化以后，通过用户资金的密钥对数据进行严格的加密。区块链的分布式账本之所以具有不可篡改的特点是因为引入了工作证明的概念。计算则采用了虚拟化的技术实现了对存储、计算和网络的虚拟化，区块链分布式存储需要的计算能力刚好能够得到满足。区块链技术和云计算技术的结合促进了地区以及全国跨区域数据的安全交互融合，为大数据的发展提供了保障，为数字众筹的发展和实现提供了条件。

三　网络宽带的普及

《中国宽带普及状况报告》显示，截至 2018 年第二季度，我国固定宽带家庭用户数累计达到 36688.6 万户。截至 2020 年年底，我国固定宽带家庭普及率已达到 96%，移动宽带用户普及率达到 108%。[1]

宽带普及状况是衡量一个国家和地区社会经济发展状况和信息化创新驱动力的重要指标，在我国的《中华人民共和国国民经济和社会发展第十三个五年规划纲要》中，将固定宽带家庭普及率和移动宽带用户普及率作为"十三五"时期我国经济社会发展的主要指标之一。近年来，通信行业主管部门持续开展宽带专项行动，快速推进光网城市建设，着力建设 4G 网络，实施电信普遍服务补偿机制，大力推动我国的宽带发展普及提速。基于发布的宽带普及状况，我国宽带发展取得了长足的进步，截至 2016 年第二季度，我国的固定宽带家庭普及率和移动宽带用户普及率分别比 2015 年年末提高了 16.6 个百分点和 6.8 个百分点。国家统计局数据显示，截至 2021 年我国互联网宽带接入用户达 53579 万户。[2]

---

[1]　数据来源：《中国宽带普及状况报告》，https://www.sohu.com/a/249007198_354877。
[2]　数据来源：《中国宽带普及状况报告》，https://www.miit.gov.cn/jgsj/txs/gzdt/art/2020/art_c7a2c1258e5f493db94459b45d862a18.html。

四 互联网平台的兴起

我国互联网发展经历了以下阶段：中国互联网发展起步阶段（1994—2000 年）；中国互联网发展迅猛阶段（2001—2008 年）；中国互联网发展的增长期（2009 年至今）。随着科学技术的不断创新升级，传统金融平台与互联网企业合作产生新型的金融业务模式，为小企业融资带来新的"曙光"。主要有 P2P 网络借贷模式、电子商务平台融资模式、数字众筹平台融资模式。其中尤为重要的是，云计算和区块链技术打造数字经济新优势离不开区块链技术的支持。首先，区块链通过建立共识机制，运用时间戳的方式把信息保存在各个区块上，再结合密码学，创造出一个低成本的信任机制网络平台，该网络结构的核心特征就是去中心化。中小企业融资过程就是资金融通的过程，其核心困难就是信息不对称，而区块链技术的去中心化、透明度高等特征对解决因信息不对称而导致的信任问题起到了关键性作用。其次，对于众筹资金的保管，区块链解决了交易过程的数据信息可信度问题，确保了系统对价值交换活动的记录、传输、存储结果都是真实的。众筹融资是项目发起人利用众筹平台通过身份审核后，在平台上建立属于自己的页面，可以公开宣传、募集资金的一种新型网络融资模式。互联网的发展和平台的兴起都为数字众筹的发展奠定了基础。

五 数字社会公益发展

在数字传播蓬勃发展的今天，传播媒介与平台丰富多样，人人都是传播者。传播的话语权下放到了受众本身，公益传播得以焕发出蓬勃的生命力。自 20 世纪 80 年代数字公益传播在我国出现以来，主流媒体在政策方针、公益理念和重大灾难的公益报道与公益宣传中发挥了重要的作用。随着互联网技术的进一步发展，公益传播逐渐与公益活动融为一体，如"蚂蚁森林"的模式，在通过低碳行动向公众传播环保观念的同时，将真实的植树行动与之结合起来，很好地诠释了公益传播即公益行动的理念。进入数字时代，公益直播主题"谢谢你为湖北拼单""为美好生活拼了""买遍中国·助力美好生活"巧妙地运用对话、谐音等方式与网民建立联系，形成情感共鸣。区块链、5G 等新技术的深度应用将会继续催生出新业态、新现象和新平台，也将进一步打通时空藩篱，创造出更好的应用场景。

第三节 众筹模式的划分

众筹模式的划分有多重标准，根据不同的标准可将众筹划分为不同的类型。以投资者回报为划分标准对众筹进行划分，可以划分为商品众筹、债权众筹、股权众筹和公益众筹四类。

一 商品众筹

主要针对个人或者小团队的创意创新，由于失败的可能性大，这类数字众筹兼具商品预售和捐助、资助的性质，意在帮助普通人实现梦想，促进社会创新能力。商品众筹一般是指项目发起人将仍处于研发设计或生产阶段的产品或服务进行预售，投资者对项目或公司进行投资，获得产品或服务。商品众筹的主要运作流程如图5–1所示。

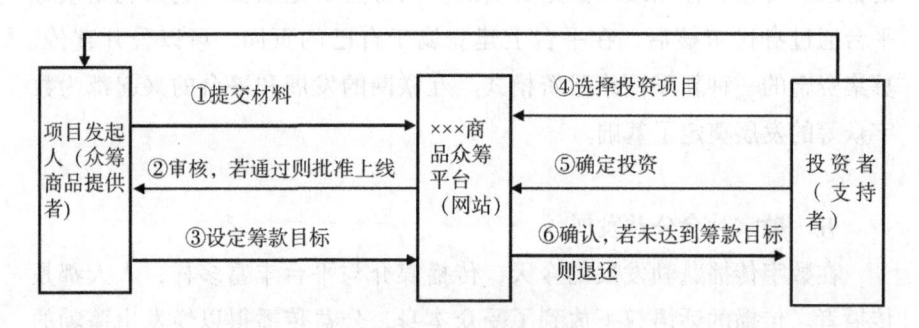

图5–1 商品众筹流程

二 债权众筹

债务式众筹本质上是一种信贷活动，投资者和融资人都以一定的利率发放货币资金，并要求偿还资本。从国际法的角度看，是一项贷款合同，投资者是债权人，收款人是借款人，实际上，这是一种贷款投资，你向另一边支付，另一边承诺给付一定比例的利息。主要是帮助个人和小微企业通过众筹平台，实现融资，解决资金短缺问题，改善企业生产经营活动,并积累信用。

三 股权众筹

主要是帮助初创型企业解决融资问题。股权众筹是投资人获得一定的股权,并获得相应的投资回报。股权众筹满足了资金供需双方的需求,实践中侧重于初创企业和创新企业等。由于股权众筹中具有股权交易的特殊性,不同于一般的商品众筹中资助、捐助的特性,我们认为在解决中小企业融资方面,股权众筹无疑能起到更加积极的作用。

四 公益众筹

通过众筹平台发布筹款项目并募集资金,收集的资金,称公益众筹,又称慈善基金,用于未来利益或公共利益。相对于传统公益项目融资方式,公益众筹更为开放,不仅为个人发起公益项目提供了平台,也为公益机构募资降低了门槛。Kickstarter是一家捐赠型或实物回馈型的众筹平台。Kickstarter的运营模式如图5-2所示:

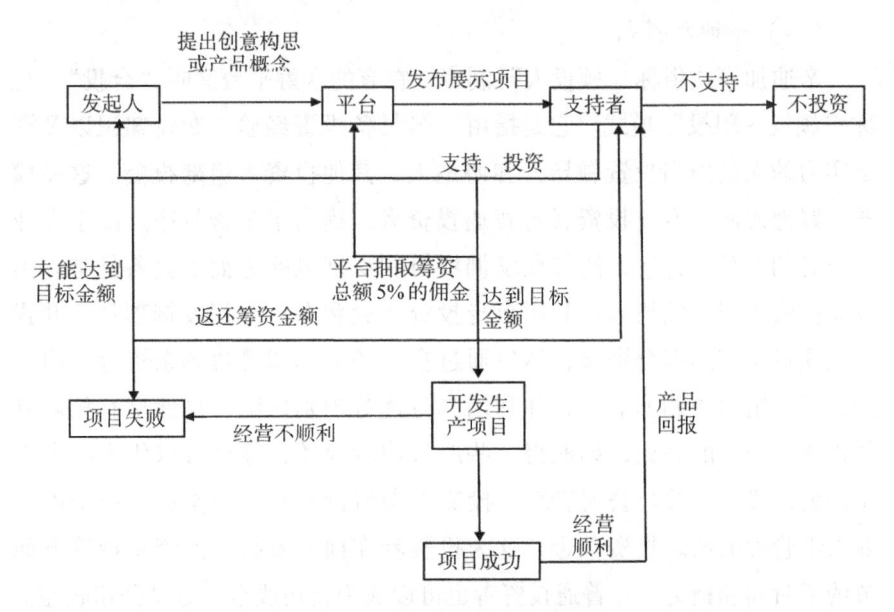

图5-2 Kickstarter的运营模式

第四节 股权众筹

一 股权众筹融资模式

（一）个人直投模式

投资人通过浏览众筹平台的众筹项目，分析项目背景、行业状况、公司业绩、发展前景等因素，选择自己认为最具发展潜力的项目进行投资。一旦项目成功，投资者取得股权转让协议、股权凭证、投资协议等一系列文件，其中部分可通过众筹平台的电子化程序进行处理，而股权证明、投资协议等纸质文件则是未来投资者作为公司股东、行使股东权利、分享公司收益的凭据。

个人直投对投资人的要求较高，投资者必须熟悉该项目领域，并具备一定的行业经验。为了分散投资风险，一般建议投资者采取单笔小额投资多元化行业项目。为此，许多众筹平台提供相当多元的辅助性服务，比如，代表投资人管理投资、及时反馈企业经营状况，将公司转让的股份或派发的红利转让给投资人。

（二）辛迪加模式

辛迪加模式俗称"领投人"制度，在有的众筹平台又叫"合投"。也称"领投+跟投"模式。它是指由一名具备投资经验、专业知识以及资金实力的人员担当投资领导人和协调人，其他投资者追随投资。这一模式很好地协调了专业投资者与普通投资者，提高了筹资效率。由于专业投资者的经验、背景，使其在发掘项目和识别风险方面更具备优势。由专业投资人担任领投人，利用自身投资经验和专业知识发掘项目，并投资该项目所需的部分资金，然后通过自己的人际圈募集剩余资金。由领投人承担组织协调的职责，并利用自身优势识别风险，自然享有相对其他投资者额外的好处，如取得一些股权或者收益，甚至可以代表投资者担任公司股东，参与公司管理。投资人参与投资相当于参加了一个由专业人士管理的风险投资基金，这为投资者在项目发掘、投资管理等方面节约了时间和精力，让普通投资者也可以成为公司股东，分享公司收益。

在辛迪加模式下，投资人将最终回报按投资比例给予领投人，而领投人也通过与筹资企业协商获得额外的股权奖励。相对于领投人的丰厚报酬，领投人的资格要求也是极高的，以天使汇对领投人的资格要求为例，"在某个领域有丰富经验、独立的判断力、很强的风险承受能力并能够专业地协助项目完成 BP、确定估值、投资条款和融资额，协助路演，完成本轮跟投融资"，因此，知名的天使投资人在辛迪加模式中受到欢迎，普通投资者愿意追随，筹资企业也愿意获得知名投资人的投资，从而加快企业筹资效率。

"领投人"制度下，领投人通过与投资者签订协议确定双方的权利、义务。在参与投资人数较多或者股权协议比较复杂的情况下，投资人也可成立合伙企业，参与筹资企业管理，这种形式有利于明确筹资企业与投资人之间的权利、义务及利益关系。一般合伙人通过与筹资企业沟通、交流参与企业一般性事务中并对企业经营进行监督。普通合伙人对于企业重大事项享有投票权，但不参与企业运作管理，对于筹资企业而言既获得了所需资金，又在企业经营管理中不会丧失过多的自主权。

二 股权众筹的优势与劣势

（一）优势

传统模式下中小企业融资渠道狭窄，处于弱势地位，只有被选择权而没有选择权。但是在数字众筹模式下，投资者广泛、投资方式直接，这让中小企业有了更多的选择权与选择空间。融资效率较高，一次接触到众多来自不同行业的潜在投资者，且合格的投资者一般具有丰富的投资经验及知识，能够为项目发起人带来丰富的资源。

在股权出让方面，中小企业根据自身情况以及未来发展的考虑决定公开募集的金额，价格只受市场规律的约束，省略了首次公开募股发售的繁杂流程，这让中小企业对股权拥有更多的议价权。

（二）劣势

首先，目前基于数字的股权众筹融资额度普遍较低。例如，众筹发展迅速的国家规定股权众筹融资上限不得超过100万美元，从而导致融资额度有限，保护了融资者的权益。但这种硬性规定，致使股权众筹只能满足部分小型初创企业的融资需求，在初创期高投入的制造类、科技类等企业是难以通过股权众筹实现融资需求的。股权众筹由于涉及企业股权转让，相对于股权结构复杂的公司，更适用于股权结构相对清晰简单的、未进行过融资或进行过少部分融资的企业。

基于以上分析，我们发现股权众筹更适用于尚未得到投资的初创企业或者是得到天使投资还需进一步融资的初创企业。初创企业一般是凭借自身资本或者对外借款开始创业，产品的市场反应决定是否进行量产以及下一轮融资。可以看到，创业资本与主流外部资本之间存在融资缺口，创业资本不支持规模化生产而主流外部资本只有在规模化生产后才能引入，众筹融资正好弥补了这个融资缺口。

其次，股权融资需向投资者披露项目的信息，可能包括财务数据、商业模式、市场战略等商业秘密，在项目发起方自身准备不足时会面临众多专业投资者的质疑，还可能导致项目核心优势被复制、剽窃。

第五节 众筹项目运作机理

一 商品众筹项目

在商品众筹项目中，筹资人向筹资平台提交相应筹资项目材料，主要包括项目介绍、进度安排、回报以及风险提示等，主要是完整地提出众筹项目规则，吸引大众，达到筹资的目的。项目符合相关规则，则筹资项目进入数字上线准备阶段，筹资人利用各种合法网络手段进行宣传，从而接受投资者投资。在筹资期限内募集到目标金额则项目启动，直到项目投资者最终收到作为投资回报的商品，部分情况下，筹资人承担商品的后续服务。如在规定期限内未筹集到目标金额，则项目终止，投资人的资金将被返还。

二 股权众筹项目

股权众筹是指通过数字公开平台向投资者展示拟设立的企业或项目信息，以股权形式吸引投资者，并将中国长期实行的直接或间接控制利率和贷款的金融约束政策转移给投资者。贷款需求是刺激中国股权众筹的强大动力。但是中国股权众筹的发展主要受制于财务约束和投资者权益保护。一方面，根据中国《证券法》《刑法》等法律规范，股份制公司应当谨慎经营，这极大地提高了股权融资成本；另一方面，保护投资者个人资料和财产权益的相关制度也有利于保护投资者权益。

三 商品众筹与股权众筹的对比

商品众筹与股权众筹在回报方式、运作机制等方面都存在明显区别:

表 5-1 商品众筹与股权众筹的对比

类别	商品众筹	股权众筹
机制	项目发起人承诺给予投资人实物回报换取投资,或者是在产品生产完成后,投资者可以优先购买或者享有折扣	项目发起人直接向投资人出售股份换取投资
回报	实物	公司股份,享有股东权利
投资限制	无限制	针对符合资质的投资者
投资者权益	建议权	享有股东权利
发起人资质	无要求	设立公司,具有对外发行股权制度
回报周期	一般较短	公司盈利才可获得回报,时间较长
投资目的	资助、捐助或者预购	获得经济回报,分享公司收益

四 众筹平台分类

(一)基于项目投资回报方式的分类

从这一视角看,最普遍的分类方式是将众筹平台划分为奖励型众筹平台、股权型众筹平台、债券型众筹平台和捐赠型众筹平台四类。其中,奖励型众筹平台也被称为产品型众筹平台,项目发起者依据投资者投资额的多少给予相应的回报,包括致谢信、参与产品创作、获取具有折扣优惠的产品等,如京东众筹、淘宝众筹等;股权型众筹平台的投资者通常用资金来换取公司的小部分股权,同时作为回报,投资者通常可以获得企业股份、股息或在主要股东会议上的投票权,如天使汇、大家投等;债券型众筹平台,也被称为 P2P 借贷平台或市场借贷平台,投资者进行投资不是为了获取股权或奖励,而是为了收回投资额的本金及利息,如人人贷等;捐赠型众筹平台,即具有慈善捐赠性质的平台,投资者除了促成项目实施的信息和反馈外，得不到其他任何回报，如轻松筹、腾讯公益等。在此基础上，也有学者提出了不同的分类方式。比如，Stroh Maier 等将众筹平台分为两类：社区型众筹平台和财务回报型众筹平台，前者包括捐赠型众筹平台和奖励型众筹平台，后者包括股权型众筹平台和借贷型众筹平台。

（二）基于平台筹资模式的分类

根据众筹模式的不同，可将众筹平台划分为单一模式的众筹平台和混合模式的众筹平台，前者采用唯一一种模式的平台，后者是采用如奖励和股权两种模式的平台。Kuzmenko 根据筹资模式将众筹平台分为四类，即使用"全有或全无"模式、"筹多少留多少"模式、"临界点"模式、"免费捐赠"模式和"受欢迎"模式的平台。此外，Viotto 还将"全有或全无"模式称为"固定融资"模式，并将"筹多少留多少"模式称为"灵活融资"模式。除了上述两类视角外，也有学者从其他视角对众筹平台的类型做了研究。比如，根据众筹项目的行业属性，将众筹平台划分为综合类众筹平台和垂直类众筹平台，前者是指为多个行业提供筹资服务的平台，后者是指为专一行业提供筹资服务的平台。按照众筹生态系统的发展模式将众筹平台分为三类：融合型众筹平台、交叉型众筹平台和独立型众筹平台。

第六节 我国众筹行业发展状况

一 我国众筹行业发展环境

（一）经济环境

金融危机以后，我国经济连续下滑，经济发展过度依赖资本密集型投资，同时海外市场需求下降严重影响了出口对我国经济的推动作用，我国潜在市场需求旺盛，扩大内需成为未来几年推动经济增长的主要动力。目前我国经济正处于增速回落、结构调整、动力转化、质量提升的新常态发展阶段，消费者的消费投资需求和中小型企业不断扩大的融资需求都日益增长。近年来我国股权众筹模式爆发性的增长得益于我国的良好经济环境。股权众筹模式这一融资方式的兴起打破了传统的线下市场直接融资与以商业银行为媒介进行的间接融资为主的融资方式，为中小企业解决融资难问题。同时在数字经济时代下，区块链技术、云计算及大数据技术的进步，为数字众筹平台降低了业务风险，提供了技术保障。

（二）社会环境

根据中国互联网络信息中心（CNNIC）在京发布的第51次《中国互联网络发展状况统计报告》，截至2022年12月，我国网民规模为10.67亿人，同比增加3.4%，互联网普及率达75.6%。其中，城镇网民规模为7.59亿人，农村网民规模为3.08亿人，50岁及以上网民群体占比提升至30.8%；全年移动互联网接入流量达2618亿GB。不同地区、不同年龄网民构成广大用户基础，流量型、资金型等不同形式的数字消费活力持续释放。① 按照这个上涨速度，预计还会上涨三年，人数还会继续增加。拥有这样一个庞大的用户基础，一定能为我国互联网经济、数字众筹推广打下稳定良好的发展基础。从众筹融资的发展趋势来看，预计到2025年，发展中国家众筹融资将达到960亿美元，其中500亿美元在中国。随着我国数字经济的发展，上网设备成本及使用成本的降低，预计未来移动网民规模将以较高增速持续增长。这为数字经济的发展、网络金融的发展奠定了强大的用户基础。大众创业热潮的兴起，大量创业企业对数字众筹平台的预售或融资功能有着较强的需求。余额宝的兴起，为互联网金融投资理财奠定了用户基础，并且用户群体在扩大。"90后""80后"逐渐成为消费市场的主力，这类人群对商品独特性的追求，使得数字众筹平台受到热捧。

另外，我国数字众筹融资大部分通过股权众筹平台进行融资的都是小微企业和初创企业，失败率高，所以一般的小投资者无法承担这样的高风险，这就需要投资人具有较高的专业投资能力和风险把控能力。股权众筹融资平台使得一些非专业的且不具备风险操控能力的投资者也参与其中，这些投资者无法对股权众筹潜在的风险进行科学的评估。我国的股权众筹融资平台并不是完全透明的，融资者与投资人之间存在严重的信息不对称问题，这使得投资者往往在未弄清状况下贸然投资，权益

---

① 数据来源：《中国互联网络发展状况统计报告》，https://epaper.gmw.cn/gmrb/html/2023-03/03/nw.D110000gmrb_20230303_4-04.htm。

容易受损。

二 我国众筹市场发展驱动力

首先，我国经济正处于转型阶段，从原先的高速发展转向平稳发展，从原先的单一追求速度，到目前的高度重视发展质量。经过30多年的发展，我国已经形成了良好的经济基础，为金融创新创造了较好的环境。针对我国经济结构调整时期的特点，解决好中小企业融资难、融资贵的问题，对于促进我国经济稳步增长、促进经济改革以及产业结构调整具有积极意义。

其次，随着数字金融的深入发展，数字金融模式表现出了强大的竞争力。传统金融市场上普遍存在信息不对称的现象，金融产品具有风险特征，但随着网络信息技术的不断发展，这些情况将得到很好的解决。未来金融模式发展将实现资金供求双方自由匹配，双向互动社交化，数字众筹融资模式正好符合金融模式未来发展方向。

最后，随着数字技术的快速发展，科技创新公司层出不穷，众筹作为数字金融创新模式，能够满足中小企业以及初创企业对资金的需求，为其提供融资渠道，同时兼顾融资效率与鼓励创新的发展初衷。

三 我国众筹行业发展价值

（一）促进金融创新

目前我国正处于经济发展的转型期，经济的快速发展进入一种新常态，所以中小企业的生存和发展环境也发生了变化，目前国内中小企业的融资普遍更加困难。而数字众筹的兴起与发展，对传统金融行业的发展模式产生了一定的冲击，数字众筹面向的社会群体十分广泛，任何人都有参与创新业务的机会，提升了企业融资效率。数字众筹为中小企业融资问题提供新的解决思路和方向，同时由于其操作流程的双向性，又推动了金融科技创新、金融形式创新，进而推动了数字金融高速发展。

（二）扶持中小企业发展

中小企业由于其尚处于发展初期，知名度较低、资本支撑薄弱，很难获得公众支持。数字众筹的发展对中小企业而言，极大地拓宽了其融资的渠道。基于数字科技的众筹模式快速发展降低了中小企业的融资门槛，针对中小微企业的融资特点，提高市场竞争力。特别是众筹中的品牌推广通过向潜在支持者传递产品和服务信息，提升其品牌知名度。数字众筹在一定程度上缓解了初创企业以及中小企业融资难的局面，并提高了初创企业在市场中的生存能力。

（三）构建新型平台

随着数字的快速发展和众筹行业的发展，消费者的各种需求可加速在数字上形成具有明确市场特性的需求和机会，奠定了相应企业创建和发展的市场机会。

从用户角度看，基于数字的众筹行业发展给用户带来了全新的体验，基于数字的众筹平台具有互动社交的特点，方便快速地促进不同地域用户之间的沟通交流，可以忽略融资人与投资人之间的物理距离，为用户和融资者搭建了一个快速沟通交流的平台。

（四）提高融资效率

在缓解融资逆向选择方面，筹资人可以通过设置丰富的产品分档数和灵活的产品分档价格差去满足投资人的差异化需求，缓解融资中逆向选择问题。项目外部信号中的筹资人经验和投资人支持数能够减少投资人的风险感知；而交付时间越长越会增加信息不对称下筹资人的道德风险，打击投资人的积极性，降低融资成功率和融资效率。

（五）服务社会利益

从社会保障体系看，信息技术的发展为数据的瞬时和无缝对接提供了可能。例如，基于区块链的智慧医疗保健生态系统，完美解决了当前医疗保健行业的痛点——个人隐私的保护和信息孤岛。Medicalchain是英国一家基于区块链技术的智慧医疗平台，2017—2018年基于区块链发行Medtoken，共筹集到2525万美元。为社会保障体系提供了可靠的融资平台和安全有效的信息渠道。

从社会救助看，对于水滴筹、轻松筹、爱心筹等互联网大病救助平台来说，它们利用互联网信息技术汇集了一批有筹款需求的求助者和大量乐于小额捐助的施助者。在这两者之间实现精准匹配进而为最需要援助的人提供大病救助服务。成功地解决了不少个人及其家庭在大病就医方面的燃眉之急。作为"分享经济背景下的社会互助新模式"，互联网大病众筹是"分享经济在社会慈善领域中的创新运用"，对"我国慈善公益事业的发展和社会公平正义的实现具有重要意义"。

四 我国众筹融资发展现状

2011年，国内首家众筹网站"点名时间"正式上线，先后完成了几部国内原创动漫作品的众筹项目并引起社会广泛关注。截至2014年，国内北京以及沿海省份共有100多家正常运营的众筹平台，出现的地域显示了中小企业发展程度与众筹发展的区域分布情况。

2016年政府工作报告将互联网金融列入重点工作部分，提出"普惠金融"和"绿色金融"，以拓宽融资投资渠道，应对"融资难"问题。更是将"促进"转变为"规范"，将互联网金融监管提高到另一个高度，以应对互联网金融在迅猛发展的过程中暴露的不合规范的问题。政府对互联网金融的支持和管理无疑证实了其在我国今后经济发展中的重要地位。截至2016年上半年我国数字众筹平台至少378家，其中2015年上线的平台有168家，较2014年增长7.0%。国产动漫《大圣归来》在创作的过程中，就是采用众筹的模式。面对众筹行业发展，京东、淘宝等电商平台也都相继进入众筹领域，电商平台虽然起步比较晚，拥有大量的用户和支持者，加上区块链技术下生态链、生态圈的构建能力，具有很大的发展优势。

截至2020年1月底，我国处于运营状态的股权众筹平台共有66家。对运营中平台的类型进行统计，互联网非公开股权融资型（以下简称"股权型"）平台有23家，权益型平台有24家，物权型平台有8家，综合型平台有7家，公益型平台有4家（中研网）。运营平台类型中权益型占37.29%、股权型占35.59%、综合型占11.86%、公益型占6.78%、物权型占8.47%。

目前我国股权众筹融资模式还处于探索阶段，从国家和行业角度而言，股权众筹融资还有较大的完善和发展空间；在平台属性方面，在我国，股权众筹融资呈现多元化态势，众多平台质量参差不齐，加大了行业监管难度；除规模和平台属性外，股权众筹融资在法律层面容易触碰红线，其概念与非法集资和公开发行债券容易混淆。因此我国相关法律法规都对股权众筹融资进行了严格的界定，受相关法律法规约束较大，从该角度而言制约了股权众筹的发展。

(一) 法律监管挑战

随着股权众筹的快速发展与扩张，美、英、意、日等各国政府逐渐意识到股权众筹中存在的法律及融资风险问题。2011年，美国政府开始起草关于众筹监管的草案，并于2012年4月签署了《促进创业企业融资法案》。JOBS法案的出台，确立了股权众筹的合法地位，对筹资者、投资者和众筹平台行为作出了全面的规定，从根本上解决了股权众筹融资模式的监管问题及法律保障。与此同时，2013年，意大利政府颁布了《创新型初创企业通过网上众筹平台募集资金的监管规则》。2014年，英国和日本相继颁布了《关于网络众筹和通过其他方式推介不易变现证券的监管规则》《金融商品交易法等部分修改法案》，推动股权众筹的健康发展。我国证券业协会于2014年12月颁布了《私募股权众筹融资管理办法（试行）（征求意见稿）》，但至今仍未出台关于股权众筹融资的正式法律制度。一个新的融资模式的出现可能会引导消费者新的消费习惯、消费观念等，进而对我国整个民族的整体文化水平都会有很大影响。由此可见，我国当前急需一套完整的、相应的政策和解决措施来解决内外部的问题。

(二) 盈利模式挑战

众筹行业目前最常见的是欧美国家的佣金模式，即众筹平台通过提出筹资额或者项目所得利润的一定比例作为佣金，以实现盈利。以美国的Kickstarter为例，主要是从融资成功的项目中抽取5%—10%的佣金。除此之外，还依靠广告来获得盈利。我国众筹网虽然引进了Kickstarter的盈利模式，但是实行的效果并不是很好。因为我国众筹出版项目所要筹集的目标资金并不高，平台单靠抽取佣金无法维持正常开支，更谈不上盈利。而广告方面的效果也不乐观。一般的众筹出版项目并没有大面积传播的条件，即使有广告投放，点击率也不高，广告商不乐意参与就不足为奇了。因此，我国众筹平台很多还都是免费的，只为提高知名度。

(三) 运营的合法性挑战

网络众筹在平台运营过程中，容易触碰到法律红线，即融资过程中可能存在非法吸收公众存款、非法发行证券等行为。由于众筹平台的工作人员与法律监管人员对于网络众筹运营的合法性界定不一致，所以可能触犯法律。

1. 非法吸收公众存款

非法吸收公众存款的犯罪行为是指未经人民银行批准，擅自向不特定的社会公众吸收资金，承诺回报，最终造成了经济损失的行为。民间融资的困难，使各种非法贷款、集资现象屡禁不止，而这类贷款与集资频频出现问题，有关部门也加大了监管力度。网络众筹模式推出后也的确存在不规范的地方，由于法律界定和监管理解在时间和空间维度上存在一定的迟滞性，数字众筹的发展在探索实践中前行。

2. 非法发行证券

擅自发行证券罪是当下股权类众筹最容易触碰的刑事犯罪。《中华人民共和国证券法》第九条规定：公开发行证券，必须符合法律、行政法规规定的条件，并依法报经国务院证券监督管理机构或者国务院授权的部门核准；未经依法核准，任何单位和个人不得公开发行证券。基于上述规定，证券发行人如果想避免涉嫌该项罪名，只能通过"非公开发行"方式来实现，但如此便抛弃了互联网众筹的核心优势，同时存在对合格投资者的高门槛要求，从而将普通中小投资者排除在外，与推进普惠金融的互联网金融理念背道而驰。

3. 欺诈发行证券罪

欺诈发行证券罪也是股权类众筹很可能触及的一种非法证券类犯罪。对于股权类众筹发起人而言，夸大公司未来股份价值和实际财务状况是很可能发生的情况。根据我国《刑法》第160条规定：在招股说明书、认股书、公司、企业债券募集办法中隐瞒重要事实或者编造重大虚假内容，发行股票或者公司、企业债券，数额巨大、后果严重或者有其他严重情节的，处五年以下有期徒刑或者拘役，并处或者单处非法募集资金金额百分之一以上百分之五以下罚金。

4. 虚假广告犯罪

对于众筹平台，如果其在应知或明知众筹项目存在虚假或扩大宣传的行为时，仍然予以发布，并且造成严重后果，达到了刑事立案标准，则涉嫌虚假广告犯罪；如果尚未达到刑事立案标准，则涉嫌虚假广告行政违法。金融产品营销过程中的虚假或不实宣传现象一直存在，无论是受到监管的传统金融机构，还是互联网金融平台机构，都不同程度地存在过度宣传收益率而风险揭示不足的问题，因此众筹平台需要对其发布的项目把好第一道审核关。

5. 集资诈骗可能

股权和债权类众筹本质都是向公众融资，因此经营上稍有不慎就会出现越界，就有可能触犯非法集资的法律红线。例如，众筹平台在无明确投资项目的情况下，事先归集投资者资金形成资金池，然后公开宣传、吸引项目上线，再对项目进行投资；又或通过发布虚假融资标的完成融资后失联、跑路等，都涉嫌非法集资诈骗罪。

（四）出资人的利益不保证

1. 信任危机

根据我国相关法律政策，目前投资者采取有限合作制企业模式以及股份代持模式，这两种模式的初衷都是为了规避风险。但是与上面两种投资模式不同的是，网络众筹是通过网络平台进行的筹资，出资人相互并不认识，因此在这种情况下很难建立起相互之间的信任。例如，将区块链应用于众筹过程中，证据存取环节时应当考虑到上链数据的可信性。如果数据在初始上链时就是伪造的，那么之后无论如何验证都是无用的。

2. 安全性

在网络众筹中，筹资者与投资者之间也会存在信息不对称、道德风险等各种问题。一旦投资者处于信息收集的被动地位，那么就可能会出现投资者的逆向选择，在这种情况下投资者的正当利益就会受到侵害。尤其是数字众筹，由于区块链的去中心化和匿名性，很难追寻平台上具体实施特定违法行为的个人，尤其是涉及海外交易时，追踪的准确性大幅降低，监管难度加大。因此，为了更好地解决这个问题，众筹平台需全面收集利益相关者的信息，并做好双方之间的信息平衡工作，保护每一方的正当权益。

3. 知情和监督权

投资人一旦与筹资者签订投资协议，那就意味着双方合作关系确立，投资人就拥有了行使股东职责的权利，就拥有了资金使用情况、公司运营情况等相关财务信息的知情权。虽然根据相关行业规定众筹平台也需监督资金使用情况，然而在实际操作中，由于投资者比较分散，且众筹平台的网络性特点决定了众筹平台只能对整个资金链行使非常有限的监管职能，投资人即使知道了筹资者未根据项目策划书的计划使用资金，也无法及时、准确地采用合理措施予以制止。

(五) 众筹平台的技术漏洞

数字众筹平台的基础是信息技术和网络，因此安全漏洞问题在所难免，并且目前为止仍没有有效防范"黑客"的办法。因此，网站的技术是否安全，防控技术是否成熟，都是目前数字众筹平台亟须解决的关键问题。一旦投资者在进行投资时遭遇钓鱼网站，或者资金被窃取、用户信息被泄露，这些都将会给投资者带来不可估量的损失。特别是随着货币数字化的快速发展，技术风险更是直线上升。而且现下众筹平台信息生态自我净化能力失调，众筹平台往往因时间精力成本高而无意卷入信息净化，平台方在"效率大过公平"的运营导向中无暇净化信息，监管方因传统治理手段失效无力净化信息，最终造成平台信息环境对信息群体骗捐诈捐行为的约束乏力。如何有效防范安全漏洞，并加强监管，已成为规避网络风险的重点和关键点。

第七节　众筹的风险与法律问题

一　众筹面临的风险挑战

(一) 众筹机制不完善

传统的商品预售中，交易双方受到合同法、消费者权益保护法等法律法规保护，一旦无法交付产品，或者交付产品有缺陷，消费者均能通过法律途径维护自己的权益；而在商品众筹中，一旦出现违约、未定期交付产品或者未实现投资者的实物回报，投资人如何挽回损失一直是一个难题。因为商品众筹的投资兼具资助性质，对投资人权益的保护目前仍处于模糊状态。为了发挥众筹模式在降低筹资成本方面的优势以及发挥投资人的积极性，促进创业者的创新动力，众筹平台需要进一步完善相应机制。

(二) 项目执行风险

项目延误或失败是众筹平台上最容易出现的问题，但是项目延误或失败的具体原因却难以判断。由于技术、工艺、经验等客观因素导致的项目延误或项目失败对于投资者而言是可以接受的。但是由于筹资人自身主观原因导致项目延误、失败或者交付瑕疵产品对于投资人而言是难以接受的，一旦没有合理的退出机制、退款手段、退货权利，投资人的损失只会加剧。众筹平台缺乏对项目筹资人的管理监督体制，无法保证筹资项目的开展实施以及筹集资金的合理利用，这都加剧了投资者面临的风险以及由此引发的道德风险。

（三）众筹平台的管理风险

众筹平台收益主要来源于众筹筹资成功的项目，这使得众筹平台有理由降低准入条件，让更多项目进入平台募集资金。众筹作为信息中介，缺乏对众筹平台在信息掌握、核实、披露方面的管理机制，势必造成投资人、众筹平台及筹资人三方之间的信息不对称，这也就滋生了众筹平台的道德风险。众筹平台是基于投资人及融资人双方需求发展起来的，约束和管理都属于自发阶段，缺乏一套管理其运作的细则，限制其基本商业模式，并对众筹平台个人投资项目的标准进行规定，避免众筹平台出现无视道德风险的利己行为。

（四）投资者维权的风险

众筹融资模式下，投资者的损失难以认定，举证、追债都比较困难，造成投资者有维权难、维权贵的风险。由于众筹融资模式缺乏一系列程序、规定，众筹融资体制、流程不健全、不完善，融资人和投资人都面临着诈骗风险。筹资人可能出于主观恶意伪造各种材料、虚假身份，一旦诈骗成功，资金到手，投资者很难追回损失。

（五）信息安全风险

数据是互联网金融建模的基础，是描述用户的关键，如果数据层面出现偏差，再好的建模工具也无能为力。首先，即使选择了合适的数据，如何保证这些数据的真实性、准确性、一致性也存在一定的风险；其次，数据随时在更新、算法也随时在改变，众筹融资从产品设计开始就在网络中进行。众筹平台并不都拥有银行级别的安全网络，如若众筹平台的业务系统被破解，数据被篡改，其造成的损失和危害也远远大于普通的融资产品。投资者遭受损失风险的概率也大大增加。

（六）电子合约的法律风险

对于网络众筹来说，投资人与筹资者所签订的电子合约，存在如下风险：一是筹资者到期无法偿还资金，或者筹资者将投资人的相关信息泄露出去，都需承担被起诉风险；二是投资人无法根据合约来兑现投资金额。当前我国与数字金融有关的法律仍不完善，因此有关法律界定仍不清晰，如合同双方是否拥有完全民事行为能力、失去完全民事行为能力的自然人如未经监护人同意所签订的电子合同是否有效及如何认定、用他人身份证签订的电子合约是否有效等，此类问题目前法律尚未有明确规定，因此一旦出现此类风险，不论是投资人还是筹资者都将面临法律风险。为了使网络众筹拥有一个更加规范的发展环境，目前我国法律界应立足我国实际，推动相关法律条文的制定和出台。

（七）资金的流动性风险

流动的风险较大。主要指的是企业自身潜在的清偿能力，在资金无法及时补充或者成本应对资产增产以及支付到期债务方面，存在一定的风险。股权众筹中的流动性风险相对较大，主要分为两个原因，一是在股权众筹中，单个项目的融资额度相对较小，且在项目和项目之间存在着相对独立性和异质性，在对股权的定价方面会产生较高的经济成本。二是企业中，股权众筹在成熟的二级市场方面尚未成形。融资企业自身的经营风险也相对较大，股权凭证很难作为抵押物品，来当作实物资产进行银行抵押贷款的资金获取。

二　数字众筹风险控制

（一）重新斟酌《刑法》中非法集资

在当前数字金融领域飞速发展、股权众筹有待成熟的背景下，应该对非法集资的犯罪行为所出现的新情况重新加以把控，这样才能沉着高效地面对新时期所带来的一系列挑战。非法集资的违法行为真正要保护的法律权益是国内金融管理机制与社会大众、法人代表的合法财产，只有在尚未损害此法律权益的前提下，使用有效方式进行筹资的行为都应被纳入合法范围中。股权众筹通过企业，在相对较为公正的平台中进行筹资，其中门户所筹到的所有款项用来从事制造经营并非充值资本再生类投资，不应将其视为非法行为。

（二）进一步明确股权众筹权利范围

股权众筹系统在其各个环节中不仅扮演了满足投资方与融资方需求的中间角色，同时，针对交易中出现的相关重要信息也扮演着维护人员的角色，因此，可以说股权众筹系统有义务并且必须要有一定的能力去承担更多责任。

有许多众筹平台忽视了自身义务以及投资与融资方无视自身权利的情况，需要监管部门对此加以管理，并尽快颁发相关法律规定，明确各主体对象的权利与义务，同时也要进一步加强正确的引导与教育。

（三）重视并积极开展金融普及教育

项目投资者与主办方开展教育培训，主要目的是能为项目的主办方开发提供有效的培训与咨询，为投资者在挑选与比较项目的过程中提供有利参考，帮助其加强对众筹市场的了解与肯定，为项目主办方或投资者提供良好的互动机会。同时积极拓展市场，加强广大社会群众对众筹的认知。例如，用演唱会的方式进行众筹，能引起较大规模的粉丝效应，这种方式在某种程度上，属于一种见效极快的可行性方法。

（四）试行主权区块链

主权区块链在区块链的基础上突出了法律规制，是法律规制下的技术之治，主权区块链实现了技术之治与制度之治的有效融合，是新技术环境下实现互联网全球治理的有效工具。基于主权区块链的众筹融资模式受益于主权监管的优势，在确定的监管框架下，融资项目受到监管，按照法律法规、行政规章的要求，合法合规地进行 ICO 融资，投资者权益可以得到一定程度的保障。

2020 年 7 月 7 日，中国证监会发布《关于原则同意北京、上海、江苏、浙江、深圳等 5 家区域性股权市场开展区块链建设试点工作的函》9月 9 日，学习强国南京学习平台披露江苏区域性股权市场区块链业务平台成功与证监会监管区块链连通，成为全国 5 家试点单位中首个实现与中国证监会监管链连通的试点单位。

本章小结

数字众筹结合数字平台、大数据、区块链技术使用成为一种全新的分配通路，可以帮助企业筹集资金，打破原先买卖交易双方时空因素的限制，直接在互联网融资平台上，由项目发起人向大众展示自己的创意或产品。同时，投资人也可以向融资企业预购创意产品，以降低双方的交易成本和产品价格。

本章从数字众筹的兴起、数字众筹兴起的基础、数字众筹的主要划分、数字众筹项目的运行机理、众筹行业的发展状况及发展风险等方面详细地介绍了众筹融资，特别是数字众筹模式下的股权融资模式，正成为刺激我国经济增长和创新创业的巨大动力。

数字众筹模式在我国发展时间并不太长，在发展中，也还存在监管不健全、知识产权易受侵犯、筹资运作不合理等问题，但由于其对于中小企业融资和消除信息不对称的强大内生动力，数字众筹的发展不会停止，未来众筹平台也定将解决这些问题。

资料拓展

美国 Kickstarter 网站

在美国，众筹具有明晰的定义，相应的监管部门发挥巨大的作用。对于借助数字科技开展融资业务的众筹平台，其合法性在 2012 年通过的 JOBS 法案中得以明确，JOBS 法案也填补了美国股权众筹的监管空白，确立了股权众筹的合法地位，规定投资者可获得项目股权作为众筹支持回报，在很大程度上改善了中小企业融资的便利程度，维护了投资者的利益。JOBS 法案的总体原则是放松了对小微企业的融资限制，给小微企业留出了更多的空间和余地。Kickstarter 网站虽然不涉及股权融资的业务，但其作为融资中介的作用得到了国家法律保护。

美国是世界众筹的领军者，在众筹发展迅速的美国，Kickstarter 网站是当前规模最大的众筹网站。截至 2015 年 1 月 1 日，网站众筹项目数量为 22252 个，参与人数 330000 人。已筹集超过 5 亿美元资金。网站项目以文化产业为主体，同时也包括技术融资的部分。在变成公益企业后，业务涉及慈善公益事业。众筹模式主要为回报型众筹。回报方式主要是实物和服务方式，但慈善事业的众筹无回报。网站官网首页按项目类别分类。当前美国 Kickstarter 的业务范围涉及美国、英国、加拿大。对成功的项目，Kickstarter 收取资金总额 5% 的佣金，支付第三方 Amazon 公司则收取资金总额的 3%—5%。在筹资过程中，资金由第三方托管平台——Amazon 公司监管，在筹资成功结束后，Amazon 公司根据 Kickstarter 网站的指示向发起人拨款，并直接在款项中扣除佣金。

众筹涉及四个主体，即项目发起人、投资人、Kickstarter 网站和 Amazon 公司。Kickstarter 审核项目，监督发起人是否违法，追踪整个筹资过程，筹集的资金由第三方支付平台 Amazon 公司监管，维护出资人利益。但项目发起人明确自己的权利义务后，拥有绝对的自主权，所以在事后监督上，如项目失败后如何退款等问题，Kickstarter 网站仍不完善。Kickstarter 的特殊性表现在其公司性质上。在 2014 年转变为 B Corporation，2015 年重组后更名为 Kickstarter 公益公司，成为公益性公司（PBC）。Kickstarter 实际上既是一个盈利实体，又是一个公益企业，盈利和追求股东价值最大化不再是 Kickstarter 的唯一目标和最终目标，利用私有企业的力量来创造公共利益、满足严格的环境和社会责任标准也成为 Kickstarter 经营的准则。重组成为公益性公司将会激活 Kickstarter 创造公共福利的力量，这是一个既可以保证收益，又不会偏离为创意项目众筹的公司使命的制度转变。对于公益性公司而言，利润也绝非业务的唯一目的。Kickstarter 明确承诺每年捐出 5% 的税后利润，一半用于在纽约市的低收入区进行儿童和青少年的艺术类培养活动；另一半资金将捐给 NGO，致力于消除不同人种和性别之间的不平等现象，为受到歧视的人群提供更多成功的机会。这一转变的公司立场能够吸引志同道合的人，特别是那些更关注整体使命而不是股票价值的人。作为一个 B Corp 以及公益性公司，Kickstarter 将自身置于一个非常高标准的透明度之中。

考研真题

1. 金融科技及监管建议。（中央财经大学，2020）
2. 金融体系的功能，互联网是颠覆金融还是提高金融？（中南财经政法大学，2018）
3. 为什么说金融科技活动制造了一些新的金融风险？（东北财经大学，2014）

第六章

数字货币

案例导入

2018年6月,姚某根据"球迷联盟"网站发布广告指引,通过购买以太币的形式参与境外 Xbrick.io 网站上 Octopaul(章鱼宝)项目的 OPC 数字货币公售活动。姚某随后以 3500 元的均价购买了 25 个以太币,并使用了其中的 22.2175 个以太币参与了 Octopaul 的数字货币 OPC 的"首轮公售"。2019 年 4 月 18 日,姚某发现已经无法正常登录"球迷联盟"网站,在感觉到被欺诈后,将北京球迷联盟科技有限公司告上石景山区法院,请求该公司返还本金。但法院驳回了原告的全部诉讼请求。相关法院均认为,中国人民银行、中央网信办、工业和信息化部、工商总局、银监会、证监会、保监会于 2017 年 9 月 4 日发布的《关于防范代币发行融资风险的公告》规定,数字货币虽然是我国法定货币,具有无限法偿性,但不具有与货币等同的法律地位,公告发布之日起不得买卖或作为中央对手方买卖代币或"数字货币"。同时该公告也提醒投资者,代币交易存在多重风险,投资者需自行承担投资风险,因双方买卖的标的物为数字货币,故案涉买卖合同应为无效合同。公民交易数字货币的行为虽系个人自由,但该行为在我国不受法律保护,交易造成的后果和引发的风险由投资者自行承担,故对于上述原告的诉请不予支持。

第一节 数字货币概述

在网络技术不断发展的时代,数字货币种类层出不穷。数字货币支付的需求正在增长，经济发展的需要促成了数字货币支付功能的改变、支付功能不断丰富，支付要求也在不断增加，支付数字货币的能力也在增加。数字货币不再像之前那样仅局限于小额支付，其支付能力在不断增强，功能也在日益完善。数字货币能有这样快速的发展主要得益于数字的开放性，其操作风险难以监测和控制也是由于数字的开放性。网络犯罪分子使用数字货币犯罪的情况屡见不鲜，计算机病毒和黑客经常破坏数字货币流通环境，甚至影响整个社交网络环境和社会经济秩序的正常运行。数字货币的发展对实体经济的影响变得越来越明显，为了指导网络经济健康、有序地发展，从理论上认识数字货币产生的影响，显得尤为重要。

一 数字货币的概念

数字货币，是指非真实的货币，但具有货币的属性，因此将数字货币、人民币等法定货币以电子化的形式流通货币称为电子货币。从银行对电子货币的定义看，数字货币的性质大致包含在电子货币中，即消费者向其发行者支付传统货币，而发行者把这些传统货币的相等价值以电子、磁力或光学形式存储在消费者持有的科技电子设备中，供消费者进行经济交易的一种等价媒介。

（一）广义概念

广义的数字货币是指高科技中代替实体货币流通的信息流或数据流，不仅包括电子货币，还包括使用区块链加密技术的虚拟货币。这一表述与巴塞尔委员会在其工作报告中分析大致相同：这种货币就是指在零售支付机制中，通过销售终端和不同的电子设备在公开网络上执行支付的储值（stored value）和预付（prepaid），如比特币以及央行发行的法定数字货币等。总体来看，广义的数字货币既包括支付宝、微信等第三方支付所用的货币，又包括使用银行卡进行交易时所用的货币，还包括我国央行最新推出并逐步试点的法定数字人民币。

（二）狭义概念

狭义的数字货币是指网络世界中使用的虚拟金钱，用于计算用户购买IT产品或使用网站各种增值服务的种类、数量和时间等的一种统计代码。狭义的数字货币具有支付功能，由各网络机构自行发行，不能实现现实价值，不能通过银行转账，没有形成统一的发行和管理规范，只能流通于特定网络世界。总的来看，狭义数字货币专指电子货币，包括第三方支付以及使用银行卡进行交易时所用的货币。本书所述数字货币专指狭义的数字货币，如 eBay 上的支付服务 PayPal、我国数字公司推出的腾讯 Q 币、新浪 U 币、盛大元宝、网易 POPO 币等。

二 数字货币的界定

（一）数字货币概念界定

关于数字货币的概念，国内外研究文献上的描述都容易让人模糊混淆，许多文献中将数字货币与电子货币、网络货币、虚拟货币等混为一谈。对数字货币概念的界定直接影响到数字货币分类，因此需要对数字货币进行一个准确的概念界定。国际结算银行将数字货币视为以分布式账簿技术为基础，使用分散化支付机制的虚拟货币；央行数字货币就是数字人民币，它自身就是货币而不只是一种付款方式。通常，以比特币为代表的数字货币是利用加密技术来进行流通的，易验证，这些基于区块链和相关技术支持的电子货币被称作加密货币。

（二）数字货币的分类

1. 泛数字货币

泛数字货币主要是一种积分形式，可抵扣相应现金。例如，集分宝，是由支付宝提供的积分服务，它可以作为现金使用，用途范围也非常广。其可以在支付宝合作网站使用，如在淘宝网、天猫商城等网站抵扣相应现金进行购物，同时还支持信用卡、交水电煤费用、兑换彩票或礼品甚至是捐款献爱心。

2. 服务币

服务币主要是指虚拟社区运营商为了鼓励用户之间进行资源共享而设立的一种数字货币。用户要想获得这种数字货币，必须按照虚拟社区的规则参与规定的虚拟社区活动。如豆瓣小豆，是豆瓣社区为了促进用户互动而设立的数字货币，除了系统的不定期奖励发放，用户还可以通过豆瓣社区创作优秀的作品来获得小豆，然后通过小豆换取折价券或代金券，去豆瓣合作的网站购买实体商品。

3. 游戏币

游戏币是虚拟社区发行的可以通过现实货币来购买的一种数字货币，购买后一般不能兑换回现实货币。通过游戏币可以在虚拟社区购买虚拟商品或服务，但一般不能购买实体商品或服务。如腾讯公司发行的 Q 币，可以用来购买虚拟商品或服务，又如 Amazon 为了刺激用户在其市场购买应用程序，进而激励 Android 开发者为其编写应用而推出亚马逊币（Amazon Coins），用户可以通过亚马逊币来购买 Kindle Fire 里的应用程序和道具。

4. 类货币

类货币是指没有发行主体，与现实货币有兑换汇率，用户既可以用现实货币来购买，也可将其出售换回现实货币的一种数字货币，既可以购买虚拟商品和服务，也可以购买实体商品和服务。如比特币（Bitcoin）和莱特币（Litecoin），没有特定的发行机构，都是 P2P 形式的数字货币，以一种点对点的计算机传输技术为基础通过大量计算产生。它是一种去中心化的支付系统。

（三）数字货币的特点

1. 无形性

数字货币是不依赖于物理载体的新型货币，而是具有传统货币多种职能的"观念化"货币，是在数字化技术高度发达的基础上产生的一种无形货币，是以电子方式存在的，可以使用手机、平板、计算机或互联网等技术在用户或实体之间传输数字货币，最成功和最广泛使用的数字货币形式是加密货币——比特币。某些情况可以使用数字货币购买商品和服务，但有时只能将数字货币用于特定目的，如社交网络或在线游戏。

2. 实际价值性

数字货币的背后存在真实的价值性，这种价值性来源于货币当局或者权威的金融机构。其价值性体现在以区块链为主的底层技术。根据分布式账本的框架和共识算法实现网络的安全并建立起信任机制，主要表现为技术价值和信用价值。技术价值采用分布式账本结构和共识机制，使整个交易过程达到降本增效的目的；信用价值使得该数字货币依靠庞大的资产储备作为背后的信用担保。比如，数字货币 Libra 就是由 Facebook 公司创造的，该加密数字货币也通过锚定政府债券和货币来获取更强大的信用支撑，形成信用价值。

3. 可交易性

数字货币可以与商品或者其他形式的资产进行自由交换，且数字货币的交换方式更为方便快捷，能够更好地发挥支付手段和流通手段的职能。数字货币交易的流程首先是投资者注册账户，并获得数字货币账户和美元或者其他外汇账户；其次，用户利用现金账户买卖数字货币，就像买卖股票和期货一样；再次，交易平台会将买入请求和卖出请求按照规则进行排序，排序后开始匹配，如果符合要求即成交；最后，根据用户提交买入卖出量之间的差异，一个买入或卖出请求可能部分被执行。

4. 可分割性

可分割性是指东西有可利用性或使金钱拥有可交易的价值。为了能够兑换不同价值的商品，金钱必须分割成更小的单位。传统货币受制于物理载体，无法满足低于单位币值的超小额支付，而数字货币具有无限的可分割优势，可以满足日常交易中的较小交易额，为了让数字货币能够成为日常生活中所使用的货币，必须推广它的实用性，因此数字货币的可分割性是非常重要的。

5. 可存储性

传统的纸币需要经过印制、发行、流通到销毁等一系列工作，在各个环节都需要采取合理的措施进行管理，因此在管理过程中需要消耗一定的管理成本。数字货币可以通过数字形式存储在使用者的各种设备中，满足使用者任意时间的存取、划转、支付以及查询等操作。数字货币利用的是计算机网络以及信息化技术，可以有效地降低其发行成本以及使用时的交易成本。相较而言，数字货币依托于计算机网络平台进行交易活动，可以有效地缩减各类成本。

（四）数字货币与法定货币的比较

1. 发行目的不同

数字货币的发行有利于央行的宏观调控，是一种有效的监管措施；而法定信用货币是国家法律规定、由代表国家的特殊机关即中央银行发行，是一种国家行为，目的在于保证国家货币体系、政策的完整与统一，法定货币的发行是为了便于流通，对市场的发展有好处。

2. 服务范围不同

数字货币服务于实体经济，交易系统是点对点的分布式记账数据库，具有天然的世界货币的性质，履行交换媒介的职能；而法定货币服务于现实世界，尽管二者的服务范围不同，但是可以通过数字货币和现实货币的兑换，服务于同一个领域。

3. 存在方式不同

由于数字货币是无形的，不可随身携带，只有在有网络接入的地方才可以使用数字货币进行支付交易活动；而法定货币是有形的，可以携带，不需要其他辅助设备就可以完成资金交割。

4. 法律效力不同

数字货币的法律效力没有明确，不具有法律地位，各机构在数字货币运营中的法律地位、权利义务需要法律或法规进一步明确，以保障稳健运营；而法定货币由国家法律规定任何人或组织不能拒绝接受，具有特殊的法律地位，具有一定的权威性与支付保障。

5. 商品属性不同

数字货币只是作为等价物的特殊商品（如历史上使用过的贝壳、贵重金属等），而非一般等价物，数字货币的商品属性大于它的货币属性，在一定范围内它是具有交换功能的特殊商品；法定货币的属性主要是价值尺度、流动手段、贮藏手段、支付手段、世界货币。

6. 货币发行总量不同

数字货币由开发者发行和管理，被特定虚拟社区的成员所接受和使用，为数字货币市场提供一个安全健康的环境；法定货币一般由各国中央银行发行，货币总量由中央银行决定，其他机构不可私自发行。

7. 发行依据和主体身份不同

数字货币以企业的商业信用为保障，在小范围内流通使用，不具有可逆转性和重复使用性；法定货币以法律和国家信用为保障，在一国主权管辖范围内强制自由流通，不受使用范围和流通方向的限制。

三 数字货币的发展

（一）数字货币的产生和发展

1. 数字货币的产生

（1）数字技术的发展。1946 年，世界上第一台通用计算机 ENIAC 在美国宾夕法尼亚大学诞生。伴随着计算机的诞生，1969 年数字开始产生。数字技术最初是用于军事领域，后来随着网络协议和相关硬件软件产品的发展，逐渐向商用和民用领域扩展。20 世纪 90 年代起，数字技术逐渐进入人们的日常生活之中。数字技术为人们提供了大量交流和沟通场所，给人们的生产生活带来了便利。正是由于数字信息传播速度快、效率高、不受时间的限制等优势，使得它的发展速度超过了其他行业的发展速度，成为世界上发展最快的行业。

（2）数字市场的形成。数字技术的发展衍生出一个新的市场，这个市场就是与实体市场相对立的数字市场。数字市场的出现丰富了人们的经济生活，为人类进行物质交换带来了极大的便利。通过数字市场，消费者可以及时得到物质交换信息，生产者或商家应及时转变生产理念，更好地为消费者服务。数字市场凭借着自身的优势不断侵蚀着实体市场，更多的生产者看到这一优势，不断扩大自己在数字市场的市场份额，以适应信息时代的高速发展。

（3）数字货币的产生。数字货币的本质和通用货币并无区别，但是数字货币是数字经济发展到一定阶段的必然结果。戈兹曼与罗文霍斯特合著的《价值起源》（2010 年）中，提出了货币创新必须遵循三个基本因素，一是时间上的价值转移，二是将来的意外成果达成协议，三是价值的可转让。数字货币是数字经济的血液，日本近代的启蒙思想家福泽谕吉在《西洋事情》（1866 年）中写道："繁荣的金币，可以为世界带来便利。"在《货币冷战》（2020 年）一书中，Birch 认为现行的货币系统的运行，其实质是基于政治、经济和技术方面的暂时协议。随着分布式网络技术的不断成熟和密码学的发展，世界各国都在大力推进"无现金社会"，扩大其金融霸主地位。

2. 数字货币的发展

近几年，分布式网络技术与密码理论的不断发展与完善为数字货币的诞生创造了有利的条件。比起纸币,数字货币的效率要高得多,它可以在不借助第三方金融机构的情况下,对世界各地的经济活动进行更准确、更快捷的测量。因此,在一些国家的金融霸权政策的影响下,各国的金融政策制定者对"无现金社会"的推进也越来越活跃。因此,在政治、经济等方面,科技与金融为数字货币提供了无限的发展机会与可能性。

(1) 国内外发展现状。国内最早的数字货币出现于21世纪初。近年来数字货币市场以20%的年增长率快速增长,其中最具代表性的数字货币为腾讯公司的Q币。该币主要是为了购买腾讯公司自己提供的虚拟商品及服务,但随着业务的扩展,该数字货币也可以购买其他厂商的产品,其与人民币的兑换比率固定为1:1,其他中国网络巨头也纷纷设计发行自己的数字货币。据此可以看出,国内数字货币特点为:原始获取只能通过人民币购得;可以随时随地自由买卖;可以通过第三方平台实现数字货币与人民币的自由兑换,但一般为固定比例。

(2) 国际发展现状。国际上讨论比较多的数字货币是比特币。比特币是由日裔美国人中本聪(Satoshi Nakamoto)提出的,其核心思想在于弱化现有货币体系,实现去中心化。它与大部分数字货币不同,其完全依赖于网络协议,通过特定算法产生。获取比特币的方式有挖矿、平台购买以及接受比特币支付三种,当前最主要的渠道是直接购买。交易活动没有第三方参与,直接通过类似收发邮件的方式进行转账,几乎没有交易成本。国外的数字货币发展进程更快。但总体来看,数字货币发展迅速,参与人数、交易规模已达到一定层次。同时随着法律、经济环境的改善,数字货币已经逐步向实体经济和金融领域渗透。

四 数字货币的演进趋势

(一) 稳定币

在2019年,Libra的推出引起了关于稳定币和数字货币价值的激烈争论。虽然本质上,这些货币的基本锚最终都是以美元为基础的,但是其实施机制却存在着巨大的差异。同时链下按揭和链上按揭等方式,都需要通过中心按揭方式来实现对数字货币和按揭资产的连接。市场实践证明,两种货币与抵押物脱钩都是最大的风险。算法式机制摒弃了按揭方式，通过供求关系调整来稳定数字货币的货币信用和价格，这在某种意义上解决了按揭式稳定币的问题。算法稳定货币是目前稳定货币发展的主要趋势。如何在纪元时间与锁定时间、代币基数调整机制、供求关系判断、货币价值评估、价值信息传递和算法套利等方面进行优化，从而使货币的定价偏差和市场投机性降低值得深入研究。

（二）量子货币

近年来，随着量子计算机和量子通信技术的迅速发展，人们对其进行了大量的研究，已对以区块链为基础的数字货币系统构成实质性的威胁以及深远的影响。当前，大部分数字货币的安全问题都是基于单方向的难题，传统的计算机很难有效地解决基于密码学的问题，基于 SHA – 256、RSA 和椭圆曲线加密等数字货币实现了安全分发、交易和验证。但是，量子计算机独特的并行运算能力将减少对这些加密算法的攻击难度，甚至减半，就是后量子时代数字货币诞生的原因。随着数字货币的研究和应用，量子货币的发展必然会成为一个新的趋势。

五　数字货币的外部性影响

（一）实现跨网站流通

在数字货币发展初期，各大网站都开始创造属于自己的专属货币，并形成了一套兑换、支付的完整流程。在此过程中，网站的主要职责便是维护数字货币的实际价值，将其与劳务、商品挂钩，实现用户和用户之间的沟通和交流，并为各玩家之间的物品交换搭建桥梁。另外，网站需对数字网络货币的数量进行限制，一般会采取收费的方式避免出现炒作和货币膨胀问题。在未来发展中，会逐渐消除各网站之间的限制和隔阂，实现跨领域交流，为广大用户提供需求，减少成本。例如，百度货币就先后与 20 余家公司签订了合作协议，并规定消费者可通过网易点卡支付费用，从而解决数字货币流通问题。

（二）促进服务行业发展

数字货币的出现，开辟了网络支付的新时代，现已成为一种便捷、高效的支付方式，其对网络服务及商品流通的快速发展，具有至关重要的作用。通过数字货币交易，各类网络信息商品的流通、生产、制造将变得更加便利，并具有保障性。例如，付费区内容、付费下载等便是通过数字货币来实现的在线销售，其可持续发展为网络信息服务或商品开辟了一条更加广阔的市场道路，从而使各类开发商、供应商不断涌现，为信息产业的多样化提供保障。

（三）推动新型支付手段创新

数字货币是商品也是货币，它的出现开创了我国电子支付的新时代，是在现金和信用卡之后迅速发展起来的一种新型支付方式，具有便捷、高效、可靠等优势。随着科学技术的不断发展以及人们生活水平的提高，数字货币的应用范围越来越广阔，在此过程中，国家应加强对数字货币的规范和监管，保证其长久稳定发展。与信用卡、现金相比，数字货币优势突出，不仅体现在其自身的交易属性，更体现在其产生于网络技术、信息技术快速发展的新时代，融合了各类先进技术，具有较强的竞争优势。

第二节 数字货币的性质

数字货币是一种以节点网络为基础，采用数字加密算法实现的虚拟货币。数字货币的核心特性表现突出，一是由于其来源于特定的公开算法，其发行对象是无人可控的；二是因为计算出解的数目是一定的，因此，数字货币的总量是固定的，从而杜绝了大量的虚拟货币造成的通胀；三是数字货币的交易流程非常安全，因为它要求所有的节点都同意。

一 判断货币标准

主流经济学把充当交易媒介的东西视为货币，并把那些容易转换成交易媒介的东西也当成货币或准货币。在此，我们对于货币的判定标准也是从交易媒介的角度设定的。交易媒介的一个必要条件是：在运行过程中其数量不发生变化。因此数量发生变化的运行过程肯定不具有货币性质。交易媒介的充分必要条件是：一个经济主体不仅可以在销售商品时接受它，还可以用它向非货币发行商购买其所需要的商品。如果某一个东西，只在销售商品时接受，而在这个经济主体购买商品或生产要素时并不使用，那么这个东西就只是单向支付工具而不是交易媒介。

对于支付工具来说，从支付方向看，可以分为单向性支付工具与双向性支付工具。单向性支付工具是指供应者销售商品时所收到的支付工具不能用于购买其所需要的生产投入或者其他商品，如网络企业在销售网络虚拟商品时接受Q币后，不能用Q币购买生产投入要素。双向性支付工具是指供应者销售商品时所收到的支付工具可以用于购买生产要素投入或者在同一经济系统中购买其所需要的其他商品。只有双向性支付工具才是交易媒介，从而具有货币性质，而单向性支付工具不是交易媒介，不具有货币性质。从支付范围上看，可以分为全局性支付工具与局部性支付工具。全局性支付工具能够在一个国家或社会内购买所有商品，局部性支付工具则只能在有限范围内购买指定商品。如果将交易媒介视为货币，则根据其支付范围可划分为全局性货币与局部性货币。

二 特殊数字货币的性质

（一）不可赎回法币预付充值型数字货币的性质

1. 非货币性

只具有发行过程与回收过程的不可赎回法币预付充值型数字货币不是货币，因为数字货币的发行者也是最终接受者，他不可能将自己发行的数字货币用于购买其所需要的生产要素，不满足作为交易媒介的充要条件。它们只具有单向支付功能和有限支付功能，只是局部性单向支付工具，其本质类似于提货凭证。数字货币作为非发行商收费手段也不是货币，下面以Q币为例进行分析。目前Q币能够购买很多公司的虚拟商品，这很容易被人们视为其具有货币性质。但是仔细分析其运行机制，我们认为其并非货币。非腾讯公司在销售商品时接受Q币，但是却不能用Q币购买其所需要的生产要素，网站企业的投入要素仍然是用人民币购买的，因此Q币不满足我们前面设定的交易媒介标准，Q币在借币收费模式中并不是交易媒介，因而不是货币。按照法律规定，对于其他接受Q币的网站而言，其利润的最终表现形式必须是法币。

2. 货币性转化

当其他网站企业销售其网络商品获得Q币时，它们有两种手段将其换成人民币。

（1）协议性借币收费模式下，非腾讯网站企业通过与腾讯公司的合作协议，用其持有的Q币向腾讯公司要求兑换人民币。这种情况只是Q

币作为预支付机制与提货凭证，其结算范围扩大到了与腾讯公司有合作关系的网站企业。其他合作网站销售商品所得 Q 币要求腾讯公司兑换法币，正是 Q 币的回收过程。Q 币购买其他网站商品与直接购买腾讯公司商品相比，多了一个交易环节，但是这个交易环节的 Q 币接受方（即非腾讯公司的其他网站企业）接受 Q 币的目的只是计量销售收入以便向腾讯公司这个结算中心分得人民币，而不是用于购买生产要素投入或其他商品，因而 Q 币在此过程中不充当交易媒介，不是货币。

（2）非协议性借币收费模式下，非腾讯网站企业把销售网络商品所获得的 Q 币再销售给普通网络用户，以取得人民币而形成最终的收入并计算利润。在这种非协议性借币收费模式中，非腾讯网站企业仍然只能是在销售其生产的网络商品时接受 Q 币，但是它们并不能在购买生产要素时使用 Q 币。这个过程中的 Q 币仍然只是一种单向支付工具而不具有交易媒介的特征。协议性借币收费模式与非协议性借币收费模式的区别在于前者包括了数字货币的回收过程，而后者不包括回收过程。

（二）可赎回的法币预付充值型数字货币的性质

美国出现了可赎回法币预付充值型数字货币，即林登公司设计运营的网络游戏"第二人生"中的交易媒介——"林登币"。"林登币"不能直接购买"第二人生"游戏环境以外的商品，从这一点看，林登币与美元不同，不是全局性货币。但是林登币在"第二人生"中充当了游戏者之间虚拟商品交易的媒介，可以说是一种局部性货币。同时，"第二人生"的用户可以持林登币随时向林登公司或第三方交易平台赎回美元，兑换比率按照市场供求浮动。因此，林登币的媒介范围较广，其货币性介于全局性货币与局部性货币之间。目前国内数字货币发行商还没有发行可赎回人民币的预付充值型数字货币。

（三）信用信息型数字货币的性质

股票是最典型的信用信息型数字货币，其本质是虚拟的一种具有个人化特点的数字货币。股票市场、衍生金融工具市场，构成了一个规模庞大而且统一的数字货币市场，它们不仅有实体业务作为基础，而且有广泛的信托业务、保险业务等信息服务作为支撑。所谓统一市场是指这一市场作为一个整体，可以同货币市场在国民收入的整体水平上进行交换。从历史看，只有当货币形成统一市场，即国民经济的主体都实现货币化时，货币量和利率对国民经济的调节才起作用。这个道理对虚拟经济也一样。这个问题不无争议，如今虚拟经济的规模，虽然已经大于实体经济，但实体经济中毕竟还有很大一部分没有进入这个统一市场。游戏币与股票比较，它在这方面的进展还差得远，只有经过娱乐产业化和产业娱乐化两个阶段，才有可能达到统一市场的水平。

二　数字货币的功能

根据传统经济学理论，在发达的商品经济中，货币指的是充当一般等价物的特殊商品；而在当今信用经济体系下，货币则是一种国家强制流通的、无价值的信用货币。特别值得一提的是，这里用的是"类货币"而非"准货币"，是因为网币仅仅是在虚拟世界的局部出现了某些类似货币的职能。因此，尚且还不能称为准货币。数字货币作为一种等价物而产生，自然有其现实需要。数字货币发行成本低、交易便捷、不受传统银行体系的控制，它能吸引网络消费者、促进网络交易和消费、繁荣网络经济。

（一）价值尺度功能

价值尺度职能是指货币充当衡量商品所包含价值大小的社会尺度。这个"尺度"的单位就是一国货币的单位，而具体数字则表现为商品的价格。法定数字货币是由中央银行发行的采用特定数字密码技术实现的货币形态。与实物法币相比，数字法币变的是技术形态，不变的是价值内涵。与法定人民币一样具有价值尺度职能。比如，很多网站所提供的增值服务以及几乎所有的虚拟商品都以该网站发行的网币来标价。其不同于现实世界的是，被衡量的商品仅限于虚拟商品，所谓的"尺度"也并非全社会的，而是以网络公司为单位的局部领域，货币的单位不是"元、角、分"而是"个"。

（二）流通手段功能

流通手段职能是指货币充当商品交换的媒介，是一种现实的货币。数字上的虚拟财富通常是以网币来购买的，这也正是网币诞生的缘由。网币在执行该职能时，其流程遵循两种模式。一是人民币—网币模式，购买相应商品和服务后即消失，这种模式主要出现在一般性的网络增值业务消费中；二是人民币—网币—虚拟的商品和服务—网币—人民币模式，这种模式主要出现在带有赌博性质的网游业务中。对上述两种流通模式进行总结，我们不难发现，网币其实无法单独行使流通手段职能，它只是人民币在虚拟世界的"代金券"，与其说是流通手段，不如说是支付中介。同时，在带有赌博性质的网游业务中，网币行使该职能时具有向人民币自回归的特点，即"从人民币中来，到人民币中去"，这正体现了网币作为一种"货币"在行使流通手段职能上的不完整性。特别值得一提的是，虽然网币已经具备了部分交易媒介的功能，但是，它只能用于购买网络游戏运营商自身提供的网络游戏等虚拟产品和服务，不能用于购买其他运营商提供的虚拟产品以及现实中的实物产品。

（三）小额支付功能

数字货币是数字微支付方式的创新，数字货币支付是基于一个完全开放的系统平台运作，能够在全球范围进行支付，不受时间、区域的限制。数字货币产品和服务消费的主要特点是交易远程化、价值小、消费频率高、消费群体庞大且以年轻人为主，而现有的以银行等金融机构为主体的支付系统难以满足网上交易的需求，具体体现在以下五个方面。

1. 交易风险大

由于目前支付文化和网上支付安全等问题，网络交易是一种不谋面的远程交易活动，导致人们使用银行卡时小心翼翼、疑虑重重，限制了目前主要的银行信用类支付工具在数字上的普遍使用。

2. 支付频率高

数字货币产品和服务交易频率非常高，相应地，支付频率也非常高，需要24小时的支付动态性支持。相比于网上信息流动的速度和效率而言，网下支付效率与网上交易的实效性不相匹配。

3. 支付成本高

现有支付方式的支付成本相对比较高，如信用卡支付成本包括可观的手续费、汇兑手续费等。数字货币通过互联网绕开传统银行体系与国家边界的资金流动障碍，资金划拨与支付仅承担少量的费用，潜在地为商家与客户节省手续费。以比特币跨境支付为例，发送比特币只需要支付0.001个比特币（折合人民币仅需几毛钱），而使用Visa、Master等则只需要支付总金额5%—8%的高额手续费。

4. 跨境支付困难

由于数字跨越时空的特性，数字货币有时需要跨行或跨地区，甚至跨越国界支付，现有支付方式通常支付周期长、实时性差、结算效率低。而数字货币支付不受时间、区域、金额的限制，能够实时完成跨国贸易和跨境支付，显示出其在跨境支付上的优越性。

5. 受众群体有限

网上虚拟产品和服务的消费者大多是年轻人（包括未成年人），其中很大一部分是年轻学生，他们经济能力有限，可能没有信用卡，甚至没有银行账户，难以使用现有支付方式进行网络消费。上述表明，适应传统经济的支付模式和支付手段难以适应数字虚拟产品和服务的特点，不能满足其对支付成本和效率的要求。

（四）开辟个人所得税源

2008年10月30日后，国内个人通过网络收购玩家的虚拟货币，加价后向他人出售而取得的收入，必须缴纳个人所得税。2008年10月29日，国家税务总局就此公布了《关于个人通过网络买卖虚拟货币取得收入征收个人所得税问题的批复》。针对北京市地方税务局《关于个人通过网络销售虚拟货币取得收入计征个人所得税问题的请示》，国家税务总局明确规定，个人通过网络收购玩家的虚拟货币，加价后向他人出售取得的收入，属于个人所得税应税所得，应按照"财产转让所得"项目计算缴纳个人所得税。国家税务总局同时强调，个人销售虚拟货币的财产原值，为其收购网络数字货币所支付的价款和相关税费。对于个人不能提供有关财产原值凭证的，由主管税务机关核定其财产原值。按照"财产转让所得"项目计算缴纳个人所得税的税率固定为20%，北京地税还将出台核定个人销售虚拟货币财产原值的相关办法。

第三节 数字货币的风险

一、法律风险

就整个社会经济系统而言，如果没有具体的法律制约，或者相关制度还未得到完善，数字货币一旦出现问题，或者从中出现了违法乱纪行为，就不能很好地利用有效制度进行解决。假如某个平台运营商在合法履约期间，正常开放服务器，不管他在中途是由于故意中止了运营还是经营不善，只要这个平台的用户表明自己并未主动抛弃他所持有的虚拟财产，并向平台提出必须赔偿他在这个过程中造成的损失，那么法律就会对这名用户给予支持，作为这个平台的虚拟货币发行人或者运营商就必须承担相应的法律责任。这对于运营商或者虚拟货币的发行人来说，就构成了一种法律风险。而对于网络平台持有数字货币用户来说，如果由于网络被黑客攻击导致持有的虚拟货币被盗窃，或者平台发行商恶意删除了用户在平台上所持有的虚拟货币，在法律上又很难取得相关的证据，这也会导致用户蒙受经济损失。如果我国数字货币依然没有相关法律制度的管制和约束，无疑会给犯罪分子增加金融犯罪的可乘之机，也无法对从事相关平台的发行商、投资人或者用户给予很好的法律保护。

二 交易风险

通常我们所知道的数字货币都是在网络中进行交易的，如果由于不完善的网络平台功能，致使用户之间的交易存在一定的风险，那么对于数字货币的参与者都可能遭受重大损失。在不受监管的情况下，网络交易平台可以通过频繁交易或者高额资金的运转，对虚拟平台的价格进行控制。如果价格波动较大，对虚拟货币的投资者将会造成巨大冲击。例如，每隔4年都会出现一次的"比特币减半"现象，2020年5月10日，比特币价格从9500美元滑铁卢般下滑，而中间仅仅是经过了30分钟，价格差最大的一次达到1400美元[①]。而比特币价格的暴跌，不仅导致比特币的投资者产生重大损失，另外那些客户参与了此次数字货币交易，也将损失惨重。不仅如此，随着比特币减半事件的发生，这类数字货币容易被过度炒作，紊乱整个经济市场。严重的还会造成国内外交易平台的价格差异显著，从而侵害金融消费者的利益。

三 流通性风险

一是在货币演化的漫长历程中，纸币现金的观念被广泛接受和认可，

---

① 数据来源：《中国数字货币行业竞争格局与未来投资战略分析报告（2020—2025）》，https://www.chinairn.com/news/20200511/111400845.shtml。

数字货币的使用存在迁移成本。发行初期，市场主体接受度较低，个人需学习使用新系统、掌握相关技术操作，商家需增加投入整合新老系统。二是虽然互联网和智能手机等移动终端设备使用者数量已经快速增加，但我国地区发展差异较大，仍有大量边远地区的公众缺少数字货币运用载体。三是央行发行数字货币后仍面临着配套建设的重任。若因缺乏各种数字货币应用场景导致难以展开交易，公众将更倾向于传统支付方式，从而导致数字货币持有量下降。而且一种货币要想在全社会实现广泛流通，被公众普遍接受，那么货币的价值就不能发生剧烈波动，这样才具有说服力。但数字货币极不稳定的价格波动将会增加虚拟货币运行的复杂性和风险性，并不利于货币的流通交易。一方面，由于流通性不足造成的风险，会导致那些货币持有者面临经济损失；另一方面，一旦参与者财产的安全性无法得到保障，他们就会降低对虚拟货币的信任度，这将反过来进一步阻碍虚拟货币的流通。

四 发行人的破产风险

当前，中国在对数字货币的监管还处于起步阶段，在对虚拟财产的管理上也不够完善。网络运营商以网络数字货币持有人的形式按照合同条款和费用来消费付款，一旦网络公司破产，数字货币的持有者将不再信任发行公司，一旦数字货币持有者的合法权益不能得到保证，就可能会导致经济损失。数字货币持有者使用数字货币是出于对发行者经营数字货币的长久性、发行者对数字货币的购买力保证、发行者对其持有的已售数字货币绑定的预收款项的有效使用为前提条件。一方面，如果数字货币绑定了人民币，持有者对发行者经营数字货币的长久性缺乏信心，便会抛售数字货币。若发行者对这种抛售行为缺乏控制能力，可能导致发行者的数字货币失去购买力，诱发信用危机，最终导致发行者破产。另一方面，当持有者借助于数字货币发行者提供的回兑服务换回人民币时，一旦回兑所需资金超出了发行者承受的范围，发行者在短时间内无法筹集到足够的流动资金，资金链断裂很可能诱发挤兑，形成巨大的资金风险，一旦资金风险爆发，势必产生信用风险。如果信用风险进一步扩散，则可能诱发大面积财务危机，最终影响金融稳定。

五 通货膨胀风险

数字货币完全由发行商发行，其发行量又取决于市场需求。需求增大，则发行数量增多；需求减少，则发行数量减少。"高沉默成本，低边际成本"是数字货币的一大特点。当网络发布者发布的数字货币供应量超过需求时，数字货币将贬值，这直接导致数字网络世界的通货膨胀。再者，由于数字货币持有者有转移所持货币量的需求，这自然会出现很多数字货币交易市场。由于监管机制尚不完善，市场就会陷入混乱。市场混乱，信任度降低，会涌现更多的人去交易虚拟货币，导致供求失衡，加剧通货膨胀。

否定说认为：人们之所以担心网络数字货币可能引发通货膨胀，是因为他们不了解网络数字货币的市场交换机制，把货币市场与网络虚拟货币市场混为一谈。正如商品市场的供求失衡，不会直接导致货币市场的供求失衡，而一定要通过在总体市场上增发货币才能导致通货膨胀一样，网络数字货币市场上的供求失衡，也不会直接导致货币市场的通货膨胀。问题的关键在于是否形成了统一的网络数字货币市场。只要不能形成与现实货币交换的统一市场，不能实现对等交换而且现实货币不因网络数字货币而增发，就不会出现通货膨胀。

两分说认为：对于网络数字货币中的游戏币，因为存在"造币工厂"和黑客私造货币，通货膨胀问题广泛存在。至于由各门户网站发行的专用货币只要能有效防止线下交易或者用网络数字货币购买现实商品，则发生通货膨胀的概率要小得多，因为这种网币都是在自家网站内使用，并且虚拟世界的"商品"供应几乎是无限的，只要人为设置即可。

本书赞同否定说。一般认为，通货膨胀是"因流通中注入货币过多而造成货币贬值，以及总的物价水平采取不同形式持续上升的过程"。可见通货膨胀的基本特征是货币贬值，物价持续过度上涨。在网络虚拟世界，由于数字商品大多属于知识产权产品，可以无限量制造（复制），不会存在商品短缺问题。只要网络服务运营商不提高虚拟产品的价格，即使网络数字货币大量增加，也不会拉动虚拟物价上涨。

但是，当网络数字货币可以与现实货币双向自由兑换时，网络数字货币的过度发行有可能会导致现实货币的通货膨胀。因为在这种情况下，网络数字货币相当于硬通货，如果网络服务运营商不将等量的现实货币作为发行网络数字货币的准备，大量发行网络数字货币就意味着增加了现实货币的供应量，也就有可能导致通货膨胀。

六　网络违法犯罪风险

数字货币高度匿名、跨境流通等特点，使得只要有互联网就能完全避开银行系统，低成本实现快速跨国交易，而交易双方真实身份有密码算法保障，这有利于犯罪分子为非法活动转移资金，其真实身份难以追踪，没有各国政府共同配合很难有效打击犯罪。主要表现为：一是网络用户不需要由网络运营商审查和注册，在线洗钱不需要实名登记，第三方查找此交易就显得更加不易；二是虚拟商品的设计包装更加灵活、美观，通过数字完成支付操作也更加便捷；三是在线虚拟货币也为非法活动提供了一个相对隐蔽的平台，如出售赃物、赌博、逃税甚至非法集资。

七　政策风险

政府一旦采取一定的措施或发布一些法律去管理数字货币市场，数字货币的价格就会发生很大的波动。由于数字货币的流通平台是"去中心化"的，它的发行量逐渐增多就会对传统货币体系造成不利的影响。不仅政府出台的宏观调控政策以维持经济发展平衡的效果受到影响，而且还会降低政府的财政收入。目前来看，世界上绝大多数的国家对在线虚拟货币的态度是模糊的，政府和央行一旦认为虚拟货币的出现具有负面的影响，并且出台相关的限制虚拟货币发展的政策规定，虚拟货币的发展将会大大受限。

八　金融体系风险

现代金融体系中，货币的发行方一般是各国中央银行，中央银行负责对货币运行进行管理和监督。目前网络虚拟货币的发行基本上是各自为政，尚没有形成统一的市场，因此认为还谈不上对现实金融体系的冲击。但是，如果网络虚拟货币的发展使其形成了统一市场，各种网络数字货币之间可以互通互兑，或者网络数字货币整合统一，都是以相同标准和价格进行通用，那么从某种意义上说，网络虚拟货币就是通货，很有可能会对传统金融体系或是经济运行造成威胁性冲击。

第四节　数字货币的监管

及时规避风险的有效方法是在整个运行环节建立一个监管系统。健全监管系统，可以使虚拟货币的发行商、参与者、用户之间的交易更为公平合理，也更易处理好两者或多者之间的利益冲突。目前，我国数字货币的监管模式仍然是协同合作式监管，这样容易产生懈怠和互相推脱责任的情况。由于我国对虚拟货币没有制定相关的法律法规，由此导致了监管过程的随意性和盲目性，这样就严重地影响了监管的有效性。

一　数字货币的立法

目前，我国数字货币的相关立法监管比较欠缺，对数字货币的立法相对薄弱，在金融法、行政法等法律规范方面皆存在缺位问题，至今还没有成型的针对数字货币的金融行政监管法律。唯一相关的法律文件是2013年发布的《关于防范比特币风险的通知》和2017年发布的《关于防范代币发行融资风险的公告》，两者都否定了数字货币的货币属性。另外，还有部分通知与公告，2017年9月4日，中国人民银行等七部委发布《关于防范代币发行融资风险的公告》，我国境内不再允许加密数字资产交易所直接进行法币与加密数字货币之间的兑换交易。2020年7月22日，最高人民法院网站发布《最高人民法院国家发展和改革委员会关于为新时代加快完善社会主义市场经济体制提供司法服务和保障的意见》，其中，第六条就明确提出要加强数字货币的产权保护，无疑将促进数字产业的健康发展。2021年国家发展改革委等部门专门印发《关于整治虚拟货币"挖矿"活动的通知》，同年9月，中国人民银行、中央网信办、最高人民法院、最高人民检察院等十部门联合发布《关于进一步防范和处置虚拟货币交易炒作风险的通知》，将加密数字货币相关业务定性为非法金融活动。2022年4月14日，中国人民银行支付结算司司长温信祥在国新办新闻发布会上表示，要加强对虚拟货币等新型领域风险的防范，全方位堵截犯罪资金。

二 我国数字货币的风险防范

（一）填补货币法律空白

1. 明确数字货币法律地位

去中心化的加密数字货币本身并不是货币，其币值不稳且不受权威机构的控制等缺陷会影响银行信誉，因而要充分利用数字货币的便利和安全优势，只能通过国家中央银行发行法定数字货币，其发行管理机制与传统法定货币相同，与传统货币具有价值和法律地位的对等性。目前，我国数字货币的相关概念仅出现在一些部门文件中，所提到的数字货币的类型还不全面。相关法律性规范文件应该进一步明确数字货币的定义，提高数字货币管理法律法规在司法实践中的适用性，使我们在现实中处理数字货币有关纠纷时能够有法可依。

2. 明确法律监管主体职责

在国家政策的引导下，对数字货币设立专门的研究机构。工商管理部门根据相关数字货币交易平台的准入规则对申请人进行严格审查，并进行登记。在准入后，工商管理部门还要将对数字货币的监管贯穿于各项交易活动中，监管工作主要领域包括代币发行和交易管控、牌照管理以及反洗钱等。交易过程中，相关税务机关要对数字货币的交易所得征税。

（二）建立市场准入限制

保障市场充分竞争、市场准入管理是防范风险的首要步骤。市场准入的限制一方面将不合格的经营者排除在市场之外，另一方面限制了竞争，增强了市场的垄断性，可能助长垄断行为。因此，在制定市场准入的门槛时，要注意不要限制了市场的竞争，减少政策在行使权力的过程中凭偏好决策或受利益集团左右的行为。市场准入可以从机构准入、业务准入和高级管理人员准入三方面进行约束。

（三）建立健全监管系统

1. 规范发行主体及范围

一方面，要明确规定数字货币发行主体的市场准入资质，对申请发行数字货币的相关主体设定标准，筛选申请机构，降低用户的风险。审核发行主体的自有资本以评估其承担风险的能力，对该发行主体的营业计划、内部控制计划等进行审查。另一方面，相关监管机构要对虚拟货币交易平台的发行数量、交易数量、流通过程等进行定期审查。

2. 加强交易过程监测力度

目前，我国国内数字货币的交易平台众多，但并未有正规平台。因此要设立数字货币交易平台的准入机制，实行牌照化管理。此外，有关部门可以借助信息技术手段，对各种社交软件进行信息监测，排查各种与虚拟货币交易有关的群组，及时排查、发现、制止数字货币的不正当交易。加强国际间的政府合作，针对虚拟货币的跨境支付进行监测，以此为线索排查各种可疑的数字货币交易行为。政府部门还要强化公众对数字货币交易的风险意识，提高社会公众对虚拟货币交易的警惕性，维护投资者权益。

（四）完善信息系统

目前我国数字货币的发行依靠网络，并不依赖央行或者第三方金融机构，也没有具体法律法规来规范虚拟货币的交易和发行。另外，数字货币没有运用个人信息系统，这样极易导致数字货币持有的信用缺失或者产生道德风险。因此，要想在根本上解决这个问题，必须完善个人的信息管理系统。对于虚拟货币的持有者来说，一方面，需要进一步完善和加强对个人信息的征集和管理，以确保他们的信用水平，并提高虚拟市场的准入门槛。另一方面，需要加大数字货币在我国的宣传力度，对公众进行正确的知识引导。不仅要让公众知道数字货币，还要了解数字货币运行的本质和价值意义。这样才能有效地减少风险，降低公众不必要的损失，加快数字货币的流通，提升其在公众面前的公信力。

第五节 数字货币的未来展望

一 数字货币汇兑和统一

从目前市场经济的发展情况来看，数字货币之间的直接汇兑不会有较大的发展空间。由于每个数字货币的发行商都立足于自身的利益，不会轻易放弃扩大市场影响力的机会，并且数字货币的发行对于各个发行商来说具有很强的外部性，直接进行数字货币之间的兑换将会产生产权难以清晰界定的问题。同时，数字货币之间的直接汇兑对于每个消费者来说也没有实际意义,而且会提高管理成本。所以,在未来较长的时期内,数字货币之间通过法币来进行间接兑换的格局不会有太大的变化。

数字货币的统一发行在未来的一段时期内没有可能性。因为,从发行的技术层面上看,数字货币的发行技术难度小,对资金的投入量也没有太大的要求,一般小型企业就可以发行虚拟货币进行运营和收费。而且数字货币走向统一从某种程度上来说就是走向垄断,垄断模式并不利于虚拟货币的发展。像类货币这种没有发行主体的数字货币,它的进一步发展可能会威胁到传统货币的利益,货币发行者不会把权利全部让给计算机技术,所以其今后发展的最大可能性就是各国政府对其进行有效的法律界定和限制并建立完善的监管体系。由此看来,数字货币走向统一的可能性极小。

二 数字货币国际化

数字是一个开放的全球性网络,是一种公用信息的载体,这是数字货币国际化的重要基础。但是由于存在运用技术、法律等手段,进行国家管制问题时往往使得数字货币的国际化进程受到阻碍。数字货币交易与流通必须以金融自由化和金融国际化为前提条件,各国由于在政治、经济和文化上发展水平参差不齐,而这种差异在短期内难以消除,都不利于虚拟货币交易和流通的国际化。

在欧美地区,一些数字货币已经实现了局部的自由流通,基本上不受国家限制。例如,"第二人生"的林登币可以在美国和欧洲自由兑换美元,无论是美国用户还是欧洲用户都可以在"第二人生"中使用林登币并与美元自由兑换。在中国,要前往"第二人生"等境外数字社区注册必须通过境内代理商才能进行,加上中国实行金融外汇管制政策,还未完全实现外汇自由持有和自由贸易,林登币不可能与人民币自由兑换。因此,数字货币交易和流通的国际化在中国很难推进。

由于不同种类的数字货币发展程度不同,同时数字货币的国际化进程会受到各国政治、法律、经济、文化差异的制约,因此,在未来一定时期内,数字货币走向一体化的可能性较低,但是伴随着经济全球化的进程以及信用货币体系的不断改进和完善,数字货币的流通范围将逐步扩大,获得更高的普及率。目前,世界上24个国家已经投资和建立分布式会计体系，90多个跨国公司也参与这一领域。欧盟、日本、俄罗斯和其他国家都在考虑建立一个类似SWIFT的国际密码金融支付系统以替代SWIFT。以数字货币为基础的跨界结算网络，将使目前由发达国家主导的高度集中的金融体制向更多发展中国家自由参与、具有相对平等的中央金融体制迈进。

随着数字的发展，数字货币作为一种新的网络支付方式，在人们日常生活中起到不可或缺的作用。当前，我国的数字货币发展迅速，种类繁多，并且各个网络平台依然在通过创新开发出各种形式的数字货币，意味着这种数字商品已经与人们形成紧密的联系，对其需求也与日俱增。但由于价值的波动、法律制度的欠缺、不够完善的流通性及交易性，使得数字货币存在着各类风险。基于此，我国应该尽快制订出一系列的方案，来规避这些风险，以保障人民的利益和财产安全。例如，制定出相关的法律法规，明确数字货币各个参与者的权利和义务，为利益纠纷提供有效的法律保障。监管部门也要合理分工管制，提高数字货币运行的效率。在公众面前，相关人员应该向全民普及相关概念、知识、本质，避免公众走入误区，最后造成不必要的经济损失。同时，我国应该与各国进行交流互通，相互借鉴经验，保证数字货币的良好流通。只有这样，才能更好地避免网络数字货币带来的风险，才能保证数字货币的健康运行，才能更好地促进虚拟货币在我国的发展与进步。

本章小结

通过本章的学习，首先要明确数字的概念，本章从广义概念和狭义概念进行阐述，其次对数字货币进行一个概念界定，并依据概念对数字货币进行简单的分类，了解各类数字货币的定义、特点及区别，并且了解数字货币的发展、演进及外部影响，了解数字货币的性质，并认识到数字货币的风险，对既定风险进行一定的监管，未来数字货币将会有更好的发展。

本章的重点是掌握数字货币的性质，理解不同数字货币特性给数字金融市场带来的经济影响。必须掌握我国对数字货币监管的欠缺，了解数字货币的风险，理解我国数字货币发展及存在的相关问题，了解数字货币的监管方式。

本章最后是对数字货币进行展望，数字货币发展有良好的前景，但同时我国对数字金融的监管模式也要审慎选择，数字货币与人们关系密切，对它的需求也与日俱增，伴随着经济全球化，数字货币的发展必然推进数字金融体系的进一步发展。

资料拓展

数字货币"挖矿行为"

数字货币是一种特定的虚拟商品，不由货币当局发行，不具有法定货币等同的法律地位，也不能作为货币在市场上流通使用。中国人民银行明确指出，与数字货币相关的业务活动属于非法金融活动，参与数字货币投资交易活动存在法律风险。

数字货币"挖矿"活动指通过专用"矿机"计算生产数字货币的过程。中央财经大学法学院教授、金融科技法治研究中心主任邓建鹏说，以比特币为代表的数字货币，是去中心化的区块链系统，需要网络节点运行、维护，将每一特定时间的交易信息打包上链，从而获得系统发行的数字货币作为奖励。而运行这些网络节点的个人或机构被业界称为"矿工"，这些计算节点则被称为"矿机"。"矿工"通过购买专用计算机设备竞争交易信息记录上链的权力，并向整个区块链系统播报，这种过程和行为俗称为"挖矿"。

2021年9月，国家发改委、中国人民银行等11个部门联合印发的《关于整治数字货币"挖矿"活动的通知》指出，数字货币"挖矿"活动，能源消耗和碳排放量大，对国民经济贡献度低，对产业发展、科技进步等带动作用有限，加之数字货币生产、交易环节衍生的风险越发突出，其盲目无序的发展将对经济社会高质量发展和节能减排带来不利影响。

邓建鹏说，数字货币没有锚定现实社会的资产，其价格涨跌与投资者的共识、未来预期和情绪密切相关。因此，数字货币价格的暴涨暴跌往往是常态。数字货币交易所多为境外法人实体，远离中国金融监管机构。特别是一些市值较小的币种极易受到庄家操控，使不明真相的大量散户成为庄家、大户与交易平台联合收割的"韭菜"。自2021年上半年以来，国内已发生若干起因从事高倍数数字货币期货交易而倾家荡产的极端风险事件。

数字货币生产和交易扰乱我国正常金融秩序，催生违法犯罪活动，并成为洗钱、逃税、恐怖融资和跨境资金转移的通道。公安部网络安全保卫局二级巡视员孔长青说，2021年，公安部等部门针对数字货币洗钱新通道，破获相关案件259起，收缴数字货币价值110亿余元。[①]

"挖矿"活动能耗和碳排放强度高。由于大量民间资本进入"挖矿"领域，使得原本可服务于实体经济或其他数字经济的资本大量流失。此外，"挖矿"活动能耗和碳排放强度高，对我国实现能耗双控和碳达峰、碳中和目标带来较大影响，也加大了部分地区电力安全保供的压力。

当前国内外围绕数字货币挖矿的相关研究实践主要集中在经济学和计算机网络技术领域。在经济学领域，主要关注加密货币币价的影响因子以及矿商挖矿行为和币价间的内在联系，如楼尧以比特币为例开展了加密货币币价决定与挖矿行为的探索性研究。在计算机网络技术领域，针对挖矿行为的检测识别技术主要有以下两种方法：

（1）基于用电异常与现场排查的挖矿活动发现监测方法

该方法只适用于大规模集中式的专业矿机挖矿行为监测。目前，挖矿行为主要以分散式小规模、现场难以发现的通用或部分专业设备挖矿为主，该方法难以发现该挖矿行为，且效率低。同时，由于挖矿用电成本约占挖矿收益的10%，挖矿获利在社会上具有较大的吸引力，比特币等数字货币的价格长居高位及交易频繁，给我国挖矿整治工作带来巨大挑战。

（2）基于机器学习的网络流量异常检测方法

该方法能够实时检测并预测网络流量中的异常，在识别检测领域已经得到了广泛的研究和应用。但挖矿行为识别覆盖面不高，且针对大规模网络流量处理难度大，不利于发现相关挖矿行为。

---

① 数据来源：中国新闻网，https://www.chinanews.com.cn/fortune/2022/01-21/9658029.shtml。

考研真题

1. 比特币的含义和特点。(广西大学,2014 年)
2. 以下叙述正确的是 (   )。(复旦大学,2020 年)
   A. M0 是央行发行的纸币和硬币
   B. 纸币减少,数字货币增加,央行铸币税会减少
   C. 借记卡和信用卡是现代电子货币
   D. 货币贮藏功能消失了,那么支付功能也消失
3. 论述数字货币。(四川大学,2020 年)

第七章

数字理财

案例导入

张先生收到银行短信提示：你的银行卡在网上购买了理财产品被扣除大笔资金，告知"如果不是您本人操作，请与我们联系"。诈骗人员通过拖库与撞库[①]、公共 Wi-Fi、ATM 机针孔摄像头、电脑木马等途径获取用户银行卡账户和密码后，顺利登录账户，但由于没有手机验证码无法进行转账，因而想利用银行卡将活期理财转为定期无须短信验证码这一特点，顺利地将余额由活期转为定期，然后诈骗用户说出短信验证码，盗走资金。

第三方支付平台绑定银行卡仅需用户的姓名、身份证号码、银行卡卡号、银行卡预留手机号码实时接收的短信验证码，无须校验银行卡交易密码，故而在银行账户信息中留存本人手机号码是保护自己账户在支付环境下资金安全的另一道锁。不法分子正是利用受害者防骗意识薄弱这一点，引诱受害者将银行账户的预留手机号码留存为其指定的号码，并套取受害者的个人信息，进而通过支付平台转移受害者银行卡账户资金。

截至 2022 年，全国有 41% 的富裕人群选择数字理财。公募基金和债券则成为居民投资比例最高的资产，分别达到了 38% 和 21%[②]。在数字

[①] 撞库：黑客通过收集互联网已泄露的用户和密码信息，生成对应的字典表，尝试批量登录其他网站后，得到一系列可以登录的用户。拖库：它被用来指网站遭到入侵后，黑客窃取其数据库文件。

[②] 资料来源：中国财富报告，https://m.163.com/dy/article/HMPSK40HO53995VN.html。

技术趋于成熟的背景下，数字产业、金融业和电子商务行业界限逐渐模糊，行业领域交融日趋深入，成为新的"数字金融"。2013年是中国数字理财大发展的元年，两大数字公司淘宝和腾讯分别推出了"余额宝"和"理财通"两个产品，几个月的时间快速膨胀到了几千亿元的规模。数字理财产品所针对的用户大多为闲置资产额不高的大众用户，其利率市场化的鲶鱼效应搅动了整个传统金融理财系统的定价体系和资金分布的格局。与传统金融理财营销方式相比，数字理财产品依赖网络营销的模式还在摸索着前进，但所取得的成就已经对传统模式经营的理财产品产生了巨大冲击和影响。

第一节　数字理财的概述

数字理财是在传统金融理财的基础上，通过数字媒介分为第三方支付平台和电商平台两种方式实现的金融活动。目前，在数字金融理财模式中，无论是通过第三方支付平台，还是通过电商平台，其理财产品主要还是针对第三方理财机构。因此，数字理财模式是对传统理财模式的有效补充。它将数字理财活动与数字技术充分结合，以实现潜在投资用户与第三方理财机构的直线交流，有效地提升了理财活动的便捷性，降低了理财主体双方的理财成本。而在传统理财模式中，理财用户若选购第三方理财机构的理财产品，往往需要由银行介入操作并以此向理财机构收取手续费。这无疑加重了第三方理财机构的成本负担，并且费用最终也将会由理财用户分摊买单。所以，这促使理财市场上的投资主体大多会选购商业银行的理财产品[①]。无论是在数字理财市场还是数字领域，数字金融理财模式所体现的创新性具有重要意义。一方面，它具有业务创新的特点，数字金融理财模式以数字网络为支撑，以潜在网络投资用户为对象，构成一项新型的理财业务；另一方面，它具有市场创新的特点，数字理财模式开辟了新的理财渠道，以客户为中心的网络理财理念，在国内数亿网络用户间传播并得到进一步宣传，并且理财市场的战略方向也逐渐由实体市场转移至虚拟市场。

---

① 商业银行的理财产品：该部分约占理财市场总量的70%。

一 数字理财的内涵

自 2001 年加入 WTO 以来，我国经济蓬勃发展，特别是资本市场迅速转暖升温，金融市场和产品日趋成熟和丰富，居民金融消费观念、模式逐渐转变，理财意识日益强烈，各种数字理财机构及产品应运而生，数字理财在我国步入了快速发展的阶段。

一方面，数字理财是金融业中已被广泛使用的一个术语，它是一种综合性的金融服务，即由专业的理财人员通过评估客户各个方面的财务状况、明确其理财目标，最终帮助其设计出合理、可操作的数字理财方案，使这个方案能够满足人们在不同人生阶段的需求，实现其在财务上的自由。数字理财作为一项新兴的金融业务，是一种个性化、综合化的金融服务，它并不像其他金融服务，有固定的模式和严格统一的要求，而是根据客户的实际情况为客户量身定制的数字理财方案。

另一方面，数字理财涉及的领域主要包括银行、证券、保险以及信托四大部分，也包括基金、税务、期货等。数字理财由受委托的金融机构和非金融机构在相关法律规范的框架下进行。专业性的数字理财受托人主要分为五大类，分别为：商业银行、证券公司、基金公司、保险公司以及信托投资公司，此外还包括未经审批的资产管理公司以及财务咨询公司等。受托人对于数字理财产品的设计管理、信息披露、收益分配等事项均应在数字理财合同中列明，并履行告知说明义务，同时经营行为受到相关监管机构的监督与管理。在我国，数字理财的受托人大多为金融机构，尤其是商业银行，原因是相较于其他数字理财机构，商业银行资金规模大，信用度也较高。

二 数字理财的创新

（一）营销模式的创新

"用户为王、产品优先、简约极致"是数字创新的思维。数字营销模式实现了从"产品思维"到"用户思维"的转变。例如，余额宝在产品的设计中体现：所见即所得，所见即可用。与传统的基金不一样，余额宝是将一个产品进行了分割。对用户而言就是简单的两三步的操作，消费、转账、购物。剩余的操作则由数字营销的后台 IT 系统完成，把简单留给客户，复杂留给系统。数字理财的作用即利用资金的运作逻辑，规模越大，议价能力越强，满足了小众投资者的理财需要。虽然过程复杂，平台方和融资方之间的系统对接、资金匹配事先都通过流程设计确定，并满足资金兑现的最大峰值，但是对理财者而言，过程是简单的，收益是明显的，赎回也是十分轻松的。收益简单、通俗易懂正是所谓的"数字思维"。

（二）营销渠道的创新

数字理财获取客户和流量的能力比传统营销渠道大。数字客户有很高的黏性，而商业银行传统获取客户的方法显得迟缓而笨重。例如，余额宝能在短期之内获得大量客户，这体现出商业银行和数字企业存在较大差距。数字理财通过网络渠道的新方式，为传统金融理财连接客户的渠道提供多元化的窗口。数字理财为投资者带来效率、便捷程度相对更高的服务。余额宝的核心功能并不完全是金融产品的创新，而是渠道的创新。

（三）投资门槛的创新

传统的理财产品要么专业性强，要么收益率低、投资门槛高或产品结构复杂，让投资者难以抉择。数字理财以公开、透明的交易模式颠覆以往传统方式。如今，网络理财、手机支付、网上预订等通过数字技术实现的服务正以高速增长的势头蚕食传统消费市场。在此，理财不再是一种专业，不再是懂行者的专利，而是普通大众的共同需求。数字理财把理财门槛降低了，没有所谓的客户等级，没有资金规模大小的限制，取而代之的是一体均沾的投资收益权和一视同仁的服务。数字理财取代了人的主观意识，用客观的数据集成和批量化运作，实现了成本和效益之间的合理嫁接。

（四）金融服务的创新

网络平台延伸了传统金融服务，实现了金融服务的便利化。例如，美国的一家知名网络券商 E-Trade，专门通过数字为投资者整合价格低廉的证券经纪服务，交易品包括股票、债券、期权及共有基金等各类金融产品。中信银行运用互联网金融技术，推出线上信用消费贷款产品。客户从申请、审批、签约、放款及还款实现全线上操作，手续简便，无须任何纸质资料，贷款资金实时到账，随借随还，可作为便民惠民的特色产品。中国工商银行积极打造工银"兴农通"App，充分发挥互联网的跨时空能力，利用区块链和人工智能等新技术平台，辅助"三农"金融发展。

（五）交易方式的创新

借助边际价格撬动传统金融理财，拓展服务边界普惠大众。传统金融理财体系中存在的用户群体覆盖死角，包括众多的小微企业、农村用户群体，以及众多的资金额度比较小的大量的个人用户。用户群体的共同特征是数量庞大，但个体资金量不大，因此在传统金融理财行业成本风险控制的体系之内往往忽略了他们的数字理财借贷需求，借助数字理财平台，实现用户需求的覆盖。由于数字理财不受地域限制，服务范围可以延伸到广大农村地区。数字理财服务通过数字服务更多的社会阶层和用户群体，拓展了数字理财交易的服务边际，同时也打破了传统金融理财的定价体系和银行营销渠道及运营模式。

三　数字理财的优势

（一）潜在客户群数量大

近几年，网购消费者数量快速增加，用户数量庞大，网购的渗透率从24.5%提升至40%。排名前五位的数字公司覆盖用户数量均超过4亿，数字用户的覆盖率超过90%[①]，而目前的大中型银行用户数量仅是千万级的。数字的普及为金融产品的销售提供了更为广阔的渠道。

（二）营销对象范围广

与传统理财所推崇的"二八定律"[②] 不同，数字理财崛起是由庞大的基层用户产生的"长尾效应"[③] 支撑的。传统理财的门槛以万元级起步，

---

① 数据来源：《数字经济蓝皮书：中国数字经济前沿（2021）》，https：//my.mbd.baidu.com/r/ZfChd4ZATC? f = cp&u = d581da7a47227fc4。

② 二八定律又叫帕累托定律，该定律认为，在任何一组东西中，最重要的只占其中一小部分，约20%，其余80%尽管是多数，却是次要的，因此又称二八定律。放在传统银行业，银行的主要收入是来自20%的客户，其余80%的客户贡献不大。

③ 长尾效应（Long Tail Effect），正态曲线中间的突起部分叫"头"；两边相对平缓的部分叫"尾"。从人们需求的角度来看，大多数的需求会集中在头部，我们称为主流市场。而分布在尾部的需求是个性化的，零散的小量的需求，称为非主流市场。而这部分差异化的、少量的需求会在需求曲线上面形成一条长长的"尾巴"，而所谓长尾效应就在于它的数量上，将所有非流行的市场累加起来就会形成一个比主流市场还大的市场。

传统营销对象具有针对性，而数字理财则是低门槛，全民即可参与。低门槛、高收益、高流动性的特点更能贴合大众理财需求，有利于最大限度地集中社会所有零碎、闲散资金，提升社会资本的利用率，同时让客户享受最便捷的理财服务。

（三）经营成本低

与传统金融理财不同，数字理财采取虚拟运作的方式。数字金融的运作是不依赖于一个又一个的实体网点，而是只需要数字和网络终端设备，以及少量的工作人员，就可以实现资金的划转、借贷等，理财所耗费的固定成本与人工成本远远低于传统的理财行业。与传统的营销相比，节约了很多的运营成本：一是节约了建立巨大运营网点的费用；二是大幅度节省了通信费用；三是结合数据等资源，优化了工作流程。通常新建一家经营部，需要一次性投资 500 万—2000 万元不等，经营费用为每月 25 万—80 万元，而发展虚拟的理财网站的投资仅是传统店面设立成本的 1/3—1/2，平常费用更是只要其 1/5—1/4。极大地降低了数字理财的交易成本。①

（四）服务效率高

若采用传统营销方式，对投资者进行理财产品推介和认购，需要消耗银行从业人员大量的时间和精力。凭借数字，投资者能够获得权威的研讨报告和现成的投资分析工具。一方面，摆脱地理空间的限制，客户办理业务节约了耗费在路程上的时间和费用；另一方面，省去了提交纸质材料审批的烦琐过程。数字理财产品依托数字可以突破时空的限制，在空间上覆盖面广，业务范围能够覆盖全球；在时间上提供全天候经营服务，真实做到了每周 7 天、每天 24 小时经营，极大地方便客户。然而传统营销方式就受到地域和时间上的限制。

第二节　数字理财产品——余额宝

一　余额宝的背景

2013 年 6 月 13 日，阿里巴巴旗下的支付宝公司正式推出"余额宝"

---

① 数据来源：百科知识，https://www.guayunfan.com/baike/233941.html。

功能。支付宝用户只需要将支付宝账户内的资金转存至余额宝内，可随时用于消费、转账、缴费等支出，并且其最大特色在于能够购买货币基金进行投资收益，以获资金增值。天弘基金专门为支付宝定制了一只兼具数字理财和消费双重功能的基金理财产品，即天弘增利宝货币基金，用户投资的收益变化则通过天弘基金经营业绩而定。从支付宝的用户角度来看，余额宝是让支付宝用户获得余额增值的现金管理工具，是一项增值服务；从货币基金投资者的角度来看，余额宝是一个借助于第三方支付机构实现货币基金支付功能的平台。截至2022年5月11日，余额宝利率七日年化收益为1.6640%，比银行活期存款收益高出10倍，根据有关机构研究发现，参与投资余额宝理财产品的用户已达百万，余额宝是数字理财重要的里程碑。

支付宝、财富通等第三方支付公司，一直被基金公司视作网上直销的支付方式，客户并不能直接通过第三方支付网站购买基金，销售渠道仍然是基金公司网上直销，但可选择的支付方式比以前更多。余额宝的成功"突围"，一方面，改变了第三方支付公司在数字理财领域的战略格局；另一方面，使得数字理财的发展变得风起云涌。继余额宝之后，财富通、易付宝等第三方支付公司也纷纷抢占数字理财产品市场。因此，数字理财受到前所未有的关注。网络销售的基金大多是以"某某宝"命名，其中"余额宝"的出现，成为数字理财产品具有代表性的典范。余额宝一经推出，便引起了各界关注。支付宝在我国消费者网购市场支付平台中所占比例较大，客户占有率高，收益增值高，大量客户将余额转入余额宝账户。2014年6月初，余额宝的用户数已经突破1.24亿户，余额宝的背后捆绑的天弘基金正式宣布对接余额宝基金规模超过了5000多亿元。天弘基金在我国基金市场中一夜跃居中国最大的公募基金。随后，腾讯的理财通、天天基金网的活期宝、苏宁的零钱宝等"宝宝军团"蜂拥而出，引起注意的同时也引发各种争议。大多是由于企业自身销售基金宣传不当，不符合监管机构的规定，招致金融监管机构问询，并被责令限期整改。

随着数字金融的不断发展，"余额宝"作为具有绝对潜力的新型金融理财产品在飞速发展的同时必将站在风口浪尖。如今，我国处于通货膨胀的环境下，它给投资者带来了比银行存款利率高的收益回报，也使得投资者的资金得到了保值。余额宝作为数字理财产品，一夜之间成为当下最热的理财产品。那么它是在什么背景下产生的呢?

（一）市场经济的繁荣发展

传统理财业自身存在购买渠道单一、模式陈旧、购买门槛高等诸多问题，80%以上的理财产品都由银行销售，导致其发展举步维艰。而阿里巴巴逆势而上，通过对理财产品的大量探索和支付宝资金的大量积累，为余额宝的诞生打下了基础。

（二）数字技术的创新应用

截至 2022 年 6 月，我国网民规模为 10.51 亿人，较 2021 年 12 月新增 1919 万人；互联网的普及率达到了 74.4%，较 2021 年 12 月提升 1.4 个百分点。其中，我国农村网民规模为 2.93 亿人，占网民整体的 27.9%；城镇网民规模为 7.58 亿人，占网民整体的 72.1%。[①]网络支付平台的逐渐成熟，电商直播吸引了大量的网购客户，也引领了一种全新的购物方式和数字热潮。同样支付宝也独揽了大规模的使用人群，为"余额宝"更好、更进一步的发展贡献力量。

（三）政府相关政策的支持

《中共中央关于全面深化改革若干重大问题的决定》正式提出，要"发展普惠金融，鼓励金融创新，丰富金融市场层次和产品"。2022 年，全国政协副主席、央行行长周小川表示，余额宝等金融产品肯定不会取缔。互联网金融业务属于新生事物，过去的政策、监管、调控等已不能完全适应，需要进一步完善。他强调，国家的金融政策是鼓励科技应用，同时也要跟上时代和科技进步的脚步。现有的金融政策有的地方并不全面，有的地方有漏洞，有的地方还存在不公平竞争现象，都需要通过不断改善来促使互联网金融业健康发展。全国政协委员、央行副行长易纲也表示，要支持、容忍余额宝的金融产品创新。

二　余额宝的特点

（一）销售门槛低

与传统货币基金不同的是，天弘增利宝的销售起点是 1 元而非 1000

[①] 数据来源：《2022 年农村消费环境与相关问题调查报告》，http://www.100ec.cn/index/detail - -6625732.html。

元,适合于在支付宝中保留少量余额的客户。按照支付宝约十亿注册用户来计算,若平均每位支付宝用户往余额宝内转存1元闲置资金,那么余额宝将会有十亿元的资金沉淀。对于公募基金而言,十亿数额不大。作为货币基金的余额宝,它极大地降低了用户参与货币基金的投资门槛,调动了用户的理财积极性;同时余额宝庞大的沉淀资金将有助于提高金融资源的配置效率,有利于缓解中小微企业融资难的困境。因而,余额宝具有用户多、数额少、作用大的特点。

(二) 资金流动性强

余额宝的赎回模式是T+0,从流动性角度来看,余额宝与银行的活期存款无异。余额宝具有"能随时消费支付"的特点,与银行活期存款颇有相通之处。用户通过互联网,从余额宝内提取余额进行消费或者支付其他费用。传统理财产品是具有一定运行周期且运行周期都较长,资金封闭的特点。对于余额宝用户而言,余额的消费、支付不会收取任何费用,也不会影响用户对余额宝基金的使用。表7-1为余额宝与其他理财产品的区别。

表7-1 余额宝与其他理财产品的区别

类型	赎回	门槛	最新收益率	其他功能	渠道
普通货币基金	T+2	1000元	3%—6%	信用卡还款、还贷、转账	银行、直销
T+0货币基金	随时	1000元	3.5%—5%	无	直销
现金宝	随时	1000元	4.99%	信用卡还款、还贷、投资	直销
活期宝	随时	500元	5.56%	投资	直销
余额宝	随时	1元	5.06%	购物、信用卡、还款、转账等	支付宝及直销
普通理财	不可赎回	5万元	3%—7%	无	银行
开放式理财	工作日	5万元	2.1%—4.5%	无	银行
活期存款	随时	0.01元	0.35%	购物、还款、投资等	银行
定期存款(一年期)	不可赎回	50元	3%	无	银行

（三）信息透明度高

余额宝收益为当日结转，具有高度的透明性。余额宝用户对余额的收益情况享有法定知情权。用户能够随时查看余额宝账户内的余额以及收益等事项。与此同时，余额宝也会定期公布存入基金的沉淀资金总额以及收益率变化等情况，以充分实现透明化理财的阳光环境。就数字理财周期而论，传统理财产品的运行周期（按月计周期）较长，有关收益率的详情往往不能及时送达理财用户，而作为投资主体的理财用户也不能随时了解其投资所获收益或者所负亏损等情况。

三 余额宝的困境

余额宝是专业理财机构与海量支付宝用户在数字平台上实现成功对接的基金平台。它的成功"突围"，一方面改变了第三方支付公司在数字理财领域的战略布局，另一方面使得数字理财的发展变得贴近民生。然而，抢占数字市场先机的余额宝，未来发展之路仍然面临诸多困境。

（一）法律风险

余额宝作为出现不久的货币基金产品，发展方向还要依赖于央行相关政策的决定。尽管支付宝方面宣称只是提供基金支付服务，但余额宝已经达到了第三方代销的实际效果。支付宝公司之前仅获得了基金销售的支付牌照，而并未获取基金销售牌照，余额宝一旦出现"擦边球"的行为，就会遭遇政府的严管，未来发展也无从而知。余额宝发展至今，公司只有中国证监会所颁发的基金第三方支付牌照。支付牌照的法律约束力，只能为基金公司和投资者提供基金第三方支付结算服务，而不拥有基金公司代销基金的法律权利。但数字金融创新先于制度规则的固有特征，导致余额宝实际上已在国家倡导与法律缺失的边缘上打擦边球，进而达到第三方基金代销的实际效果。根据《证券投资基金销售管理办法》规定，证监会对银行等机构代销基金有严格、明确的规定：具有健全的法人治理结构、完善的企业内部控制和风险管理制度，并得到有效执行，有安全、高效的办理基金发售、申购和赎回等业务的技术设施，且符合中国证监会对基金销售业务信息管理平台的有关要求。支付宝公司在未获得基金销售牌照的前提下实现了基金代销，其行为一旦遭遇监管当局制定政策严管，将面临相关法律惩处。另外，余额宝所投资的银行协议存款，目前并未纳入存款准备金管理，监管当局为防止数字理财迅速壮大，在加剧金融市场系统性风险的考虑下，规范整顿措施将不可避免。

（二）流动性风险

余额宝存在扎堆赎回基金，或者基金公司出现流动性风险，无法支付事先垫付的赎回资金。余额宝作为一种通过数字投资于货币基金的理财产品，由于其本身的特殊性，实行 T+0 交易模式，在特定条件下，更容易导致流动性风险。众所周知，余额宝中的资金主要由支付宝账户转入，网上消费购物是其主要存在的意义，而每逢网上销售平台开展大型购物优惠活动时，余额宝将面临大量客户集中赎回，很有可能由于被大额赎回导致该货币基金垫资兑付困难，陷入类似商业银行"挤兑"等流动性风险危机，而数字具有牵一发而动全身的固有特点，一旦在社会上传播开来，严重时还有可能带来不可预料的系统性金融风险。

（三）利率风险

与余额宝对接的主要渠道为货币基金，而货币基金投放的金融产品，同业拆借、协议存款等高流动性的短期投资标的是其主要投资结构，同业拆借利率的高低，在很大程度上决定了其收益率水平。此类投资标准从根本上受制于市场资金供求整体影响。供不应求则利率上升，供大于求则利率下降，目前央行逐渐推进利率市场化，简政放权的改革方向，导致 2013 年二季度末银行间同业拆借利率和协议存款利率飙升，而对应的余额宝年化收益率可达到 7% 以上。利率市场化一旦得以推进，市场预期趋于稳定，同业拆借利率与协议存款利率也将会逐步趋于稳定。根据发达国家 20 世纪 80 年代利率市场化运作经验，这一过程将是同业拆借利率与协议存款利率下降的过程。利率市场化这一历史潮流，会给余额宝的持续高收益发展带来利率风险。

（四）同业风险

一方面，在第三方支付业务发展已对银行的支付业务产生冲击的背景下，余额宝业务的推出更是在争夺商业银行赖以生存的活期存款业务和理财业务，而当银行发现其利益受到损害时，采取措施反制是不可避免的。由于支付宝的第三方支付平台是搭建在各大银行系统上运行的，商业银行可联合采取向支付宝公司的第三方支付平台发难。比如，限制银行结算账户与支付宝账户转账限额等手段封杀第三方支付平台，余额宝的发展规模将受到极大削弱。另一方面，余额宝高速发展，导致各大数字平台争相抢占数字金融理财市场，寻求分到数字金融理财的最后一杯羹，产品的同质化现象有可能导致市场降温迅速，为保持市场份额，恶性竞争有可能出现，变相补贴、担保可能发生，风险积累到一定程度必将导致金融风险。

（五）道德风险

余额宝的营销手段，是把原本的风险利率变成实际上的无风险利率，有可能产生严重的道德风险。余额宝的收益主要来源于购买天弘基金的货币基金收益。与其他基金相比，该货币基金的风险较低，但并非完全没有风险。货币基金作为基金的一种，并不等同于保本保息的银行储蓄存款，仍然存在投资亏损的理论可能。余额宝宣传过程中，片面强调收益，风险提示明显不足。比如，支付宝在余额宝首页醒目位置提示："余额宝"高收益，资金用于投资国债、银行存单等安全性高、稳定的金融工具，无须担心资金风险。而在该页面下方仅以小字提示：货币基金作为基金产品的一种，理论上存在亏损可能，但从历史数据来看，收益稳定，风险很小。由此可见，支付宝在主页宣传过程中，故意淡化了余额宝客观存在的收益兑付风险，有可能让投资者产生误解。多数支付机构的用户群体在信息不对称的条件下，对金融市场的知识与信息并不十分了解，而仅仅被支付宝的广告宣传所带动，对于余额宝的资金运作情况并不知情，正是由于这种信息不对称，在一定条件下有可能导致道德违约风险。

第三节　数字理财的特征

数字理财作为我国的一项金融创新业务具有重要的战略意义。对于数字理财，除了加强对第三方支付平台与第三方理财机构进行相应的监管与规制外，政府部门更应重视数字理财所带来的挑战，探索合理路径，并不断完善我国的金融法治环境，加强金融法制建设，促进我国数字理财活动向着更好的方向发展。

一 余额宝类理财产品与商业银行存款业务的比较

(一) 数字理财产品与余额宝客户群特征

智研咨询《2022年中国网民年龄结构》显示,余额宝的用户群以中年消费者为主,年龄在20—29岁的客户占整体客户群的17.2%,作为网络购物的主要人群,他们的消费能力总体偏弱。比例较大的用户群体是年龄在30—39岁的客户,占整体客户群的20.3%,而年龄在40—49岁的用户数量相对较少,占比为19.1%(见图7-1)。

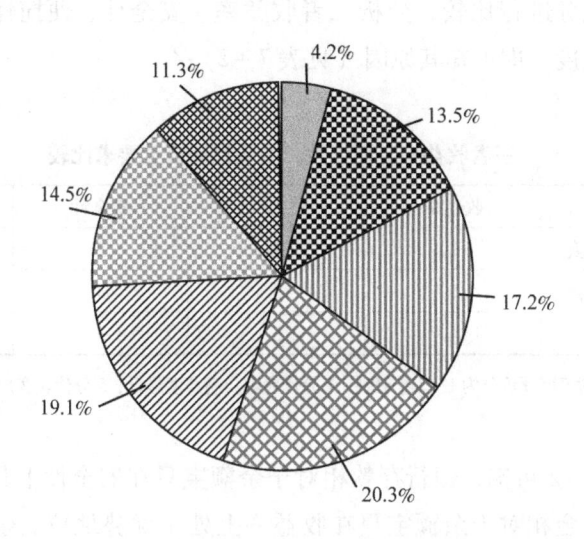

图7-1 2022年中国网民年龄结构

根据商业银行现金管理业务的规定,只为大额活期存款的企业和存款在5万元以上的居民提供现金管理业务。散户的活期存款只能得到很低的活期存款利息。而余额宝没有最低存款额度的限制,正好满足了散户的投资需求。综述分析,年龄在18—35岁的青年用户是余额宝最活跃的用户,虽然他们的存款金额较少,但客户数量庞大,且黏性较强,势必会对商业银行潜在的优质客户群带来较大冲击。

(二) 数字金融理财产品与余额宝收益性、便捷性特征

余额宝实质上是一支货币基金,最小投资额是1元,客户可在网上自行完成购买。2013年6月13日上线的余额宝七日年化收益率为3.234%，2022年5月11日，余额宝七日年化收益率为1.6640%。自上线以来，七日年化收益率最低为1.3660%，最高为6.618%。商业银行一年期存款利率为1.75%—3%，活期存款利率为0.30%左右。① 通过比较可知，在同期内，余额宝收益率相对商业银行存款利率具有绝对优势，原因是大量散户把闲散资金存入余额宝中。

实际上，商业银行的货币基金品种并不少，且收益率也不比余额宝差。为什么余额宝会泛起如此大的波澜？通过余额宝与银行存款业务、货币基金业务进行比较，分析三者收益率、安全性、便捷性和资金要求的客户满意度，即可知其原因（见表7-2）。②

表7-2　　　三者收益率、便捷性、安全性和资金要求比较

	收益率	便捷性	安全性	资金要求
商业银行存款	1	4	5	4
银行货币基金	5	3	3	2
余额宝	4	5	3	5

注：客户满意度评价分为1—5个级别，1分代表客户满意度最低，5分代表客户满意度最高。

由表7-2可知，银行存款相对于余额宝只在安全性上具有优势，而银行货币基金相对于余额宝只在收益率上处于优势地位。余额宝不仅注重资金的收益性和安全性，还注重客户操作的便捷性，降低资金要求，提高普惠价值。随着银行加大与基金管理公司的合作，推出新的理财产品，越来越多的银行类理财产品的收益率比余额宝大。与此同时，银行货币基金的"起始金"门槛也在逐渐降低，说明以余额宝所代表的数字理财产品还积极地促进了数字理财产品的创新，以及利率市场化的渐进式改革。

---

① 数据来源：艾瑞咨询官网，https://news.iresearch.cn/zt/233137.shtml。
② 李婧：《互联网金融与传统金融的比较分析——以阿里金融为例》，《市场论坛》2014年第2期。

第四节 外国商业银行的数字理财

自 20 世纪 70 年代以来,西方商业银行的个人理财业务在金融创新浪潮的推动下不断地向前发展,并且在占据商业银行发展中的重要地位的同时还深入每一个家庭。随着数字的普及,商业银行业逐渐开始将数字运用于金融业中,传统银行在数字金融模式下开展个人理财业务有一些较好的措施值得我们借鉴。

一 外国商业银行个人理财业务的经验

(一)富国银行——完善电子服务渠道

富国银行(Wells Fargo)于 1852 年在纽约成立,是一家多元化的金融集团,拥有全美第一的网上银行服务体系,同时还是一家拥有 AAA 评级的银行。在 1992 年,富国银行就开始组建以提供网络银行服务为目的的网络信息系统。富国银行为客户提供专业化的理财服务,降低银行的运营成本,富国银行结合当时的数字技术建立了自己的网络银行。基于以客户需求为中心理念的指导,富国银行不断完善其网络银行。在对大量客户的调查之后,富国银行发现客户除了对查询账户余额、相关交易记录、转账、支付票据、申请新账户和签发支票等基础的银行业务有需求之外,还希望获得与账簿管理、税收和财务预算等理财有关的银行服务。基于上述调查分析,富国银行于 1995 年开始与微软货币(Microsoft Money)以及直觉集团(Intuit)旗下的快讯公司(Quicken)等提供个人理财软件的公司合作,运用公司的个人理财软件为客户提供个人理财服务。富国银行通过网络来提升客户的体验水平,主要体现在如下三个方面。

1. 网上银行

富国银行网上银行系统为客户提供以下服务:账户信息查询、账户管理、账单支付、转账、财富管理、投资经纪人服务、信息提醒、安全管理和产品与服务等。

2. 客户服务中心

富国银行客户中心(Contact Center)是客户首选的联系渠道,它通过自动语音交互、电话、email 和信件等多渠道为客户提供服务,能够帮助客户完成跨时间和地域的销售和服务请求。富国银行的客户服务中心，能够处理 30 多个专业条线的业务。这种专业化和集中化的业务运行模式是富国银行客户服务、业务受理和银行产品销售的重要组成部分。

3. 门户网站

作为直接面向客户的一个主要渠道，富国银行的门户网站（见图 7-2）明显体现了银行自身宣传与展示、客户营销与服务的功能定位。客户不仅能对富国银行有一个全面的认识和了解，还能让其熟悉富国银行提供的具体理财产品和服务。

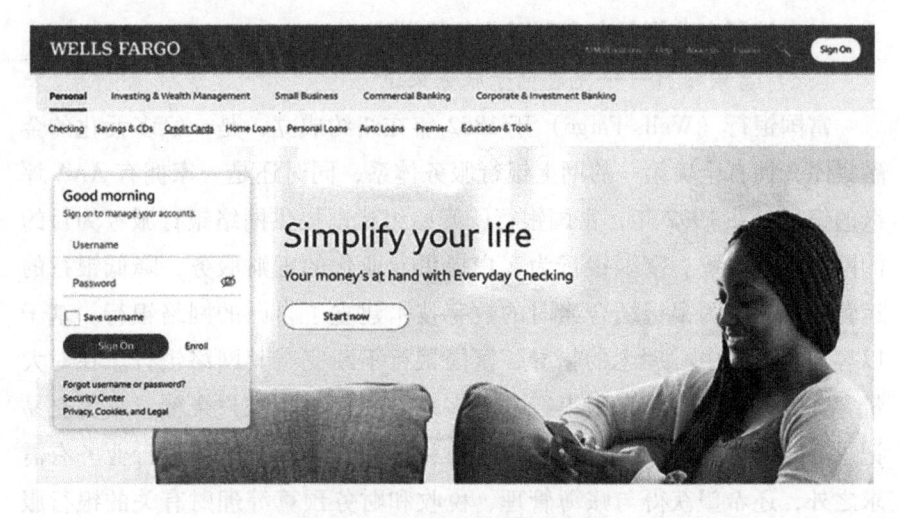

图 7-2 富国银行的门户网站

（二）Capital One——收购 ING Direct US

美国第一资本金融公司（Capital One）是全美最大的金融控股公司，它主要提供信用卡、汽车贷款、家庭贷款、储蓄、个人信贷、保险等金融业务，在数字金融的冲击下，Capital One 在 2012 年以 90 亿美元收购了 ING Direct US，打造了 Capital One 360 平台来为客户提供金融服务。

ING Direct US 基本上不设立物理营业网点，而是运用数字平台来进行经营，它的目标客户是接受电话、网络等方式，收入水平处于中等，对价格较为敏感的客户群。它在资产端，以提供操作简单且风险较低的住房按揭贷款来获得超过货币市场的回报，用这种方式给负债端的高利率提供支持。总体看来，ING Direct US 采取的是"薄利多销"的模式，即资产端的低收益和负债端的高成本，这就使得 ING Direct US 的净利息边际（NIM）比同行业水平要低。从产品方面来看，ING Direct US 利用网络低成本优势为客户提供远低于传统银行理财产品价格的理财产品。基于 ING Direct US 的上述优势，Capital One 在收购它之后，设立 Capital One 360 来为客户提供个人金融服务。在 Capital One 360 上客户能够享受到便捷高效的理财服务。

（三）花旗银行——与其他机构共建新平台

花旗银行在 20 世纪 80 年代初期，以敏锐的触觉感受到了用网络银行开展个人理财业务对于银行的重要性，并且推出了专属家庭银行系统——Direct Access，这种系统的运用，不仅降低了营运成本，还将其现有的个人金融业务整合之后为客户提供不受时空限制的个人理财服务，并且随着数字技术的发展而不断推陈出新。在墨西哥，花旗银行与美洲电信（America Movil）一起创建了"转账"（Transfer）移动支付平台，通过这一平台向没有银行账户的群体提供个人金融服务。另外，在这个平台上还有墨西哥政府和墨西哥最大的便利店为消费者提供金融服务，该平台自 2012 年 5 月启用后，消费者的数量在 120 万人的基础上，还以每月增加 12 万人的速度在上涨，这部分消费者中有 60% 是首次接触银行业务，其中 80% 的消费者是花旗银行的新客户，这一平台的创建为花旗银行开拓了新的客户市场。[①] 在美国，2015 年的全球 P2P 网贷峰会上，花旗银行与全球最大的 P2P 网贷平台 Lending Club 达成战略合作，借 Lending Club 平台为中低收入家庭提供 1.5 亿美元的个人贷款，Lending Club 给花旗提供包括贷款者在内的风控模型，在这种合作方式下，花旗银行开展个人理财业务信息收集难的问题得到了解决，降低了营运成本，还能够有效控制风险，同时，挖掘出了新的客户市场。

二 我国商业银行个人理财业务的启示

传统银行与数字的融合能够帮助传统银行建立和完善客户信息管理

---

① 数据来源：新浪财经数据中心，https：//finance.sina.cn/bank/yhgd/2014-06-30/detail-iavxeafr5523224.d.html？cref=cj。

系统，提升银行的服务水平，拓展银行的服务渠道，降低银行的运营成本。在这种背景下，积极推进网上银行业务发展已成为各国传统银行的一致选择。通过对数字金融冲击下的富国银行、Capital One、花旗银行在开展个人理财业务时所采取的措施的分析，对我国商业银行个人理财业务的启示有：完善自有网络服务，以客户为中心，提高相应服务水平，完善门户网站使之与银行定位相匹配；与其他机构合作利用双方的禀赋优势共建平台来开展个人理财业务，开拓新的客户市场，尤其要重视中小客户群体；从理财产品方面进行创新，开发多样化的理财产品以满足客户的不同需求。

第五节　数字理财的监管

当前，我国传统金融业已经与数字高度融合。这种融合将会有效地降低提供金融服务的成本，减少信息不对称的出现，提高服务效率、扩大服务范围，使低收入人群和偏远地区居民能获得价格合理和便利的金融服务。数字金融涉及的行业和领域逐渐增多，因此对数字理财的监管和规制也势在必行。

一　数字理财的风险问题

（一）收益率逐渐降低

余额宝在发行初期年化收益率达到6%，高收益率使得类似的理财产品受到人们的青睐，直接造成银行存款大量流失。受此影响，很多数字金融企业推出类似理财产品以抢夺市场份额，如现金宝、白条等；银行等传统金融机构也推出自己的理财产品，如平安银行的平安盈、中国银行的活期盈、工商银行的现金宝等。研究发现，余额宝2013年6月推出时年化收益率维持在6%上下，次年5月中旬年化收益率便已经跌破5%，2015年6月直接跌破4%，同年10月降到3%以内，到目前余额宝的年化收益率徘徊在1.6%左右[①]。理财产品快速增加是造成其收益率持续下降的主要原因。

---

① 数据来源：今日财富数据，https://m.163.com/dy/article/HAVFAHTO0519DE0Q.html。

（二）安全隐患日益凸显

我国网民数量持续增加，手机网络用户及电商平台客户数量增加，数字对生活的影响愈发显著。相当一部分人群已经习惯数字消费、理财等，从而不断出现的钱财被盗事件也引起了人们的警觉。近年来，以中小企业为服务对象的 P2P 网贷平台数量增加，它们往往打着明星牌——代言进行产品宣传，吸引投资客户。但很多平台随后被曝出兑付危机或管理者携款潜逃事件，造成投资者恐慌、资金安全存在隐患。

（三）投资者缺乏安全意识

投资者缺少相关的安全意识，投资者在投资前需要了解理财产品，尤其是可能存在的风险。但是很多投资者普遍缺少数字理财产品知识，不了解其中的风险，进而很容易忽视风险，造成投资风险当前，关于数字理财产品存在的风险研究数量增加，缺少可参考标准，投资主体购买时缺少防范标准，造成风险问题。

（四）缺少政府的相关监管

国家对于数字理财的监管还是存在缺失，相关的政策也在不断完善，新的监管政策的出台极大可能会改变数字理财的业务流程和相关操作，最终导致一些规范性较差的数字理财企业从市场上消退。

二 数字理财的监管原则

（一）加强信息披露，强化市场约束信息披露原则

数字金融企业具有将经营信息、财务信息、风险信息、管理信息等向客户、股东、员工、中介组织等利益相关者告知的义务。及时、准确、相关、充分、定性与定量相结合的信息披露框架，一是有助于提升数字金融行业整体和单家企业的运营管理透明度，让市场参与者得到及时、可靠的信息，从而对数字金融业务及其内在风险进行评估，发挥好市场的外部监督作用，推动数字金融企业规范经营管理。二是有助于增强金融消费者和投资者的信任度，奠定数字金融行业持续发展的基础。三是有助于避免监管机构因信息缺失、无从了解行业经营和风险状况，而出台不适宜的监管措施，过度抑制数字金融发展。加强信息披露的落脚点是以行业自律为依托，建立数字金融各分行业的数据统计分析系统，并就信息披露的指标定义、内容、频率、范围等达成共识。当前，提升数

字金融行业透明度是实现财务数据和风险信息公开透明的先决条件。

(二) 加强消费者教育和消费者保护

强化消费者保护是金融监管的一项重要目标，也是许多国家数字理财监管的重点。加强数字金融消费者教育，有利于公众了解数字理财产品、提升数字理财风险意识，增强消费者对数字理财的信心。事实上，数字理财发展趋势好，有助于解决一些金融消费者保护的难题。例如，在金融产品销售中，传统金融机构时常会发生销售人员夸大收益、误导销售或风险提示不充分等方面的问题。而通过互联网销售经批准的金融产品，通常不与客户见面，只要客户阅读过相关产品信息和风险提示等内容后在线点击"已阅读风险提示，并同意接受"等即可。如果网上销售的金融产品能够全面、准确地披露收益特征，风险提示充分且足够醒目，完全可以做到既切实保护金融消费者权益，又有效管控金融产品销售中的合规风险。当前，我国数字金融领域消费者教育的重点是引导消费者对数字理财的理解，厘清数字理财业务与传统金融业务的区别，使广大消费者知悉数字理财业务和产品的主要性质和风险。在此基础上，切实维护金融消费者在数字理财产品和业务办理中的合法权益，包括放贷人、借款人、支付人、投资人等在内的金融消费者权益均应得到保障。金融消费者保护的重点是，加强客户信息保密，维护消费者信息安全，依法加大对侵害消费者各类权益行为的监管和打击力度。例如，针对第三方支付中消费者面临的交易欺诈、资金被盗、信息安全得不到保障等问题，应有针对性地加强风险提示，及时采取强制性监管措施。

(三) 强化网络安全管理

为规避信用风险、道德风险、技术风险，应建立可信网站识别体系，通过第三方的电子认证机构对网站及其内容的真实性实施身份验证，逐步形成可信的信息链和资金链，建立健全对钓鱼网站的事前防范机制，营造安全可信的网络空间。通过安全监测、电子认证等安全技术措施，保证用户身份识别的准确可靠和用户交易的机密性、完整性，最终确保个人信息及资金的安全。建立和完善数字金融风险分析监测体系，加强风险分析和风险预警，及时进行风险提示和行为纠正，避免出现区域性金融风险。

（四）加强法治建设原则

法治原则是我国实行市场经济体制的内在要求。无论是对第三方支付公司还是第三方理财机构的监管，均应严格依照国家法律法规进行，通过法律法规的明文规定界定第三方支付公司或第三方理财机构的性质、业务范围、行业规章、法律责任以及相应监管机构等。目前在我国数字理财领域，关于对第三方支付公司或第三方理财机构的监管的具体立法还存在欠缺。传统金融领域的"分业经营、分业监管"体系往往出现"政出多门"的混乱现象。因此，需要引入"功能监管"理念来重构我国的金融监管体系。

（五）注重公平公正原则

银行、证券、保险以及信托是传统金融行业的四大支柱，也是数字理财领域的重要部门，它们分别由银监会、证监会、保监会实行"分业监管"。同属金融领域的第三方支付公司与第三方理财机构均非金融机构，因此，重视程度明显不够，如监管机构以及配套监管措施不明确，在新型的数字理财领域，其地位同样如此。因此，政府在监管过程中，应做到不偏不倚，一视同仁，严格贯彻市场公平的原则。

三　数字理财的规制措施

（一）选择合适的网络营销渠道

随着数字金融的发展，金融机构在渠道的选择方面有了更多的自主性。目前，主要存在三种模式：一是深度开发自己的官网；二是在以淘宝为主的第三方平台开设直销店；三是通过第三方理财机构平台代销。前者有利于自有品牌的建立、客户黏度的增加，但是存在初期投入成本高、知名度建立时间长等问题。第三方平台本身已经具有一定的市场知名度，流量、客户资源相对稳定，借力第三方平台营销可快速实现业绩增速。前者类似专卖店，后两者则类似金融产品超市。鉴于这三种模式各有利弊，银行、基金、保险等金融机构都面临着同样的选择困惑，大部分金融机构选择了两种渠道并行的模式。

（二）对网络营销的对象进行精准定位

随着大数据时代的到来，运用数据分析量化用户行为，了解用户群的特点，有效进行市场细分，定位用户的需求和偏好，进行精准营销，通过为企业节省巨额的营销和销售成本进而带来极其巨大的商业价值。余额宝的成功与它前期所进行的市场调研、细分以及定位是不可分割的。在余额宝出现以前，国内网络交易平台的交易量就处在上升阶段，然而大多数企业只看到了电子交易市场的商品市场，却忽略了其隐含的巨大的货币市场。余额宝则是对电子交易市场进行了详细的分析，认为虚拟市场和实体市场有着众多的相似之处，由消费者、销售商、制造者等组成，构成了一条完整的商业链条。

（三）加大信息技术与经营管理的深度融合

信息化技术的作用主要体现在两个方面：一是使业务流程更便捷，实现便捷的"一键开户"流程；二是使基金 $T+0$ 赎回变为现实，正是基金公司借助大数据，实现了对资金流动性的准确预估，降低了流动性风险，才使基金赎回从传统的 $T+2$、$T+3$ 变为 $T+0$。加大信息技术与金融机构经营管理的深度融合，把简单留给客户，把复杂留给系统，节约运营成本，优化工作流程，提高服务效率。

（四）建立基于数字模式的监管体系

1. 健全监管体制，提高风险保护

首先应将数字信用中介、数字理财服务、数字金融信息平台等纳入监管体系。其次在监管中，应注意监管力度与鼓励金融创新之间的取舍。最后应注意监管的重点由资产负债和流动性管理为主转向金融交易的安全性和客户信息的保护并重。

2. 构建数字安全体系，加强风险预防

数字理财产品网络营销依托的是先进的计算机系统，计算机系统的缺陷构成数字理财的潜在风险，很容易导致客户的账号密码等信息丢失从而引起资金损失。因此应该在以下三个方面构建数字金融安全体系：一是开发具有高科技自主知识产权的数字金融相关技术。例如，数字加密技术、密钥管理技术及数字签名技术，降低使用国外技术可能导致的不稳定以及信息泄露风险，保护金融安全。二是增加软硬件设施的投入水平。增强计算机系统的防攻击、防病毒能力，保证数字金融正常运行所依赖的硬件环境的安全。三是建立数字金融的技术标准。要尽快与国际上有关计算机网络安全的标准和规范对接。四是积极整合各种资源，以客户为中心建立共享型数字金融数据库，并通过数据库进行归类整理

分析和实时监控业务流程。

3. 控制企业规模，降低财务风险

数字理财产品依赖网络营销还处于起步阶段，盲目的扩张必然会带来资金上的压力。控制企业的规模，避免资金的周转困难，减少在财务上的风险。在财务风险的管控上，企业要设立自己的风险准备金，避免发生逾期和挤兑的现象。像现在各类"宝"的理财产品，一旦存款利率市场化之后，可能会出现收益率下降甚至出现负收益率的情况。当投资者出现大规模提现的时候，企业必然会面临资金的压力甚至倒闭。为避免财务风险，企业风险准备金的建立显得尤为重要。

4. 创新产品设计，规避利率风险

依赖网络营销的数字理财产品要想赢得投资者的认可，必须要有适合市场的金融产品，否则必将会被投资者所遗弃。在金融产品的设计上要和同类竞争者差异化。另外，在信息披露方面，定期公布平台的相关数据，如逾期率等信息。现在的数字理财产品依赖网络营销只是简单地将线下产品数字化，产品结构单一。一个新兴的行业应该具有自己独特的产品，结合传统的金融产品设计出具有数字金融特性的产品，增加投资渠道的多样性，才可以在一定程度上控制利率市场化后带来的市场风险。

四 数字理财的风险防范

（一）监管者

作为监管者，为投资者提供一个良好的投资环境是政府的基本责任和义务。为了进一步规范市场监管，对理财产品安全性风险进行有效防范，特提出以下两点作为风险防范的基本措施。

一是对金融系统基础建设进行全面提升。网络金融行业作为一个新兴行业，存在很多漏洞和不足之处。当前的数字金融行业，主要是依托于先进数字科技，数字技术发展虽取得了一定的进步，但仍需进一步提高。同时，数字行业的发展优势弥补了金融市场发展的空缺，完善了金融市场的组成。因此，作为政府相关部门，一定要发挥好引导作用，加快我国基础信息建设，构建完善的金融网络体系，为我国数字理财行业的发展提供更多保障。二是对金融系统安全管理制度进行全面完善。相比传统金融行业的发展，当前金融市场的风险监管制度已经较为完善，但数字理财行业发展方面还处于空缺状态。为建立一套较为先进、完善的监管体系，在金融系统建设中加入数字理财风险防范措施极为重要。如果建立起一套标准且统一的数字金融网络技术管理规范，将是数字理财行业所有参与者的福音，能够对交易过程中的技术风险进行全面监控，同时所有参与者都将从中获利。

（二）投资者

通过网络完成数字理财产品，网络技术不安全会引发风险事件，为了防范操作风险与技术风险，建议投资者在通过数字购买理财产品时不要相信任何陌生网站，不要点击陌生网站或下载资料；操作手机客户端时，不主动连接陌生WiFi，设置复杂的密码组合，避免手机被盗或遗失，造成资金被盗风险，具体操作时要观察周围环境，保证环境安全，避免密码泄露。

（三）发行者

1. 重视培训数字金融风险管理专员

提高他们对风险的认识及敏感度，侧重观察新生的风险类型，总结他人失误原因并进行自省，及时发现潜在威胁。

2. 重视内部网络平台建设

数字企业都有一套内部网络系统，受技术影响，很多网络并不完善，不利于保证网络的安全性。对此，要重视完善网络系统管理机构，构建完整的风险管控系统，为投资者提供一个安全稳定的投资渠道。

五　数字理财的发展趋势

（一）稳步提高数字平台技术水平

数字理财的稳定发展以网络为根基，数字理财产品的操作方式都是凭借网络互通而进行操作的，所以网络技术的安全性是数字理财产品的基础，也是保障客户安全的基础，要求相关的数字金融平台都要建立完善的网络安全防护系统，并对系统进行实时监督检查。同时配备具有综合技术能力的相关人员，及时找出数字当中的安全漏洞，并及时修复，才能有效地保障数字理财平台的稳定性、安全性。

(二) 加强数字金融理财监管力度

网络技术是数字理财行业发展的前提,一个有力的监管机制、法律制度是保障。这就首先要求需要完善相关制度,加强该类行业的监察工作,明确监管的具体工作范围,明确划分监管机构的职责范围,明确风险防范的标准,确保数字理财行业稳步发展。数字理财虽然是新兴的运作模式,同时也是未来的常态,工作模式需要长期地进行监管和约束,我们国家眼前缺少完备的监管机制,还需要一定的时间。为了数字理财行业的长期健康发展,还需要配备相关的法律制度,降低数字理财的风险。

(三) 降低数字金融理财流动性风险

数字时代的资金流动性加强,因此要求相关的数字理财企业增加自身的储备金,同时采取延期支付的模式,让更多的客户采取分期消费的形式,以此延长资金流通时间,降低资金流动性风险。作为客户本身,在数字时代应该学习数字理财规划,了解更多的理财产品,将数字理财风险进行分散。购买相关产品的时候,要充分地了解该产品存在的潜在风险,有效规避赎回风险;作为数字理财企业,本身也要优化投资方式,采取更多的存储方法,不断优化现有产品的结构,降低金融行业流动性风险。

(四) 提升金融业服务人员综合素质

数字提供了更多的便利,但是作为金融理财行业,还是需要投资方和企业面对面进行沟通和交流,客户仍然需要到银行了解相关的理财产品,与平台的客户人员进行沟通,也可以借助数字进行网络上的沟通,这都需要相关的客服人员进行维护,因此降低数字理财风险仍然脱离不了人为因素,脱离不了相关服务人员的综合素质。只有不断提升相关工作人员的专业技能和职业素养,才能提高服务水平,充分发挥出数字金融的潜在优势。数字理财相关企业要对相关的服务人员进行定期培训,整体提升服务人员的专业技能和服务意识,满足客户更多元化、更个性化的需求。

本章小结

随着数字技术的快速发展，其创新的新技术得到广泛应用，特别是在金融领域，一场跨界革命的大浪潮悄然爆发，"数字+金融"产品及业务呈现良好的发展态势。本节介绍了数字理财产品——余额宝，数字理财渠道的便捷，包括保险、基金、信托等机构在内的产品对传统银行渠道的依赖性大幅削弱。对于银行来说，大型银行网点众多的优势在互联网时代不复存在。数字理财渠道给大型银行带来冲击的同时，也为中小型银行的发展带来了广阔的市场空间。本节还分析了外国商业银行与本国商业银行数字理财的区别，提出数字理财的监管意见。当前发展数字经济已是国家战略，政策支持力度不断加大，数字理财产品前景可观。

资料拓展

数字理财产品

根据理财产品品种划分：数字理财产品主要包括数字贷款基金、网络证券类、数字理财类、数字货币支付类等几种类型。其中数字贷款基金包括京东白条、蚂蚁借呗、蚂蚁花呗等几种类型；网络证券类特指为经营炒股软件提供咨询的公司所推出的理财产品，如平安证券等；数字理财类包括余额宝、网易理财、京东金融等几种类型；数字货币支付类包括财付通、支付宝、京东支付等几种类型。

根据理财产品发行公司平台类型划分：数字理财产品可以划分为数字平台类、基金直销类、银行类、电信运营商、其他类。其中数字平台类可划分为门户网站类、电商类、搜索网站类；基金直销类主要是基于货币基金本质把数字金融理财作为平台推广基金产品，如华夏现金增利货币基金推行的活期通、汇添富基金全额宝等；银行类主要是由各大银行依托原有理财产品基础与基金公司、数字进一步合作推出的银行系数字理财产品；电信运营商主要是以激活手机用户预存话费沉淀资金为对象推出的财务余额自动理财类服务；其他类主要是通过数字平台直接进行资金传递，其本质上为P2P产品，大多面向中小型、小微企业。

数字时代，数字模式不断渗入金融行业，数字理财产品如雨后春笋般出现。但是这一新兴理财产品仍然存在诸多潜在不可控的影响因素。在明确数字理财产品优势、种类的基础上，数字理财产品的使用者应主动从社会层面、情感层面、风险层面、功能层面，对数字理财产品使用影响因素进行系统分析。并根据未来一段时间内数字金融发展方向预估结果，制定并实施针对性的风险调控方案，保证数字理财产品使用效益，为数字金融发展提供保障。

考研真题

1. 关于 Libra，以下不正确的是（　　）。（上海财经大学，2020 年）
   A. Libra 是由 Facebook 公司首先提出来的虚拟加密货币
   B. Libra 与美元挂钩，追求对美元汇率的稳定性
   C. 将对央行管理的主权货币带来很大挑战
   D. 能够促进支付体系的效率
2. 金融科技的发展对金融稳定带来哪些影响？（中南财经政法大学，2018 年）
3. 数字金融概念与几年前使用的网络金融概念的区别与联系，举例说明当前数字金融的主要形式，并分析其风险。（首都经济贸易大学，2019 年）

第八章

数字金融立法

案例导入

2013年5月,邓某出资注册成立深圳市某方投资管理有限公司,由邓某任法定代表人及公司负责人,朋友李某任运营总监。2013年6月19日,深圳市某方投资管理有限公司创建"某某创投"网络投资平台,向社会公众推广P2P信贷投资模式。邓某及李某有意将客户的投资款出借给实际有资金需求的企业,但实际操作后发现坏账率会超过6%,并且不能按时收回。为了能及时返还投资人的本息,邓某就决定通过其名下的企业以及私人物业来实现增值利润反馈投资人。随后,邓某挪用投资人的投资款设立公司、购置商铺、办公楼,并以物业进行抵押贷款,将利息偿还投资人。

2013年9—10月,爆发P2P平台公司倒闭潮,投资人出现密集提现,导致某某创投出现资金链断裂。截至2013年10月31日,"某某创投"网络投资平台共吸收1325名投资人共计公众存款人民币126736562.39元(约1.3亿元),投资人已提现金额为人民币74719587.96元,该提现金额折抵本金后,投资参与人实际未归还本金为人民币52503199.73元①。2013年11月2日,邓某在走投无路的情况下前往公安机关投案自首。2013年12月18日,李某前往公安机关投案自首。

侦查机关经过历时9个月的调查取证后,深圳市罗湖区人民法院于2014年7月依法对"某某创投"网络投资平台的法定代表人邓某和运营

---

① 数据来源:雪球网数据,https://xueqiu.com/2591946032/149025852。

总监李某作出判决,判决邓某犯非法吸收公众存款罪,判处有期徒刑三年,并处罚金人民币 30 万元;判决李某犯非法吸收公众存款罪,判处有期徒刑二年,缓刑三年,并处罚金人民币 5 万元。轰动一时、涉案金额达 1.3 亿元的"某某创投案"成为国内 P2P 自融平台被判非法吸收公众存款罪的第一案。

第一节 数字金融法律体系的问题

国家无论是对金融安全的维护,还是数字金融行业自身的健康发展,都亟须针对数字金融行业治理提供有效的制度供给,通过主动研判、准确识别、合理防范进而增进数字金融的效率、公平、稳定,不断推进行业健康发展。数字金融行业的科学治理,必须立足于数字金融行业的健康发展,"效率""公平"和"稳定"是衡量其成效的三个基本价值判断标准。三个基本价值判断标准正是科学、合理以及有效的数字金融立法的三个基本价值面向。在当前数字金融治理的背景下,相关立法与监管部门必须推进数字金融立法,做出一个系统周密的立法安排,循序渐进地构建一套符合数字金融属性与发展规律,包括效率面向、公平面向以及稳定面向等层面的制度体系。

一 上位法律缺失

数字金融是整个数字经济的重要组成部分,数字金融法律必然归属于整个数字法律体系。中国在数字领域的立法起步较晚,当前,我国涉及数字金融的法律随着数字金融的发展逐步完善,但事实上却很少有直接涉及数字金融概念的专用法律条文。就目前来说,与数字金融有关的《刑法》《民事诉讼法》《担保法》《金融消费者权益保护实施办法》等,能够依法打击电信、网络诈骗等犯罪行为,但还不能真正全面统筹解决数字金融方面的一些问题,更需要一部有关《数字金融》业务科技、业务范围、法律责任等方面的专用法律,来维护、规范数字金融的发展。我国数字立法的缺陷仍然十分突出。

2021 年以前,中国尚未颁布调整数字及数字经济活动中相关法律主体之间法律关系的网络基本法,存在上位法缺失的结构性缺陷。2000 年

12月28日第九届全国人大常务委员会通过的《关于维护数字安全的决定》内容过于简单,原则性条约缺少,因此并不具备基本法的性质,但是它也标志着规范互联网的全国性法律初露端倪,是我国在网络法制方面迈出的重要一步。目前,与数字相关的立法活动层次较低,大部分调整数字行为的法律规定为行政规章及规范性文件(见表8-1),数字基本法的缺失导致数字整体立法活动缺少原则性的指导,同时也导致数字经济的发展及相关的政府政策,因缺少法律的确认而不能得到很好的贯彻实施。宪法对于公民的权利与社会秩序的保护精神也无法更好地体现在数字金融立法活动中。

表8-1 数字行为的规章及规范性文件

颁布时间	规章及规范性文件名称	颁布部门
2005年10月	《电子支付指引(第一号)》	中国人民银行
2006年1月	《电子银行业务管理办法》	中国银监会
2009年4月	《关于加强银行卡安全管理预防和打击银行卡犯罪的通知》	中国人民银行、中国银监会、公安部和国家工商总局
2010年6月	《非金融机构支付服务管理办法》	中国人民银行
2010年12月	《非金融机构支付服务管理办法实施细则》	中国人民银行
2011年5月	《关于规范商业预付卡管理意见的通知》	中国人民银行
2011年8月	《关于人人贷有关风险提示的通知》	中国银监会
2011年9月	《保险代理、经纪公司互联网保险业务监管办法(试行)》	中国保监会
2012年1月	《支付机构互联网支付业务管理办法》	中国人民银行
2012年9月	《支付机构预付卡业务管理办法》	中国人民银行
2013年1月	《关于优化和调整银行卡刷卡手续费的通知》	国家发改委
2013年2月	《关于开展第三方支付机构跨境电子商务外汇支付业务试点的通知》	国家外汇管理局
2013年6月	《支付机构客户备付金存管办法》	中国人民银行
2013年7月	《银行卡收单业务管理办法》	中国人民银行

2021年11月1日《个人信息保护法》正式实施，与2017年6月1日施行的《网络安全法》、2021年9月1日施行的《数据安全法》并称我国网络空间治理的三大基础法律。在信息网络上位法均已就位的同时，关于数字平台行业的相关制度建设也在稳步推进。2021年10月29日，数字平台行业的基础规则《数字平台分类分级指南》和《数字平台落实主体责任指南》的征求意见稿发布，紧接着数字平台的"基本法"陆续出台，群雄并起、巨头争霸的数字平台江湖终于步入法制的轨道。这是继2021年2月7日国务院反垄断委员会发布《关于平台经济领域的反垄断指南（国反垄发〔2021〕1号）》之后，对数字平台整个行业基本监管制度的完善，平台巨头和整个平台行业均纳入规范化管理框架。

二　法规不成体系

由于数字金融是新兴事物，法律界对数字经济的认识和理解有一个比较长的过程，导致针对数字活动的法律存在法规不成体系的问题，主要表现在以下几点。

一是数字领域的专门法及专项法存在严重缺位的现象，尤其是在数字金融法律领域。2004年5月颁布的《电子签名法》规范了数据电文制度、电子签名与认证制度以及电子认证服务者的法律责任等，是电子商务领域立法史上的一个里程碑，但电子签名法也只对电子商务应用的第一个环节电子签名行为进行规范，对诸如电子商务支付中的法律问题、消费者法律保护等重要问题均未涉及，作用十分有限。

二是有关数字运营者、数字用户义务的规定较多且具体，而对数字用户权利的规定则较少且抽象，权利、义务存在不对等、不平衡现象。

三是法律法规内容空缺或者重复，若干个主要问题如隐私权、消费者权益保护等在法律中没有明确规定，给法律执行造成一定的困难，或者相同的规定在两个以上的法律法规中出现且调整同一法律关系，有碍于统一的法律体系建设。

四是现行数字法律中已经颁布实施的配套法规缺乏明确的判断、分级和执行标准，存在可操作性不强的缺陷，并会导致"法律适用性差、执法随意性强"的后果。

三 法规规章冲突

数字法律中不同位阶的法规规章之间、新法与原法之间，甚至是相同位阶的法规规章之间存在协调性缺陷。主要表现为以下几点。

一是由国务院颁布施行的法规与由具备立法权的地方人大颁布施行的法规之间存在冲突。地方法律法规与国家冲突应由国务院提出意见，国务院认为应当适用地方性法规的，应当决定在该地方适用地方性法规的规定；认为与地方法律法规相抵触的规定无效，应由制定机关及时予以修改。依据《立法法》第八十七条规定："宪法具有最高的法律效力，一切法律、行政法规、地方性法规、自治条例和单行条例、规章都不得同宪法相抵触。"《立法法》第八十八条规定："法律的效力高于行政法规、地方性法规、规章，行政法规的效力高于地方性法规、规章。"《立法法》第八十九条规定："地方性法规的效力高于本级和下级地方政府规章。省、自治区的人民政府制定的规章的效力高于本行政区域内的设区的市、自治州的人民政府制定的规章。"

二是国务院各部委颁发的行政规章之间存在冲突。由于我国在制定调整具体商事法律关系的法规时主要采用部门立法方式，如在金融领域，具体适用的法律规范以中国人民银行、银监会、保监会、证监会发布的部颁规章及规范性文件为主，由于"一行两会"站在分业监管者的角度，对同一问题的理解认识不同，对同一行为的监管边界划分不清，导致其各自出台的规章及规范性文件之间存在不协调甚至存在冲突。

三是数字法律与其他相关民商事一般法、民商事专门法、程序法之间缺少相互的呼应，相关法律在数字领域及对数字行为的解释空白，这在某种程度上制约了数字法律实施的效果。

四 司法救济不足

随着数字经济的高速发展，尤其是近年来数字模式不断创新，数字经济规模呈爆发式增长，数字金融活动中数字平台与用户、数字用户与用户、数字平台与传统金融机构之间的民商事纠纷案件也呈现高发趋势。2013年，有七八十家P2P网贷平台倒闭或"跑路"，引发了众多民事案件甚至一些刑事案件。

司法救济是运用国家权力调整处理各种社会关系和矛盾,并强制相关当事人履行法定义务的一种救济手段,具有权威性、强制性,也是社会救济中最终的救济方式,但其执行中存在不足。首先,数字金融司法案件中的数字金融平台定位不明造成了司法实践中的不同思路,如《关于促进互联网金融健康发展的指导意见》将网络贷款平台、股权众筹平台等数字金融平台的性质界定为金融机构,而《网络借贷信息中介机构业务活动管理暂行办法》将以网贷平台为代表的数字金融平台界定为信息中介机构。其次,在数字金融领域,由于相关法律法规不完善以及法院审判人员对于数字金融运行模式尚不熟悉,导致数字金融的司法裁判规则与监管规则适用界限不明,特别是监管规则能否作为司法裁判依据这一问题尚需进一步解决。最后,存在"执行难"的问题,如跨地域的数字金融案件的执行,会因为地域上的差异带来执行上的障碍,另外,由于数字金融的虚拟性,司法裁判机关在立案以及审理的过程中常常采用电子送达和执行等区别于实体的方式,在一定程度上加剧了执行的不确定性。

第二节 数字金融法领域的问题

根据传统民商法理论,商法是指调整经济活动中商事主体及其商事活动的法律规范的总和,包括商事主体法和商事行为法。我国没有形式上的商法,但存在实质上的商法,主要表现为大量的商事单行法,包括公司法、证券法、票据法、银行法、保险法等。

商法的基本原则是市场经济的客观要求在法律上的反映,现代商法主要基本原则包括:其一,强化企业组织及完善企业结构,如公司法中的有限责任、资本三原则,公司治理规则,又如破产、重整、兼并制度等实现企业优胜劣汰和实现资产优化组合的法律机制;其二,降低交易成本,提高经营收益,如保护产权、维护信用、促进交易便捷等法律制度;其三,维护交易公平及维护市场的正常秩序,如信息披露制度等体现平等原则的法律制度,又如董事诚信义务等体现诚信原则的法律制度;其四,保障交易安全,如公示主义原则、外观主义原则和保护善意第三人制度等。

金融法是典型的商事法律，金融法就是国家立法中需要规范金融机构的设立、组织、性质、地位和职能，调整国家金融监管部门在组织、管理金融事业和调控、监管金融市场过程中所形成的金融监管法律关系，调整金融机构从事金融业务活动中发生的经济交易法律关系。

数字时代背景下的金融商业模式创新，一方面给金融业带来了蓬勃发展的春风，给金融市场带来极大的活力，给普通用户带来全新的金融活动体验，并创造了巨大的价值；另一方面，也给金融法律和金融监管带来前所未有的挑战。

一　金融产品证券化

国际经合组织认为资产证券化（Asset-Backed Securitization，ABS）是指把缺乏流动性但具有未来现金流收入的同质资产打包、重组，将其转变成可以在金融市场上出售和流通的生息证券，并出售给投资者的过程。通常，资产证券化是通过设立信托型或公司型的特殊目的主体（Special Purpose Vehicle，SPV）来实现。资产证券化起源于20世纪30年代的美国，最早从解决低收入民众住房问题的美国住房抵押贷款证券化开始，逐步发展并推动了金融市场的活跃。20世纪80年代以来，资产证券化从规避利率风险、流动性风险提升到资产负债管理层面，不仅作为解决流动性不足的工具，更成为金融市场投资者和融资者的有效连接、促进社会资源配置效率提高的有力工具，在一定意义上形成一种内容丰富的金融理财观念。然而，证券化产品结构也越来越复杂，出现了对证券化产品进行重新组合、重新评估再度证券化的产品，甚至利用信用衍生产品构造出证券化产品如担保债务凭证（Collateralized Debt Obligation，CDO）。由此，资产证券化的规模越来越大，导致基础资产一旦出现问题带来的风险被"乘数级"放大，2007年8月开始于美国并逐步蔓延至全球的金融海啸就是因为美国次贷危机引发的证券化产品丧失信用而导致的全球流动性危机。

中国金融市场由于尚处于发展的初级阶段，资产的证券化程度不高，所以在2008—2010年的全球金融海啸中并没有受到很大的冲击，金融监管部门对于资产证券化的推进也一直持谨慎态度。中国曾经在2005—2006年有过一段资产证券化试点的小高潮，如国家开发银行42亿元的信贷资产支持证券和中国建设银行 30 亿元的个人住房抵押贷款支持证券在银行间市场发行，但由于其后次贷危机和金融海啸的影响，资产证券化在监管层处于被搁置状态。

近年来，随着数字金融的兴起和爆发式增长，金融产品的交叉销售日趋繁荣，已有金融机构开始考虑将不同资产收益率、不同期限的银行理财产品、保险产品、私募股权投资产品、公募基金产品通过信托结构打包重组成新的金融产品，通过资产期限错配实现资源再配置，这已是事实上的金融资产证券化行为。可以预计，数字金融的交易便捷性将会大大推进金融资产证券化产品的繁荣，而我国在资产证券化立法和监管方面的滞后将会直接影响到金融资产证券化的发展是否规范及风险是否可控。

二 主体资格及特许经营

在中国，传统金融机构的主体资格及特许经营条件，按照其金融行业区分都有单行的金融法律来调整，并根据相关法律规定设定了具体的政府监管机构。商业银行及其行为由《商业银行法》调整，信托公司及其行为由《信托法》调整，并均由银监会监管；保险公司及其行为由《保险法》调整，并由保监会监管；证券公司、期货公司、基金公司及其行为分别由《证券法》《期货法》《基金法》调整，并均由证监会监管。

银监会、保监会、证监会作为金融行业的监管机构根据相关的上位法律，分别针对各自监管的金融机构的主体资格要求和特许经营的条件[①]通过上报国务院颁发行政法规或者自行颁发行政规章设定标准，对金融机构经营活动中的具体事务，随时颁发行政规章或者以"通知""规定""办法"为载体的规范性文件，以此来规范和管理相关金融市场。这就是中国金融市场"纵向""分业监管"的基本模式。

由于数字金融依托于大数据、云计算来整合分析"碎片化"信息，致力于发现利基市场[②]的"长尾效应"，与传统金融机构以往的思维方式

---

① 特许经营的条件：包括股东资格要求、最低资本要求、营业场所要求、从业人员资格要求、治理制度要求、信息技术及系统能力要求等。

② 利基市场是在较大的细分市场中具有相似兴趣或需求的一小群顾客所占有的市场空间。

和商业模式不同，必然使得新兴数字金融企业及其业务游走于现有的金融法律框架和金融监管秩序的缝隙。第三方支付机构因其规模近年在支付领域突飞猛进，首先被纳入金融法的调整范围。美国1999年颁布的《金融服务现代化法案》将第三方支付机构界定为非银行金融机构，欧盟2005年《支付服务指令》颁布的将第三方支付机构界定为支付活动的"中间交易人"，中国人民银行也于2010年颁布《非金融机构支付服务管理办法》，将非金融机构的支付服务定义为"在收付款人之间作为中介机构提供货币资金转移服务，包括数字支付、预付卡发行与受理、银行卡收单"。但是，除了第三方支付机构外，对近年来涌现的"P2P网络贷款""众筹"等金融中介平台，是否需要对其经营者设定主体资格要求或准入门槛，并且在分业监管模式下应该由哪个现有金融监管机构进行监管是亟须明确的问题。尤其是类似"宜信模式"的P2P网贷平台，已经不完全是金融中介平台，其通过发放贷款获得债权，并将金额、期限错配对债权进行拆分转让、借贷平台公司事实上形成"资金池"并从事信贷业务，从公平对待所有数字金融机构和防范风险的角度出发，主体资格条件和经营许可问题也应尽快有所结论。

三　分业经营抑或混业经营

金融行业的经营模式有分业经营和混业经营。分业经营模式是指银行业、证券业、保险业、信托业之间分业经营和分业管理，各行业之间有严格的业务界限，其代表主要有20世纪90年代美国的金融制度。混业经营模式是指金融机构不仅可以经营传统的商业银行业务，还可以经营投资银行业务、保险业务、证券业务和信托业务等。实行混业经营模式的金融机构主要有两种：一种是德国式的全能银行，另一种是美国式的金融控股公司。

我国金融行业从混业经营发展到分业经营。20世纪80年代，我国实行混业经营，银行可以经营信托、证券等业务。自1992年下半年起，房地产热和证券投资热导致大量银行信贷资金通过同业拆借进入证券市场，扰乱了金融秩序。于是，1993年年底正式实行分业经营。1995年《中华人民共和国商业银行法》的颁布以立法形式确立了我国金融行业分业经营的方向，之后相继颁布的各项金融法律法规，最终从法律框架上确立了我国分业经营和分业管理的金融发展格局。近二十年的实践证明，分业经营和分业管理的原则对于规范我国的金融秩序，降低和化解金融风险发挥了重要作用。

全球经济金融一体化、金融自由化、金融服务多元化对分业经营产生重大影响，金融产品的多元化和金融资产的证券化打破了传统金融产品和服务的划分标准。自允许券商、基金管理公司进入银行间同业拆借市场、允许保险基金以购买基金形式进入股市以及允许券商股票质押贷款以来，我国的银行、证券、保险等行业的混业经营趋势正逐步加强，事实上已突破了法律框架设定的分业经营边界。

四 跨境交易和跨境支付

数字经济"跨国界、跨业界"的特点使得跨境电子商务活动日益活跃，跨境 B2B、B2C 交易规模日益增长，跨境支付业务范围不断扩大。国家外汇管理局在 2013 年 3 月先后制定了《支付机构跨境电子商务外汇支付业务试点指导意见》《支付机构跨境电子商务外汇支付业务试点管理要求》等多项文件，决定在上海、北京、重庆、浙江、深圳等五地开展支付机构跨境电子商务外汇支付业务试点。获得支付业务许可证的第三方支付机构均可申请通过银行为小额电子商务（货物贸易或服务贸易）交易双方直接提供跨境电子商务支付服务。截至 2013 年 10 月，首批获得跨境支付牌照的第三方支付机构共 17 家[1]，包括汇付天下、银联电子支付、东方电子支付、快钱、盛付通、环迅支付、财付通、易极付、支付宝、钱袋网等。除了国内商业银行外，一些外资银行也纷纷与第三方支付机构开展跨境支付业务合作。

随着我国外汇管理的逐步放开，人民币国际化的进程以及民间跨境结算需求大幅上升，包括第三方支付机构在内的数字金融企业在跨境支付领域将大有可为。2014 年 4 月 10 日，中国证监会与香港证券及期货事务监管委员会发布联合公告，原则批准开展沪港股票市场交易互联互通机制试点，试点初期，对人民币跨境投资额度实行总量管理，并设置每日额度，实行实时监控。其中，"沪股通"总额度为 3000 亿元人民币，

---

[1] 数据来源：国家外汇管理局，https://finance.eastmoney.com/a/20130926325720213.html。

每日额度为 130 亿元人民币;"港股通"总额度为 2500 亿元人民币,每日额度为 105 亿元人民币。①

在传统上,我国一直属于外汇管制国家。外汇管制(Exchange Control)的法律概念是指一国政府或中央银行为避免本国货币供给额的过度膨胀或外汇储备的枯竭,对持有外汇、对外贸易或资金跨境流动所采取的干预和管制制度。我国所适用的外汇管制是广义外汇管制,即对居民和非居民所有的涉及外汇流入和流出的活动均进行限制性管理。随着跨境支付的快速发展,我国外汇管制的机制以及外汇管制相关法律法规均需进行更新和修订。

五 虚拟货币的法律地位

虚拟货币是以二进制电子数据形式存储在计算机系统中,并通过数字系统以电子信息传送形式实现流通和支付功能的货币。近年来,在国际上虚拟货币发展迅速,如比特币。比特币的一度暴涨也在中国催生出了数十种"山寨"虚拟货币,只需要对比特币的客户端代码参数进行简单修改,就能开发出一款虚拟货币。目前这种虚拟货币的生产、交易、运营已经形成一个产业链,大有方兴未艾之势。但是,2014 年 2 月全球最大的比特币交易网站 MtGox 宣布近 5 亿②美元的比特币被盗并申请破产保护,以比特币为代表的虚拟货币市场陷入动荡,国内比特币交易网站 FXBTC 和 BTC38.COM 等也相继宣布由于监管部门的政策而终止比特币交易。美国著名经济学家米什金在《货币金融学》一书中将货币定义为"货币或货币供给是任何在商品或劳务的支付或在偿还债务时被普遍接受的东西"。什么是被普遍接受的东西?从货币发展的历史来看,最初是贵金属,再是以黄金为基础的纸币,现在是以政府信用为基础的纸币。尽管我们当今使用的货币本身也是虚拟的,但主权货币之所以能够流通,其背后的支撑是政府的信用,没有信用保证正是比特币等虚拟货币的"命门"所在。

中国人民银行发布的《关于进一步防范和处置虚拟货币交易炒作风

---

① 数据来源:东方财富网数据,https://finance.eastmoney.com/a/20140410375497676.html。
② 数据来源:环球网数据,https://m.guancha.cn/economy/2014_02_25_208728.shtml。

险的通知》指出，虚拟货币不具有与法定货币等同的法律地位。比特币、以太币、泰达币等虚拟货币具有非货币当局发行、使用加密技术及分布式账户或类似技术、以数字化形式存在等主要特点，不具有法偿性，不应且不能作为货币在市场上流通使用。虚拟货币相关业务活动属于非法金融活动。国家将严厉打击涉虚拟货币犯罪活动。公安部部署全国公安机关继续深入开展"打击洗钱犯罪专项行动""打击跨境赌博专项行动""断卡行动"，依法严厉打击虚拟货币相关业务活动中的非法经营、金融诈骗等犯罪活动，利用虚拟货币实施的洗钱、赌博等犯罪活动和以虚拟货币为噱头的非法集资、传销等犯罪活动。即使未来虚拟货币在数字经济的商品和服务交易中被普遍认可，也只有以法律形式明确其地位后才能得到保护。

六 非法集资的法律边界

所谓"非法集资"，是指公司、企业、个人或其他组织，违反法律、法规规定，通过不正当的渠道，向社会公众或者集体募集资金的行为。在中国，民间集资历史悠久，由于界定标准模糊，对民间融资行为是否合法的判定往往存在分歧。为了统一"罪"与"非罪"的界定标准，2011年1月4日颁布了《关于审理非法集资刑事案件具体应用法律若干问题的解释》，对非法集资的具体特征予以细化，构成非法集资罪应同时具备四个条件：其一，未经有关部门依法批准或者借用非法经营的形式吸收资金；其二，通过媒体、推介会、传单、手机短信等途径向社会公开宣传；其三，承诺在一定期限内以货币、实物、股权等方式偿还本付息或者给予回报；其四，向社会公众即社会不特定对象吸收资金。

在数字金融模式中，部分网络平台经营者脱离了金融中介的角色，游走在"非法集资"的边缘。例如，"P2P 网贷"模式中，部分平台没有第三方资金托管或者明面有第三方托管但实际仍由平台掌控资金，形成"资金池"，平台可以随意转移、挪用客户的资金；也有平台以虚构借款人的方式实现平台的自融行为，进行长线投资，造成期限错配并引发流动性风险。又如，"众筹"模式中，存在众筹平台在无明确投资项目的情况下先行归集投资者资金，形成资金池，然后公开宣传吸引项目上线，再对项目进行投资；部分众筹平台直接向普通投资者发行股份，涉嫌

"非法发行股票"。数字金融的优势就是整合"碎片化"信息和占据"长尾市场",其业务特点就是"公开"以及"针对不特定对象",因此,数字金融企业在尚未取得政府主管部门对其相关金融业务的经营许可前,应当坚守金融中介的角色,避免自身成为交易一方,以此避免陷入"非法集资"的泥沼。

第三节 数字金融民法领域的问题

根据传统民商法理论,民商法包括民法和商法。民法是指调整平等主体的自然人、法人和其他组织之间的财产关系和人身关系的法律规范的总和。财产关系是指民事主体在商品的生产、分配、交换和消费过程中形成的具有经济内容的关系,人身关系是指因民事主体的人格利益而发生的社会关系。民法主要包括物权法、债权法、人身权法、侵权法、知识产权法等。信息网络时代,与人身权相关的各种信息更多地在网络间传递和被储存,使得我国传统民事法律规范中的一些内容亟待更新和调整。

一 电子合同的效力

合同,也称契约,是民事活动当事人之间达成的具有法律约束力的协议。数字时代产生了无纸化的电子交易,并形成了无纸化的电子合同这一新的合同形式,电子合同只是对传统合同外延的延展,而不是对传统合同概念的颠覆。国内外普遍承认电子合同的法律效力,并通过法律规范予以确定。联合国国际贸易法委员会颁布的《电子商业示范法》确认电子合同及电子签名具有有效性和可强制执行性,我国《合同法》第11条也规定"书面形式是指合同书、信件以及数据电文,包括电报、电传、传真、电子数据交换和电子邮件等可以有形地表现所载内容的形式"。2005年5月颁布的《电子签名法》第2条规定"电子签名是指数据电文中以电子形式所含、所附用于识别签名人身份并表明签名人认可其中内容的数据;数据电文是指以电子、光学、磁或者类似手段生成、发送、接收或者储存的信息。"

2014年,P2P网贷行业整体借款人数为18.9万,投资人数为44.36

万,全国P2P网贷成交额约达964.46亿元,网贷行业贷款余额约达477.75亿元,网贷平台共1184家[1]。在民众对高收益的网络金融产品风险逐渐构建理性认知、我国对网贷行业设置规范化监管的条件下,关于电子合同和电子证据认定的法律规定将更加完善和明晰。而在此之前,进行网贷交易的主体势必要理性认识到交易中的法律风险,网贷平台应加强对交易方的审查识别,提高证据保存意识,且在交易效率和风险之间合理寻找平衡点。随着数字金融的进一步发展,通过数字实现的金融交易已经不再是简单的支付,也不再是简单的两方交易,而是集聚了多方交易主体的复杂投融资交易,并且还会涉及交易主体之外的第三方,包括第三方交易平台、第三方支付机构、商业银行以及工商、税务等公权部门。因此,传统合同法在调整数字交易法律关系时仍然存在不适用的情形,有必要根据电子交易、电子支付和数字金融的特征,研究制定《电子合同法》。

二 居间、代理和自营

传统金融产品和服务的法律关系是清晰且相对简单的,银行贷款、理财产品、信托产品、保险产品、基金产品均如此。例如,某个基金公司发售一款基金产品,不仅直销,也通过商业银行、证券公司和第三方基金销售公司代销。在这个基金募集的金融交易中,由于基金采用信托法律结构,基金公司是财产受托方(或是基金份额的卖方),基金投资者财产委托方(或是基金份额的买方),商业银行、证券公司和第三方基金销售公司是受托方(卖方)的销售代理人。民事代理的法律责任很清晰,代理人接受被代理人的委托行事,其法律后果由被代理人承担,基金投资者与基金公司达成合约,只要销售代理人在销售过程中没有违反法律或代理协议的行为,就不会承担交易带来的法律后果和责任。既代理卖方又代理买方的双重代理,或者代理卖方与自己交易的行为会被认为是无效代理行为。

数字金融的创新模式使得代理、居间或自营的民事法律关系演变成一种复杂的混合关系,即同一个主体在同一金融交易中可能扮演不同的

---

[1] 数据来源:证券日报,http://finance.people.com.cn/n/2014/0724/c59941-25333817.html。

角色，存在极大的利益冲突问题。

以"余额宝"与天弘基金合作的"天弘增利宝"货币市场基金作为例子，在各项协议中，余额宝强调自己只是提供资金支付渠道，不参与基金销售协议，也不对基金的盈亏承担任何责任，并将"天弘增利宝"货币基金的销售定义为直销，其从天弘基金公司所收取的收益也被定义为"管理费"而不是"基金代销费"。同时，"余额宝"对基金投资者承诺产品可以在任何时间实现 T+0 赎回，事实上，货币基金投资者在非交易时间段的赎回是由"余额宝"利用头寸先行垫付，真正的基金清算交割仍需等到下一个交易日，而垫付日至清算交割日的基金收益则归垫付者；"余额宝"还承诺，投资者的资金可以通过"支付宝"用于"天猫"与"淘宝"等平台网购产品和服务。在上述交易中，"余额宝"就扮演了多重角色，其名义上是"天弘基金"与基金投资者的居间人，事实上是"天弘基金"的代理销售人，垫付赎回资金的行为类似向"天弘基金"或者向基金投资者发放贷款，而通过"支付宝"用于"天猫"与"淘宝"等平台网购产品和服务则属于另一个循环的居间交易；由于信息披露不充分，"支付宝"将"余额宝"定义为支付产品，而普通投资者往往把"余额宝"本身视为高收益的类存款产品，在此情形下，"余额宝"实际上在与基金投资者进行自营交易。"余额宝"模式将居间、代理和自营的多重角色混为一谈，一旦货币基金面临大的利率和流动性风险，在巨额赎回情形下出现了给付问题，则与投资者发生法律纠纷的情形就很难避免，同时也可能引发利益冲突下的道德风险。

又如，P2P 网络贷款平台中的"人人贷"和"拍拍贷"模式，此模式下，P2P 网贷运营平台仅作为借款人和贷款人的中介方，负责设定标准化的信息审核、利率标准设定、风险等级评估以及线上或线下担保等事宜，而不参与资金的过手，然而众多 P2P 网贷平台事实上参与了资金的交易并累积自己的资金池。先不论 P2P 网贷平台是否具备贷款业务的经营许可，仅从既做中介又直接参与交易这一行径上看，法律关系混同的风险已然存在。

三 担保物权制度的网络适用

随着数字金融由支付领域向投资、融资领域延伸发展，由于中国征信体系的不健全以及征信数据的极有限开放,越来越多的数字金融交易需要引入担保机制。线上交易需要匹配线上担保才能兼顾安全和高效,但现实中往往在担保环节搁浅,因为现有担保物权制度缺乏数字环境下的有效适用方法。我国《担保法》规定的担保方式包括信用保证、不动产抵押、动产抵押、动产质押、权利质押、定金和留置等多种,除了信用保证、定金、留置外,其他担保方式均涉及法定的担保物权登记制度。比如,房地产抵押需要到不动产所在地房地产登记部门办理抵押登记,动产质押需要到工商管理部门办理登记,非上市公司股权质押需要到公司所在地政府确定的登记机构办理登记,上市公司股份质押需要到中央登记结算公司办理登记,而权利质押①却没有明确的登记机构。

如果各政府主管部门和公共服务部门认识到这一问题并着手解决,包括房地产在内的各类物权的权利凭证登记问题应不难解决,加大这方面的公共资源投入,将为数字金融的发展营造更大的空间。

四 隐私保护和信息安全

2022年,中国银保监会办公厅印发的《关于银行业保险业数字化转型的指导意见》指出需加强数据安全和隐私保护,完善数据安全管理体系。特别是加强第三方数据合作安全评估,交由第三方处理的数据,应依据"最小、必要"原则进行脱敏处理。关注外部数据源合规风险,明确数据权属关系,加强数据安全技术保护。构建云环境、分布式架构下的技术安全防护体系,做好网络安全边界延展的安全控制。与此同时加强金融生态安全防护,强化与外部合作的网络安全风险监测与隔离。建立开放平台安全管理规范,提高业务逻辑安全管理能力。加强安全风险评估机制,强化技术风险管理,实施开源软件全生命周期安全管理。

隐私权(the Right of Privacy)一词最早是由美国法学家路易斯·布兰蒂斯和萨莫尔·华伦于1890年发表的一篇著名论文《隐私权》中提出,演变至今已成为一项公认的独立的人格权。它是指自然人所享有的一种不愿或不便他人获知或干涉私人信息的支配和保护的人格权。隐私权的主体是个人,客体即隐私。隐私是一种与公共利益、群体利益无关

---

① 例如,仓单质押、提单质押。

的私人信息、私人活动及私人领域，其中私人信息属无形的隐私，主要包含健康状况、财产状况、宗教信仰、医疗记录、身体缺陷、过去经历等；私人活动则属于动态的隐私，如日常生活、社会交往、商业活动等；私人领域也称作私人空间，如个人居所、个人通信[①]等。而数字时代的网络隐私权更进一步细化为"公民在网络中享有的私人安宁和私人信息受法律保护，不被他人非法侵犯、知悉、收集、复制、公开和利用"。数字时代，每一个个体的社会活动和经济活动都与网络密切相关，个人信息数据未经许可被他人收集、储存、使用和传播的情况普遍发生。数字金融的发展使得大数据分析成为必然，个人的账户信息、支付及投资融资行为、金融资产均被数据化，这进一步加大了侵犯隐私权的法律隐患。

如何制约通过数字侵犯个体信息数据的行为已成为世界性的隐私权保护难题。而我国尚未有关于保护网络隐私权的法律规定以及相关惩处机制，亟须借鉴欧美国家隐私权保护的立法及实践，确保全面保护公民的网络隐私权。

五　金融消费者权益保护

普及计算和云储存的信息技术变革产生了"消费决定生产"和"生产决定消费"的双重法则。在此背景下，消费者的主导权空前增强，利基市场的"长尾效应"空间巨大，数字金融因此有了大规模发展的契机。从商业银行、保险公司、证券公司等传统金融机构，到第三方支付机构，再到中国三大通信企业都在争夺代表消费者的账户以及账户的入口——个人终端。但是，金融消费者在商业模式中的地位改变是否就意味着在法律上的地位改变呢？

最典型的例子是，所有金融机构，包括数字金融企业在交易中全部使用格式条款，并且让格式条款复杂到"不可能看"或者"看不懂"，而金融消费者只能选择"接受条款即交易"或"不接受条款不交易"。我国《消费者权益保护法》第二十四条规定："经营者不得以格式合同、通知、声明、店堂告示等方式作出对消费者不公平、不合理的规定，或者减轻、免除其损害消费者合法权益应当承担的民事责任。"在线下的传统产品或

---

① 包括电话、电报、信函、电子邮件。

服务的交易中,《消费者权益保护法》起到的作用越来越大,而在金融领域特别是数字金融领域的"消法保护"作用甚微。

2014年3月发布的《中国金融消费者保护建议报告》指出,我国金融消费者保护体系存在的问题是:立法保护欠缺;机构机制设置未能衔接;纠纷解决机制不畅;公平服务不到位;数字金融创新中的消费者保护问题突出;征信体系不健全。因此,为保护金融消费者的合法权益,应畅通数字金融消费的投诉受理渠道,并在金融消费者保护的统合体系中设立金融多元化纠纷解决机制,给受到损害的数字金融消费者提供相应的解决途径。此外,针对区域实际情况,可以在一些条件成熟地区的法院内设立金融审判庭,提高法官金融专业水平和金融案件审判水平。

此外,建立身份识别的风险分配原则也是保护数字金融消费者的重要内容。身份识别的风险分配规则是一把双刃剑:数字金融企业承担风险过大,从而导致企业不愿意在此进行投资,如欧洲的手机银行过于在意数字签名,导致移动支付业发展缓慢;然而中国的问题是缺乏清晰的风险规则,从银行卡盗刷开始,"该银行买单还是消费者自认倒霉"问题历经二十年仍未理清是非,各类法院判决莫衷一是。由此可见,对于行业而言,是非判断固然重要,更为重要的是建立是非判断之外的有效补偿机制,如美国的保险缓释机制。

第四节 数字金融法律环境滞后的表现

数字现在已经成了一个对于人们不可或缺的平台,数字金融业越来越火,但是其法律环境的发展存在滞后。那么数字金融法律环境滞后有什么表现呢?

一 六大模式存在法律空白

在数字金融的第三方支付、网贷、众筹、大数据金融、信息化金融机构及数字金融门户六大模式中,第三方支付模式的发展时间较长,产业模式发展相对成熟,配套法律相对齐全。依据《关于促进互联网金融健康发展的指导意见》,互联网支付是指通过计算机、手机等设备,依托互联网发起支付指令、转移货币资金的服务。互联网支付应始终坚持服务电子商务发展和为社会提供小额、快捷、便民的小微支付服务的宗旨。银行业金融机构和第三方支付机构从事互联网支付，应遵守现行法律法规和监管规定。第三方支付机构与其他机构开展合作的，应清晰界定各方的权利义务关系，建立有效的风险隔离机制和客户权益保障机制。互联网支付业务由中国人民银行负责监管。

目前，针对数字金融领域新兴业态的法律定位、监管主体、准入机制、业务运转流程监控、个人及企业的隐私保护措施以及沉淀资金及其利息的监管处理方式等问题的法律法规仍存在大量的空白。部分实行债权转让模式的网贷平台以及实行股权制的众筹平台游走在法律的灰色地带，有些甚至已经触碰了非法吸收存款、非法集资的法律底线。

二 法律位阶较低覆盖范围有限

针对行业适用性较强的法律位阶较低的问题，笔者认为应辩证看待。一方面法律位阶相对较低虽然会带来法律稳定性较弱、不同区域监管规则存在差异等问题，但是另一方面这种现状也是与数字金融目前的发展阶段存在联系的，并且在一定程度上有利于数字金融产业的进一步发展。法律的滞后性决定了立法者无法在一种新兴业态尚未发展成熟的时候就为行业制定出监管完善的法律。在数字金融产业尚未发展成熟的状态下，对行业的法律监管也必然是不完善的。在新兴产业发展的初期采用位阶较低的法律对其进行规制，一方面此类法律立法程序相对简化，能够在较短时间内完成立法以便及时对行业发展中出现的严重问题进行规制；另一方面位阶较低的法律修改程序也相对简化，修改难度较小，可以随着新兴产业的发展而不断调整，以便更好地适应产业的发展需求。

三 部分法律不适应产业发展需求

数字金融是金融领域的一个新兴业态，势必会在诸多方面对传统金融模式进行突破，而在突破时难免步子迈大闯入法律的禁区。如果极其严格地在法律的框架内进行创新，此时部分法律严重的滞后性及僵硬性便浮出水面。例如，我国《证券法》第十条规定："公开发行证券，必须符合法律、行政法规规定的条件，并依法报经国务院证券监督管理机构或者国务院授权的部门核准；未经依法核准，任何单位和个人不得公开发行证券。有下列情形之一的，为公开发行：其一向不特定对象发行证券的；其二向特定对象发行证券累计超过两百人的；其三法律、行政法规规定的其他发行行为。"

数字金融是传统金融机构与数字企业利用数字技术和信息通信技术实现资金融通、支付、投资和信息中介服务的新型金融业务模式，主要包括数字支付、网络借贷、股权众筹融资、数字基金销售、数字保险、数字信托和数字消费金融等经营业态。近年来，数字金融在我国迅猛发展，对国计民生的影响日益加深。作为推动普惠金融的重要力量，数字金融在金融资源配置效率低下、金融公平欠缺以及资金成本过高的传统金融市场释放出了巨大的"鲶鱼效应"，不仅在一定程度上打破了金融管制，还触发了新的金融制度变迁，倒逼着传统金融体制改革以及传统金融机构经营理念与模式改进及效率提升，极大地提升了金融市场的竞争性。然而，数字金融在创新金融模式的同时，其金融本质和无界传播的特征也将可能导致传统金融风险的系数扩张并诱发新的风险。

第五节 数字金融风险的法律治理

数字金融极大地提高了经济效率，更好地满足了人民群众的经济生活，应当支持和保护其发展。但是，数字金融存在的诸多风险，甚至比传统金融更应当引起重视。在依法治国的大背景下，对数字金融风险的治理，可以从多个角度着手，但是治理手段最终必须回到法制轨道上来。

一 法律治理存在缺陷

我国当前的治理模式主要立足于传统金融风险，存在诸多弊端，主要表现为：治理理念滞后，不适应数字金融；治理依据供给不足，金融法律不完善，只能凭借临时性、效力等级较低的规章来应急；治理体制不适应，分业监管的模式导致监管真空或者监管冲突的局面；治理重点不明，金融消费者权益没有得到足够的重视。

二 完善风险治理措施

针对我国数字金融风险的法律治理存在的缺陷，建议从以下五个方面完善我国的数字金融风险治理体制：

第一，更新治理理念，审慎经营，鼓励创新。在传统金融领域，治理金融风险的首要理念是要求金融企业审慎经营。这一理念在数字金融领域同样应被遵循。具体而言，首要任务就是同等对待数字企业与传统金融企业一样，实施市场准入制度，并将其纳入金融监管的范围，使其不再处于法外之地和健康发展。但是，如前文所述，数字金融是金融创新的产物，创新是其生存之本，其与生俱来就与传统金融法规存在不合之处。因此，如果采取与传统金融完全一样的思路来治理数字金融风险，完全以传统金融行业、金融产品的标准要求数字金融企业、金融产品，有可能扼杀金融创新。为此，在审慎经营的前提下，还应当鼓励创新。在遵守基本法律法规的前提下，对数字金融领域新兴企业实施差异化监管，凡是不违反金融法律法规规章禁止性规定的业务，就应允许其开展；对能更好满足人民群众金融需求的新兴数字金融产品、金融业务，应当予以规范、引导、扶持，鼓励其发展壮大。建立健全数字金融领域的容错机制，对一些走在违法边缘的数字金融企业，及时纠偏、引导；对涉及数字金融行业的以非法吸收公众存款、集资诈骗的，立案应当十分谨慎，司法过程中要坚持刑法的谦抑性理念。

第二，完善治理依据，补充、修改相关金融立法。现行的基本金融法律《商业银行法》《证券法》等要不断进行完善，增加有关数字金融的内容，修正与数字金融发展方向不相适应的内容；存在新型数字金融业务的空白应该尽快出台相关业务进行补充；整合现有关于数字金融业务的司法解释、部门规章，条件成熟时提升其效力等级，制定数字金融监管方面的法律。适时启动刑法的立法评估，对集资诈骗罪、非法吸收公众存款罪等数字金融容易涉及的罪名，谨慎决定是否需要保留或者作出修订，防止罪名滥用。同时，完善数字金融的相关法律法规，合理界定数字金融企业的主体资格、经营范围、发展方向、监管办法、违规处罚及退出机制。建立数字金融用户权益保护制度，明确责任承担主体，保护消费者的权益。

第三，理顺治理体制，成立统一高效的数字金融风险监管机构。2016年4月，国务院成立了治理数字金融风险专项整治工作领导小组，由中国人民银行牵头，相关部委参与。领导小组的成立，虽然一定程度上解决了在数字金融风险监管工作中各相关部委权责不明的问题，但是由于组长单位央行与各成员单位是平级关系，没有一个权威、高效的领导者，在涉及重要问题时，领导小组难以决断，需按程序提请国务院决定，使得领导小组机制难以取得理想的效果。为使金融风险治理体制更加权威、高效，建议提升治理数字金融风险专项整治工作领导小组的规格，由国务院的有关领导同志担任组长，各有关部委参与。在党的十九大以后新一轮的国家机构改革过程中，银监会和保监会合并，使得我国的金融风险治理体制变成"一行两会"，这是党和国家根据当前和今后一段时间的金融环境，对监管体制做出的重要修正，是理顺金融风险治理体制的重大举措，有利于对数字金融风险的治理。党的二十大以后，相关工作会议提到：中国人民银行、银保监会、证监会和外汇局落实金融管理和监管责任，加强金融监管，取得积极成效。一是加大监管执法力度。2022年1—9月，人民银行处罚被监管机构521家次，处罚责任人员782人次，罚没合计约6.3亿元，向公安机关移送和通报案件线索280件；银保监会处罚银行保险机构3200家次，处罚责任人员5400人次，罚没合计20亿元；证监会严厉打击证券期货违法犯罪活动，办理案件522件，作出处罚决定224件，向公安机关移送和通报案件线索94件①。加强期货现货联动监管，促进动力煤、原油等基础工业品价格平稳运行。二是完善各行业领域监管规则。建立重大改革和监管政策出台协调机制。制定关联交易管理办法，开展股权和关联交易专项整治，分五批向社会公开124个违法违规股东。完善平台企业金融业务监管。正式实施保险业偿付能力监管规则。建立上市公司常态化退市机制，出台行政罚没款优先用于投资者赔偿的规定，制定欺诈发行股票责令回购实施办法，签署中美审计监管合作协议。发布《宏观审慎政策指引（试行）》，实施系统重要性银行附加监管，依法批准设立中信金融控股公司、北京金融控股公司和招商局金融控股公司。三是加强金融法治建设。起草金融稳定法，推动加快修订人民银行法、反洗钱法、银行业监督管理法，推动出台期货和衍生品法，加快推进公司债券管理条例和上市公司监管条例的起草

---

① 数据来源：《国务院关于金融工作情况的报告》，http：//www.safe.gov.cn/ningxia/2022/1124/2031.html。

出台。四是严厉惩治金融腐败。一体推进惩治金融腐败和防控金融风险，严厉惩治金融风险背后的监管失守及违法犯罪行为。

第四，明确治理目标，以维护金融消费者权益为落脚点。因此，金融消费者权益保护应贯穿风险治理的各个环节。首先，要对消费者进行金融风险教育，使其在享受数字金融带来的便利时，也充分认识到存在的风险。其次，数字金融企业要提高合规意识，建立完善各项风险防控的内控制度，以保障金融消费者的知情权、财产权、隐私权、个人信息安全等合法权益。最后，风险治理者应当结合数字金融业务的具体特征，出台相应的治理措施，以维护消费者合法权益，诸如对数字金融企业实行严格的信息披露制度和风险提示，对第三方支付公司的资金实施第三方存管。

第五，加强治理手段的建设，提升法律治理的技术水平。推行数字身份认证、证书认证、个人信用体系建设等实名制度，并灵活运用央行的征信系统，将数字金融企业与央行的征信系统对接，对数字金融企业进行实时监控。同时也要加强计算机网络系统在软硬件方面的建设，硬件方面需要研发自主可控的计算环境和操作系统，确保数字金融开展业务活动时有足够安全的硬件环境；软件方面应尽快研发具有自主知识产权的新技术，确保国家金融信息不被泄露。

本章小结

在数字金融业务形态急速发展、影响力井喷的今天，基于促进数字金融行业健康发展以及维护国家金融安全角度对数字金融进行相关立法已是当务之急。数字金融立法的"效率""公平"与"稳定"三个价值面向存在着冲突与协调的关系，制度设计也有重叠之处。如果从任何单一价值面向出发都会导致相关制度设计时更重视自身，而忽视其他。同时，三者又有协调的一面，即"稳定""效率"与"公平"价值的实现能够对其他价值的实现起到促进作用。鉴于此，保持每一种价值面向的"适度性"以及与其他价值面向的"协调性"至关重要。现实中大部分数字金融法律制度，既可能涵盖"稳定"，又可能影响到"公平"，还可能涵盖"效率"，典型的如数字金融机构的市场准入制度、投资者保护制度以及多元化的数字金融纠纷解决机制等。因此，对于这种能够涵盖多种价值面向的制度，并不需要为每一种价值面向专门立法，而是在立法中妥善处理各种价值面向问题。鉴于此，在实践中需要妥善处理好三个价值面向的数字金融立法之间的关系，协调它们之间的冲突，减少制度设计的重叠，使之成为一个相互关照、相互依赖、相辅相成、相得益彰，促进数字金融健康发展与维护国家金融安全的制度体系。

资料拓展

一行一总局一会

2023年3月，中共中央、国务院印发《党和国家机构改革方案》，决定组建国家金融监督管理总局。统一负责除证券业之外的金融业监管，强化机构监管、行为监管、功能监管、穿透式监管、持续监管，统筹负责金融消费者权益保护，加强风险管理和防范处置，依法查处违法违规行为，作为国务院直属机构。2023年5月18日，国家金融监督管理总局在北京金融街15号正式揭牌，这意味着历时5年的银保监会正式退出历史舞台，我国新一轮金融监管领域机构改革迈出重要一步。

组建国家金融监督管理总局，对于优化和调整金融监管领域的机构职责、加强和完善现代金融监管、解决金融领域长期存在的突出矛盾和问题具有十分重要的意义。至此，我国金融监管体系迈入"一行一总局一会"新格局。其中，央行主要负责货币政策执行和宏观审慎监管，国家金融监督管理总局主要负责微观审慎监管和消费者权益保护，证监会主要负责资本市场监管。

此次机构改革延续了强化金融监管职能、防范金融风险的政策思路，有望进一步强化我国金融监管的协调统一，对促进金融机构规范经营、优化金融业态以及提高监管效率、防范重大风险有着积极意义。

考研真题

1. 著名经济学家 Kenneth. S. Rogoff 在《崩溃的诅咒》一书中提出要废除大面额纸币，哪个理由不能作为他的论据（　　）（上海财

经大学，2019 年）

    A. 有助于打击逃税和犯罪

    B. 有助于央行放开手脚实施负利率政策

    C. 有助于控制通货膨胀

    D. 有助于降低社会成本

2. 数字金融风控是什么？（江苏财经大学，2020 年）
3. 请简述《保险法》中有关格式合同免责条款的效力认定规则、立法理由及具体适用。（华东政法大学，2021 年）

第九章

数字金融风险与监管

案例导入

广州某大学生张先生平时喜欢通过手机银行管理自己的个人资产,他通过数字搜索下载了一款某银行手机网银支付客户端,但在登录使用几天后发现再也无法登录,一再提示密码错误。在专业同学的提示下,张先生赶紧到银行进行柜台查询,发现密码已被更改。张先生告诉本报记者,那个账号平时只是用来网上购买一些小额的东西。据安全厂商分析,张先生的智能手机是感染了知名的"终极密盗"手机病毒,其典型特征为侵入手机后会自动在后台监听用户的输入信息,捕获到用户的银行卡密码后通过短信外发给黑客,对方一旦远程修改密码,则可进行转账操作。这样,用户手机中的个人隐私信息,如支付账号、密码、身份证信息、联系人信息、照片等都可能被恶意窃取,从而盗取手机用户的个人财产。另外,一旦用户的银行卡被盗,不管激活与否,犯罪分子都可以通过一些设备复制用户的银行卡数据。

中国银保监会监管局提醒广大消费者。

近年来,犯罪分子利用手机银行进行诈骗的活动越来越猖獗。手机银行用户的卡号和密码一旦被他人窃取,用户账号就可能被盗用,从而造成经济损失。建议消费者妥善保管手机银行用户名和密码,不透露给他人。不要使用他人手机登录手机银行。丢失手机或更换手机号码,应立即联系银行处理。

网银用户和银行之间通过数字传递信息是实现网上交易的基础条件,确保不被第三方窃取是网银业务安全的一个重要前提。消费者在操作网上银行后或暂离机器时，应及时退出，立即拔下移动证书（U盾），并妥善保管。同时切记不要通过其他网站链接访问网上银行，以防登录"钓鱼网站"。要妥善保护好金融账户登录密码、取款密码和验证码，不向第三方提供相关信息。对陌生来电、短信和链接保持警惕，注意辨识网络服务渠道的真实性，不随意点击不明链接，不下载非官方App，不在不安全的网络界面或者网络环境中登记身份证号、银行卡号、支付密码、验证码等个人信息。

第一节　数字金融的风险

金融风险是指在一定时期内，由于金融市场或外部环境中各种因素的变化所造成的金融资产或资产组合价值变化的不确定性。也可以说，金融风险是在未来一段时间内金融资产的预期收入遭受损失的可能性。金融风险的产生有多种原因，如利率、汇率、股票或商品价格的上涨、下跌等都会产生金融风险。这种不确定性既是客观存在的，又是无法准确预测的。基于历史数据的可得性，理论和实务中一般采用先验或后验概率来表明金融资产或资产组合价值变化的分布。由于数字金融兼具金融与数字属性，数字金融风险既存在传统金融业态的固有风险，又存在一些特殊风险，并且两种风险不是简单的叠加，而是在某种程度上的融合，数字金融的风险更加多元化和复杂化。

相较于发达国家，中国的数字金融在初创和成长期所受到的监管相对宽松，特别是互联网的发展对行业模式和监管模式产生巨大影响。随着数字金融的发展逐步成熟，对其进行合理的约束和监管是促进自身高质量发展的必然选择，同时也是促进行业融合、业务健康发展的现实需要。从目前的发展速度和对未来市场规模的预测看，我国数字金融仍将保持快速发展势头。党的二十大报告提出，要"依法将各类金融活动全部纳入监管，守住不发生系统性金融风险的底线"。在数字金融发展过程中，金融监管的作用十分关键，监管的方向和力度会直接影响特定金融行业的发展走向。为此，金融监管在"数字金融—企业创新"中应该发挥怎样的作用值得进一步探究，这无疑有助于实现数字金融的良性发展、金融监管模式改善和微观主体的创新增效。

一　数字金融的传统风险

（一）信用风险

1. 信用风险的定义及产生原因

信用风险有广义和狭义之分。狭义的信用风险又称违约风险，是指交易对手未能履行契约中规定的义务而给对方造成损失的可能性。广义的信用风险在狭义信用风险的基础上考虑了交易对手信用等级下降的风险。信用风险是金融风险中主要、传统的风险之一。虽然数字金融交易中的信用风险与传统金融交易中的信用风险在性质上并无本质的不同，但在主要触发原因上却存在差异。一是数字金融交易中多是无担保、无抵押以及无质押形式的借贷行为，对借贷双方的资质审查不严格，从而增加了交易对手违约的可能性。二是数字金融通过虚拟介质提供金融产品或服务，因此，导致信用风险爆发的主要原因是信息不对称造成的道德风险和逆向选择。三是数字金融的不确定性、互联网的普遍性和金融行为的复杂性，使得金融风险更容易扩大，传播速度更快，隐蔽性更强。因此它既具有传统金融所具有的共性风险，又具有一些新的特殊风险。

由于数字金融本身具有虚拟性、开放性以及零售性等特征，与传统金融的信用风险相比，数字金融的信用风险更加难以控制和防范。根据数字金融的营运模式，信用风险主要来源于以下三个方面。

（1）数字金融企业的风险。任何金融产品都是对信用的风险定价，即使无风险债券也是对国家信用的风险定价。由于数字金融产品没有担保或保证，不能对交易风险进行准确评估。因此，其信用风险将向整个社会进行转嫁。另外，由于投资者的资金从数字金融平台转移到债权项目的过程中缺乏独立的第三方对资金进行托管和监督，资金的安全性和完整性无法得到一个很好的保障。所以数字金融平台可能通过虚假债权、虚假增信、虚假项目等手段骗取投资者的资金，并隐瞒资金用途，进行高风险融资，拆东墙补西墙，最终演化为庞氏骗局，给投资者造成巨大损失。

（2）债务人的风险。一方面，由于数字金融的发展时间较短、增长速度较快、准入门槛较低，再加上监管体系和监管手段的落后，导致相关从业人员的能力和素质良莠不齐，金融风险管理方面的专业人才严重缺乏，从而导致在债务资信审查以及债务人风险评估过程中出现信息不对称问题。另一方面，数字金融交易的虚拟性特征决定了债权债务双方只能通过网络进行联系，增大了交易双方在身份确认、资信评价以及资金使用等方面的信息不对称风险，合规风险与违规风险并存交织在一起，债务人风险加剧。上述信息不对称的溢出效应不仅可以诱使债务人利用数字金融企业与自身信息不对称的优势进行信息造假，骗取资金，在多个数字金融平台重复贷款，还可以激励那些信用存在缺陷、资金来源不稳定、具有较强投资倾向等信用风险较大的债务人在数字金融平台申请资金贷款。而那些风控能力差的平台，一旦出现问题，平台的经营风险就会上升。

（3）信用信息风险。严格来说，信用信息风险属于信用风险与法律风险的结合。当前，主要以虚拟网络作为信息传输渠道的背景，主体在网络上的一切行为或痕迹都能够被各种网络服务监测。人们可以通过网络获取各种各样的信息，但其中也存在泄漏自身信息的风险。这些主体的网络行为或痕迹将以大数据的形式呈现在网络服务企业面前，后者基于挖掘大数据和数据分析能够透视主体深层次的特征和无法被表象化的需求，并对信用水平和行为进行判断。

2. 信用风险的业态表现

（1）网贷的信用风险。与传统金融机构的借贷主体相比，网贷借款人的信用状况一般较差，加上风险控制能力较弱，风险管理方法不完善，一旦出现信用风险，平台和出借人都会损失惨重。在网络借贷行为发生之前，由于网贷平台对借款人的资信状况，包括身份信息、银行流水、财产物权等材料审查不严、借贷双方的信息不对称，导致网贷平台中贷款人对借款人的信用状况事前把控不足，很可能使借款人出现欺诈、谎报以及虚构信用状况等行为，从而导致信用风险上升。

（2）众筹的信用风险。一是众筹平台层面的信用风险问题。在整个资金周转中，缺少专门的资金托管部门，造成监管困难。如果众筹平台没有自律机制，必然会出现信用危机，从而导致平台无法获得投资者的信任。二是股权众筹模式中的信用风险问题，在股权众筹模式中，投资人分散，对融资者进行监管有很大难度，这会使投资人面临项目发起人的机会主义行为，对投资人的权益会造成很大影响。三是债券众筹模式中的信用风险问题，当前我国还没有建立完善的信用体系，数字众筹平台的运作还不成熟，规模有限，在面对大量借款者时，核实所有借款者提供信息的真实性存在着较大难度，从而在违约风险上表现得比较突出。

（3）数字理财的信用风险。虽然中国人民银行、银保监会、证监会、外汇管理局于2018年4月27日联合发布了《关于规范金融机构资产管理业务的指导意见》，然而资管新规打破刚性兑付的效果仍然未能充分显现，众多网络理财平台依旧采用隐性的刚性兑付方式。在存在刚性兑付且收益率较高的条件下，若遭遇经济下滑、产能过剩以及其他风险事件，数字理财平台可能出现无法兑付的情况，从而出现平台自融、挪用资金甚至卷钱跑路的现象，产生新的信用风险和流动性风险，给投资者带来巨大损失。

（二）流动性风险

1. 流动性风险的定义及产生原因

与信用风险和操作风险相比，流动性风险是指金融资产不能迅速变现而遭受折价损失的风险。流动性风险的衡量维度较多，一般包含价格、交易量、交易时间、市场深度和弹性四个方面。流动性风险在数字金融中主要表现为数字金融企业虽然具有清偿能力，但是无法及时获得充足的资金或者无法以合理的成本及时获得充足资金以应对资产增长或支付到期债务。流动性风险可以分为市场流动性风险和筹资流动性风险。其中，市场流动性风险是指由于主体无法在金融市场上按照市场公平价格及时出售特定数量的金融资产而造成损失的可能性；筹资流动性风险是指主体无法按照市场平均价格筹措特定数量的资金而造成损失的可能性。数字金融中流动性风险产生的原因主要有以下三个方面。

（1）期限错配。与传统金融机构相似，部分数字金融平台借短贷长，将客户的短期资金投入转换为长期投资，从而产生资金流的期限错配问题，一旦出现客户集中赎回或者提款，数字金融平台将面临巨大的流动性风险。

（2）缺乏防范机制。一方面，在资金运用存在期限错配的情形中，由于数字金融企业没有建立传统商业银行的存款准备金、风险资产覆盖以及存款保险等风险保障制度，这方面的风险约束机制难以真正形成，助长了企业的盲目融资风险。另一方面，对数字金融监管不足导致监管真空和套利现象屡见不鲜，与此同时这又可能引发金融市场风险，甚至引发更大的社会涉众性风险。因此对其短期负债和预期外现金流出等情况缺乏相应的防范手段和应对措施。

（3）缺乏风险意识。由于数字金融产品和服务主要以零售型为主，并且投资门槛相对较低，对投资者的要求也相对偏低，而个人投资者的风险承受能力较弱，且多以短期投资为主，投资目的带有一定的投机性。个人投资者缺乏基本的金融常识和风险管理能力以及理性的投资行为。因此，数字金融中的交易主体主要以普通散户为主，机构投资者较少。与机构投资者相比，普通散户缺乏基础投资知识，对线上信息无法进行有效的筛选和甄别，容易导致"羊群效应"。例如，盲目跟风、扎堆投资以及挤兑等，进而加剧数字金融企业的流动性风险。

2. 流动性风险的业态表现

（1）第三方支付中的流动性风险。当第三方支付平台无力为负债的减少和资产的增加提供流动性时，资金链就有断裂的可能。同时第三方支付账户存在资金期限错配的风险因素，一旦金融行业发生大的动荡，就会导致大量资金难以兑现，从而引发流动性风险。当前，我国的第三方支付平台产生流动性风险的原因有：一是盈利能力的下降，导致第三方支付行业的竞争比较激烈；二是第三方支付平台本身的同质化情形严重，缺乏产品和服务的创新，无法形成产品和服务的差异化；三是盈利渠道狭窄，市场抗风险能力薄弱，缺乏新的增长点，参与市场竞争的能力比较差。

（2）网络借贷中的流动性风险。网络借贷中的流动性风险主要是投资标的拆标和借短贷长形成的期限错配造成的。拆标包括拆金额和拆期限两种。其中，拆金额指将一个大金额标的拆分为若干小金额标的。拆期限是指将期限较长的标的拆分为若干短期限标的。虽然拆标的满足了部分网络借贷客户的小金额和短期限偏好，但是放大了这部分客户的投机性，容易造成"羊群效应"，从而增加流动性风险。期限错配是指网络借贷平台发布若干个期限较短并具有不同起止时间的标的，通过高收益吸引投资者的资金，并将这些资金投入长期项目。无论是拆标的还是期限错配均容易导致网络借贷平台的资金链断裂，从而可能产生新的信用风险和流动性风险。一般来说，回收期越短的项目风险越低，因为时间越长越难以预测，风险也就越大。

（3）数字理财中的流动性风险。由于数字理财平台多用"T+0"或"T+1"式的赎回方式，一天内可多次交易，如果不能实现T+0，不仅会带来巨大的风险，也会使投资者难以规避风险。因此，为了减少理财投资主体的赎回动机，增加理财投资主体的黏性，数字理财平台倾向于牺牲资产组合的流动性，通过期限错配的方式投资于期限较长的债券或其他金融工具，从而提高理财产品的收益率。在上述情况下，数字理财平台已投资资产的成本将上升，导致难以兑付投资主体的赎回指令，从而爆发流动性风险。

（三）操作风险

1. 操作风险的定义及产生原因

操作风险是指因不完善或有问题的内部程序、员工、信息科技系统以及外部事件而造成的风险，包括法律风险，但不包括策略风险和声誉风险。目前，我国数字金融企业操作风险产生的原因主要有以下三个方面。

（1）数字金融企业员工的误操作。由于当前我国的数字金融还处于发展初期，且发展速度较快，产品和服务的更新时间间隔较短，同时缺乏严格、系统的内部管理制度和员工培训体系，因此容易因员工业务不熟练、不理解和不遵守操作规则而产生操作风险。

（2）数字金融平台系统缺陷和实时性。数字金融产品和服务的种类日趋丰富、资金规模快速上升，这导致数字金融的软硬件设备及技术的更新出现滞后，很多设备和系统处于研发和试用阶段，因此可能导致部分系统没有妥善考虑操作者的使用习惯，从而造成误操作，增加了操作风险爆发的可能性。

（3）内部员工和外部人员欺诈。与传统金融相比，数字金融主要以虚拟网络作为投资者、数字平台以及其他关系人信息交互的方式，并且相关法律法规和监管措施不完善，这必然导致数字金融交易中存在着严重的逆向选择和道德风险问题。加之失信行为隐蔽且成本较低，导致数字金融交易中的欺诈行为频发。

2. 操作风险的业态表现

（1）第三方支付中的操作风险。由于第三方支付平台的用户较多，操作频繁，部分支付平台的系统设计存在缺陷，还存在收集用户隐私、盗取用户账号密码等安全隐患，严重破坏了用户体验，扰乱了平台的健康生态秩序。对商户信息安全措施的审查不严，容易造成银行卡信息泄露的风险。因此存在较大的操作风险。

（2）网贷平台操作风险。目前，我国网贷平台的主要操作风险体现为金融诈骗和卷款跑路，由于监管跟不上平台的发展速度，平台信息披露不到位，加之平台自身经营模式存在较多漏洞，导致大量P2P网贷平台"卡"在半路上。网贷平台的资金交易应委托独立的第三方进行管理，然而我国的现实情况是资金交易账户归P2P网贷平台所有，资金被网贷平台独立支配。因此，对资金账户的监管就处于真空状态，容易引起资金挪用和卷款跑路的道德风险。

（3）网络银行中的操作风险。网络银行业务的飞速发展要求其员工在知识结构和专业技能方面不断完善和提高，但目前来看，网络银行从业人员，特别是基层业务人员，并没有完全符合网络银行业务发展对人才的基本要求，知识结构和专业技能存在明显的滞后。有些网络银行员工和管理层无法完全理解和掌握网络银行新技术，有些则片面地过度重视网络银行产品或服务的宣传，却忽视了专业技术的培训和新技术的研发与学习，员工和管理层的服务意识、责任意识、创新意识、风险意识还不强。特别是很多员工过于注重经济效益，对金融业务的风险管理和防范不够重视，从而导致经营风险、操作风险和决策风险。

（4）股权众筹中的操作风险。由于存在着较为严重的信息不对称，欺诈是我国股权众筹平台出现操作风险的主要原因。根据欺诈人的身份特征，股权众筹平台的欺诈风险主要表现为由众筹平台方与项目方共谋以及领头人与项目方共谋两种方式。从业态形式看，股权众筹平台是投资者与项目方之间的桥梁，主要提供审核项目资质、发布项目信息、资金交易结算等中介服务。然而，在信息不透明、缺乏相应监管的情况下，股权众筹平台中的信息不对称较其他数字金融业态中的信息不对称更为严重，这种信息不对称将使得平台与项目方设立资金池的行为变得更加隐蔽，极大地增加了操作风险。

（5）数字保险中的操作风险。主要为保险关系人的欺诈风险。一是承保人欺诈。即数字保险平台通过篡改投保人数、投保人身份以及投保时间等获利，或者违规经营未经银保监会批准的业务。二是投保人欺诈。即投保人为了获得更多的收益而购买多份保险并隐瞒重复购买的事实。三是保险代理人欺诈。即保险代理人在保险销售过程中夸大或歪曲保险产品相关信息，诱使投保人购买不符合自身需求的保险产品，从而给投保人或被保险人带来损失。

（6）虚拟货币中的操作风险。虚拟货币是集密码学、计算机技术、金融学、统计学等于一身的，并基于数字完成储存、流动及结算的虚拟化结算工具。因此，虚拟货币设计上的漏洞或算法缺陷将会对自身体系的安全性和稳定性形成严重威胁，同时在流通环节还容易遭受交易平台、电子钱包账户等非货币系统的攻击，从而增加对虚拟货币持有者的资金安全风险。

（四）法律法规风险

1. 法律法规风险的定义及产生原因

与操作风险相似，法律法规风险也是数字金融中普遍存在的主要风险之一。一般而言，法律法规风险是指主体因其经营活动或其他行为不符合法律法规的规定或者由于外部法律法规事件所导致风险损失的可能性，企业的任何经营行为都会以相应的法律行为表现出来，必然会产生相应的法律后果和突发性的法律风险。在数字金融中，上述法律法规风险可进一步表述为：由于缺乏适用的法律法规和监管政策，或者数字金融企业擅自突破经营范围、从事法律法规禁止的业务以及无法适应和满足新法律法规的要求等而引起的损失的可能性。法律法规和监管的缺位是目前我国数字金融发展中主要凸显的问题之一。

2. 法律法规风险的业态表现

数字金融监管体系以及相关法律法规的建设仍然处于积极探索阶段，而数字金融的强创新、高技术、快更新等特征导致了法律法规和政策风险普遍存在于各业态中。

（1）第三方支付平台的法律法规风险。一是网络洗钱风险。2016年7月1日起，我国第三方支付平台全面实行实名制，但是由于有些平台未全面而严格地落实实名制，导致某些不法分子通过第三方支付平台伪装成为网络交易中的买家，从卖家获取商品，或者通过第三方支付平台提供的不记名充值卡等工具将资产转化为虚拟资产，并用于支付和转账。

因此，第三方支付平台在为资金提供金融系统新通道的同时，也在无形中为洗钱行为创造了可能性。二是法律责任风险。第三方支付平台主要依靠网络作为交易环境，一旦发生用户资金支付失败、欺诈交易、道德风险等问题时，将涉及一系列法律责任的认定问题，包括电子凭证的认定、网络合约效力、交易责任划分、网络纠纷诉讼等，并且因第三方支付平台为非公共个体，难以保障处于纠纷中的消费者权益。

（2）网贷的法律法规风险。主要表现为非法集资风险、公开发行证券风险以及非法经营风险。第一，非法集资风险是指P2P网贷平台通过将借款需求设计成理财产品出售给贷款人，使贷款人资金进入平台的中间账户并产生资金池，从而非法吸收公众存款；或者通过发布虚假的收益率异常高的资金募集信息，并采用借新还旧的庞氏骗局模式在短期内募集大量资金，从而涉嫌集资诈骗。第二，公开发行证券风险是指网贷平台以公开广告、公开诱导以及变相公开等方式转让债权的本金和利息，或以电子形式转让债权的行为均涉及向不特定社会公众发放证券的风险。第三，非法经营风险是指网贷平台从事营业执照核准的经营范围以外的业务或者其经营违反了相关法律法规的规定。

（3）股权众筹的法律法规风险。与P2P网贷平台的法律法规风险类似，股权众筹平台的法律法规风险也表现为非法集资风险和非法发行证券风险。我国目前缺乏专门适用于股权众筹的法律法规，监管部门也没有明文禁止这一融资模式，这意味着股权众筹依然在法律法规的夹缝中生存。根据我国对非法集资的定义，募集资金时进行公开宣传，包括通过各种媒体、项目推介会以及散发传单等方式，即可认定为非法集资。股权众筹将数字平台作为交易媒介，任何主体均可以浏览和查看项目信息，这意味着交易过程更加公开透明，有利于杜绝相关交易的违规行为。另外，平台上的其他投资者可以对这些项目进行投资，也可以分享这些项目的收益和风险。这一特性使得平台不可避免地涉嫌非法集资。我国法律规定向社会特定对象发行证券时，累计人数超过200人视为公开发行。依托数字平台发布融资信息的股权众筹若不对投资人数进行限制，就很容易超过200人的数量限制，从而涉嫌公开发行证券业务。

（4）数字保险的法律法规风险。数字保险极易在营销方式、经营范围以及产品设计三个方面产生法律法规风险。数字保险产品过度创新、产品异化导致产品的费率厘定不符合公平性原则；偏离保险本质，或产品标的损失难以准确计量，违反了偿付原则。部分数字保险公司存在不规范经营现象，主要表现是为了扩大市场份额和提高客户留存度，采用虚假信息夸大或隐瞒产品的某些信息，误导投保人投保不符合自身需求的保险产品。另外，随着数字金融创新的涌现，还存在一些不法机构或人员利用数字平台伪装成保险公司或者互助保险平台进行非法集资活动，以线上线下结合，高额回报为诱饵，进行大肆融资，造成较大的经济风险、政治风险和社会风险，形成非法资金池。

二　数字金融的特殊风险

与传统金融相比，部分数字金融企业或业态具有混业经营特征，而且具有依托数字网络、大数据挖掘和分析等信息技术的特点，这决定了数字金融除了包括信用风险、操作风险、流动性风险、法律风险这些传统金融风险外，还具有自身特有的特殊风险。根据我国数字金融业态的实际情况，将从长尾风险、混业风险和信息技术风险三个方面来介绍数字金融的特殊风险。

（一）长尾风险

1. 长尾效应的主要表现形式

从形态上看，正态曲线均值处的突起部分叫"头"，两侧相对平缓的部分叫"尾"，且两侧尾部相对较长；从经济学上看，大多数的需求会集中在头部，这部分可以称为"流行"，而分布在尾部的需求是个性化的、零散的小量需求。这部分差异化的、少量的需求会在需求曲线上形成一条长长的尾巴，所谓"长尾效应"就在于它的数量，将所有非流行的市场累加起来就会形成一个庞大的市场。长尾效应的核心在于积少成多，这要求数字金融企业通过平台战略整合处于尾部的小客户或冷门市场形成与主体市场相抗衡的市场份额。在此基础上，随着金融服务机构的普及，金融科技对普惠金融的影响也越来越大。尤其是数字技术赋予普惠金融新的增长点和生命力，使支付、融资、理财、保险等服务更加便捷，降低了服务成本和门槛，提高了普惠金融服务质量。然而，提高金融的普惠性，改善弱势和普通客户群体的金融服务质量不单纯是技术问题，更主要的是制度问题。目前从数字金融的现状分析，数字金融对效率问题的解决是大有裨益的,并在一定程度上促进了部分客户金融长尾问题的缓解,但要真正广泛、系统地解决长尾问题还任重道远。

2. 长尾风险的主要表现形式

数字金融企业在竞争长尾市场份额时具有比较优势,但是金融问题往往是一把"双刃剑",长尾效应在给数字金融带来利润的同时也将产生风险,即长尾效应风险,也可称为长尾风险。从风险的表现形式看,长尾风险可以分为恶性竞争风险、企业垄断风险和长尾客户风险。

(1) 恶性竞争风险。为了抢占市场份额,超过平台经营利润的盈亏平衡点,数字金融企业在长尾市场份额的竞争中可能采取恶性竞争手段,从而使公平竞争的经营者失去交易机会或竞争优势,造成"劣币驱逐良币"的市场乱象。

(2) 企业垄断风险。与恶性竞争风险相对应,数字金融平台对长尾市场份额的竞争可能最终导致少数或者极少数平台垄断长尾市场,从而导致金融杠杆产生更高的风险。区别于普通的数字金融平台,垄断型平台具有重要的特征,属于系统重要性机构,如支付宝。数字金融中的垄断型平台一般会依托庞大的客户群体对业务边界进行拓展,实现混业经营,一旦垄断型平台产生风险,必然造成跨业务或跨市场传染,并可能导致金融系统性风险的爆发。

(3) 长尾客户风险。处于尾部市场客户群体的金融专业知识和风险防范意识相对缺乏,承受损失的能力相对较弱,容易出现个体或者群体非理性行为,长尾客户群体的金融交易数量多、单笔交易成本高、收益低、交易量小,对商业银行的利润贡献较小。对于资产不满足投资者适当性要求的群体来说,他们在金融市场中的抗风险能力相对较差。

(二) 混业风险

1. 混业的主要表现形式

由于监管和相关法律法规的缺位,数字金融企业平台在发展到一定阶段后通过交叉金融产品、数字金融控股公司和数字综合金融服务平台三种方式实现混业经营。

(1) 交叉金融产品。交叉金融指跨行业的金融业务,主要包括银证通、银行代销、组合理财投资、金融资产信托、证券投资基金、证券投资信托计划、集合性受托理财计划、投资联结产品、多方委托贷款以及中国存托凭证等。数字交叉金融产品是最基本也是最常见的数字金融混业模式。许多数字金融平台推出的涉及第三方支付、协议存款、信托、数字保险等多项数字金融业态的理财产品就是典型的交叉金融产品。

（2）数字金融控股公司。数字金融控股公司是指由大型数字企业通过设立、兼并、收购等方式成立的，涉足多种数字金融业态的企业。主要是投资于互联网、大数据等行业中的创新型企业，具有原始创新、集成创新或消化吸收、再创新的属性。当前，我国的数字金融控股公司可以划分为三类：第一，国务院批准成立的综合金融控股公司，如中信集团；第二，中央或地方管理的国有多元化控股公司，前者如招商局公司，后者如上海国际公司；第三，由民营企业发展起来的金融控股公司，包括数字金融控股公司。

（3）数字综合金融服务平台。数字综合金融服务平台主要由某一数字金融平台及其平台业务的衍生金融产品构成。例如，第三方支付平台可以利用基础支付功能聚集大量的客户群体，并凭借该资源优势和平台与客户之间的支付链接进一步拓展出小额贷款、保理、担保等新的金融衍生业务。这种以某一数字金融业务平台为核心、多种数字金融业态并存的综合金融平台模糊了传统金融机构的业务边界，对当前的监管方式提出了巨大挑战。

2. 混业风险的主要表现形式

数字金融企业既具有新型数字公司的网络属性，又具有传统金融控股公司的金融属性。在数字金融企业不断增多、业务不断交叉、场景不断丰富等背景下，数字金融企业的混业风险表现出以下五种形式。

（1）关联交易风险。关联交易风险是数字金融企业混业经营中面临的最大风险。数字金融企业在组织结构方面具有较强的复杂性，导致不同业态之间的关联交易隐蔽性增强，投资者、债权人，甚至是企业最高管理层都难以了解公司内部各个成员之间的授权关系和管理责任，从而无法准确判断和衡量公司的整体风险。

（2）监管缺位风险。混业经营的数字金融企业涉及多个数字金融业务，监管方法的口径可能存在差异，因此需要制定不同的监管标准。出于资本回报最大化的目的，数字金融企业很可能利用这种差异进行监管套利，将资产和风险向监管尺度最宽松的平台转移。这种现象一方面拉长了数字与金融的链条,形成行业交叉性金融风险;另一方面也削弱了微观审慎监管的效力,使数字金融企业实际承担的风险远远超过其资本的承受范围。

(3)利益冲突风险。混业经营的数字金融企业一般是具有跨业态、跨地区、跨平台、跨市场特征的数字与金融业务的综合体,具有多种角色,如融资方、投资方、平台方、数据提供方、技术输出方等。主要角色有四大类:平台监管者、平台建设者、数据使用者和数据提供者。因此,当数字金融企业从事某一数字金融业务时,有可能难以协调各平台方的利益,甚至损害其他金融平台的利益。这些利益冲突的风险,既包括内部利益冲突风险,又包括外部利益冲突风险,前者为数字金融企业内部成员之间的利益冲突风险,后者指数字金融企业内部成员与外部金融业务参与方的利益冲突风险。

(4)法律风险。混业经营的数字金融企业面临着两方面的法律风险。一方面,由于数字金融企业在业务边界、身份认证、隐私保护等方面缺乏明晰的标准,监管活动缺乏充分的法律依据和授权,必然会影响监管机构的权威性,增加监管的不确定性。当监管机构使用大数据进行监管时,收集到的大量数据将涉及监管对象的隐私问题。因此,部分数字金融产品和服务处于监管的灰色地带,容易引发争议或碰触法律红线。另一方面,数字金融的业务流程相对简化、直接,缺乏对交易主体承担的义务、法律责任等的清晰界定,从而极易产生利益纠纷。

(5)技术风险。一方面,我国商业银行、证券与保险三个行业的信息化技术水平与技术标准存在差异,当数字金融企业通过信息技术将银行、证券、保险三个行业中的业务串联起来实现混业经营时,若金融业务链条中的某一点爆发风险,或者软硬件出现故障,都将可能引发整个金融业务链条上的系统性风险。另一方面,在混业经营的数字金融企业中,由于客户种类和数据场景相对复杂,因此,从海量非结构化数据中过滤和捕捉非法数据的难度将呈几何式增加,从而更加难以区分优质与劣质、合法与非法用户,导致分析结果不可靠。

(三)信息技术风险

1. 信息技术的主要表现形式

当前,我国数字信息安全形势严峻,特别是大数据和云计算等新技术的发展，使数字金融发展面临更加严峻的挑战，支付宝漏洞、P2P 网贷平台黑客攻击、网银木马病毒等信息技术事件频发，而数字金融保障体系的发展速度远远落后于数字金融业务运营的发展速度，信息安全成为保障数字金融创新发展的重中之重。数字金融信息技术问题主要是在信息技术对传统金融改造的过程中出现的，主要有以下三个方面。

（1）主体和技术虚拟化。在数字环境中，传统金融系统内的主体和金融产品被虚拟化，不仅是信息，货币、凭证等实物也将在数字中进行虚拟化传递，同时数据的流动和使用不仅会带来资产属性的风险，还会带来业务属性的风险，并且这种虚拟化是跨越市场和区域的。另外，随着分布式计算和储存的发展，传统金融机构不需要自己购买设备，通过租用云服务即可作为自身的 IT 基础设施。服务器、储存器以及交换器等虚拟化，标志着技术层面的虚拟化。

（2）金融形态改变。信息技术的发展导致金融消费者的信息能力发生根本性变化，消费者从孤陋寡闻到见多识广，从被动接受到积极参与。在这个过程中，消费者潜在金融需求的差异化和多样化被激发，并推动金融市场环境发生重大变革，即数字金融的兴起。同时，信息技术加速了数据信息在金融与其他行业之间的交互和渗透，并为数据的挖掘和分析提供了工具，从而影响了金融形态。

（3）金融技术更新速度加快。数字金融技术的更新速度远远超过传统金融技术的更新速度，特别是云计算、物联网等并行计算方式使得金融业态突破了摩尔定律的限制，拓展了新的发展空间。当前，数字技术的云计算、大数据等技术已经被广泛运用于数字金融，但仍处于快速更新和突破技术边界的扩张阶段。

2. 信息技术风险的主要表现形式

（1）数据安全风险。数据安全风险主要体现在三个方面。一是数字金融企业后台数据库的安全问题。由于大数据拥有庞大的数据库，一旦数据遭到窃取、泄露以及非法篡改等，将对个人隐私、客户权益、人身安全构成威胁，并且犯罪分子可以通过对大数据的收集分析获得更精准有用的信息。因此，后台数据库将面临越权使用、权限滥用、权限盗用等安全威胁。二是数据传输安全，即数字金融平台的数据在传输过程中的数据传输安全。三是数据容灾。由于大数据对数据的容灾机制要求比较高，可能部分数字金融企业的数据库容灾功能达不到要求。

（2）网络安全风险。与传统商业银行拥有独立性很强的通信网络不同，数字金融企业处于开放式的网络通信系统中，且传输控制协议自身的安全性也面临较大质疑。一般而言，数字金融交易平台需要在三个层面设置安全保障，即安全环境检测、安全控件的加载以及用户账户口令认证。然而，当前我国数字金融平台的密钥管理与加密技术并不完善，数字金融体系容易遭受计算机病毒以及网络黑客的攻击。一旦黑客攻击成功，数字金融平台的正常运作将受到影响，甚至危及消费者的资金安全和信息安全。

（3）安全应急技术薄弱。与信息技术的迅猛发展相比，我国数字金融企业自身的安全故障恢复机制以及所需的安全保障技术储备仍具有一定的局限性和薄弱性。面对网络应用漏洞以及已经造成的危害，企业自身的技术力量及资源不足以提供所需的安全响应支撑。在出现突发安全事故的情况下，企业不能及时做出安全应急响应，迅速恢复运营，深入解决安全问题，从而最大限度地降低整体安全风险及提高信息系统的安全等级。

（4）新型的信息不对称风险。以网络贷款为主要代表的数字金融平台利用大数据挖掘技术解决了传统金融机构在服务小微企业时面临的信息不对称问题，提高了金融普惠的效率。然而，难以明确和保证客户或项目信息的一致性，这将产生数字金融中特有的新型信息不对称问题。

第二节　数字金融监管的理论支撑

一　数字金融监管的必要性

（一）技术层面

1. 数字支付安全程度低

目前，随着数字金融的发展，许多企业和个人采用第三方支付平台进行资金结算。但是第三方支付平台的发展和普及时间较短，技术尚未完全成熟，本身可能存在技术层面的漏洞。譬如，主体将资金转入第三方账户时出现资金消失问题，极少数不法企业或个人为了经济利益在网上构设钓鱼网站等。同时，少数企业为了减少公司的财务支出，不愿意聘请充足且合格的系统维护人员，导致系统维护出现漏洞，从而造成客户的资金损失。上述事例表明，通过挪用投资者资金、经营资金或者支付平台的沉淀资金，进行洗钱、赌博以及逃税漏税等违法行为是当前第三方支付平台安全中面临的最主要问题。数字支付平台技术的不成熟以及相关法律法规的缺位使得平台资金的安全性得不到有效保障。但是第三方支付方式的普及又表明这种支付方式的社会认可程度较高，并符合货币数字化的金融发展趋势。结合这两个方面可知，对数字金融进行有效监管十分必要。

2. 数字金融业态缺陷严重

网贷和数字货币在该方面的问题最为典型。例如，我国 P2P 网贷最初呈现鱼龙混杂的局面，管理十分混乱，部分 P2P 网贷平台的资金和客户资金没有进行有效隔离，容易出现平台负责人卷款逃跑的事件。并且，部分 P2P 网贷平台的营销手段过于激进，很多客户在平台购买高风险产品时缺乏必要的风险识别能力，没有及时采取预防风险的措施。尤其是以比特币为代表的虚拟货币具有良好的匿名性，常被犯罪分子用来进行洗钱、贩毒等非法活动。数字金融业态的严重缺陷必须要有对应的监管模式和手段，否则难以实现更新和发展。

（二）微观层面

一方面，欺诈现象严重，投资者权益得不到充分的保障。部分数字金融企业为了内部利益，向缺乏风险辨别能力的投资者或消费者推销他们并不了解的产品，而投资者或消费者为了获得所谓的高额利润而盲目投资或消费，最终给自己带来严重的资金损失。因此打击数字金融市场中的欺诈消费行为、净化数字金融环境，并以此促进金融市场的健康发展是创新数字金融管理的题中应有之义。另一方面，监管机制欠缺。一是由于数字金融的监督管理缺乏适用的法律法规，市场准入方面也没有明确的注册登记制度，因此投资者难以辨认数字金融机构身份的合法性，也无法了解和掌握金融机构信息的真实性。二是金融交易的数字化也使得交易平台和交易对手的诚信度更加难以保障。与传统金融交易不同的是数字金融交易属于线上交易，所谓线上交易是基于数字，通过网上银行及第三方支付进行交易，交易信息的真实性只能依据双方的诚信来确定，而传统金融中的线下交易则是通过银行员工操作完成，这样比较容易准确掌握交易双方的资信状况。三是目前我国的许多数字金融公司只在大城市和省会城市设立分支机构，中小城市及城市周边区域基本没有实体网点，若该区域内投资者的资金遇到问题将难以得到及时解决。

（三）宏观层面

1. 数字金融风险

由于数字金融机构的客户数量较多，资金规模较大，一旦出现问题，通过市场出清机制很难解决。例如，当余额宝和支付宝的用户数量过多，资金规模过大时，一旦平台出现问题必然会影响整体业务的运营，并且可能损害众多使用该平台的客户的权益。

2. 投资风险

目前，有许多基于数字的金融投资活动存在隐性风险，如数字保险、基金以及数字信托等。这些投资虽然较为稳定，类似于刚性兑付，但是并不意味着没有风险，一旦经济危机加剧或爆发严重的金融风险，很有可能会导致部分数字金融企业破产，从而使得投资者的财产遭受损失。

3. 流动性风险

部分数字金融流动性强，如数字资金和理财，可以随时无费用、无息税地进行申购与赎回，且随着利率上升其收益也是上升的，基本上没有利率风险。因此，数字金融的部分产品比较适合活期存款的客户，以及为了规避股市风险、注重本金安全和高流动性并希望得到稳定收益的投资者。然而，数字金融产品的申购和赎回波动较大，有时会出现60%以上的波动，尤其是遇到大额赎回现象时，数字金融企业往往在短时间内难以提供充足的流动性，从而引发流动性风险。

二　数字金融监管的特殊性

数字金融区别于传统金融业务的显著特征就是依赖于信息技术，但是信息技术在带给投资者便利的同时，也存在着众多危险。病毒、黑客、第三方支付平台本身的危险、钓鱼、信息窃取等都是存在巨大危险的因素。具体包含：自然原因导致的风险、信息系统危险、管理缺陷导致的危险或者员工导致的危险。传统金融行业对参与人员的风险承受能力的评级、对信用的评级都相对严格。但是数字金融突破了这一限制，数字金融具有参与人数众多，投资小而分散广的特点，会增加市场中不确定的因素，搭便车现象的存在会使得金融市场纪律缺失。

三　数字金融的监管原则

从监管核心内容上看，针对数字金融体系及其业态的监管，一方面要符合金融监管的一般性原则，即确保金融安全、金融效率与金融公平三大核心目标的实现；另一方面要符合数字金融的发展趋势和特征，特别是要注重对数字金融风险以及特殊风险的监管。

（一）体现数字金融风险特殊性

1. 信息科技风险特殊性

应及时清除计算机病毒，抵御黑客攻击，营造安全的网络支付环境。应严厉打击数字金融诈骗和钓鱼网站，杜绝泄露和贩卖客户信息，防止客户身份信息被篡改和非法盗用。另外，在制定信息科技风险防范机制时，应细化具体防范措施，从源头降低风险所造成的损失。

2. 长尾风险特殊性

由于众多享受数字金融服务的主体本身不具备足够的金融知识，风险承担能力、预测能力和识别能力都比较欠缺，很容易被误导或者被欺骗。另外，部分金融投资者的投入成本远高于收益，投资也过于松散，这给建立统一的数字金融市场监管体系造成了一定的难度。而且，一旦数字金融危机出现，无论是对投资者而言，还是对外部金融市场而言，负面影响均难以估量，所造成的损失往往也无法挽回。因此，为降低长尾风险的损失，必须强行、广泛地普及金融知识，并且进行持续的金融监管，保护金融消费者的合法权益。

（二）优化数字金融市场监管性

只有不断地完善我国的数字金融监管制度，推动市场经济的健康、有序发展，才能在发生经济风险的时候，对其进行有效的控制。优化数字金融市场的监管功能，必须做到严格的监管，贯彻落实行为监管，以保护数字金融消费者的合法权益。一方面，全面监管数字金融机构所涉及的信息中介服务，验证该机构所提供的信息是否真实、准确、可靠。例如，在P2P网贷和股权众筹中，要准确提供交易双方和项目的信息，从而尽力维护贷款人以及投资者双方的合法权益。另一方面，要注意对流动性风险的监管。因许多数字金融平台都会进行流动性交易或者实施期限转换，导致风险的转移和流动现象较为严重，所以，必须严格而全面地监管流动性风险。

在优化监管功能的基础上，应对数字金融进行行为监管，即对数字金融服务设施、系统设备、数字金融机构、工作人员和用户等实施的一切监管工作。该项工作的主要目标是确保数字金融市场的公平、合法与高效交易，促进数字金融市场的正常运营。另外，保护数字金融消费者的合法权益是实行数字金融监管工作的主要目标之一，需要加强消费者与行为监管工作的密切联系，制定消费者保护清单，通过必要的金融信息宣传来增强消费者的风险辨别能力，加强消费者对当前金融状况的了解，引导全体数字金融消费者理性投资，合理评估投资风险。

（三）监管防范数字风险外部性

审慎监管的目标是控制数字金融风险的溢出，即外部性问题，保护公众利益。审慎监管的基本方法是：在风险识别的基础上，通过引入一系列风险管理手段，一般体现为监管限额来控制数字金融机构的风险承担行为以及负外部性，从而使外部性行为达到社会最优水平。当前，我国数字金融风险的外部性主要为信用风险和流动性风险的外部性。

1. 信用风险外部性监管

部分数字金融业态涉及信用中介活动，主要以网贷平台为代表。由于存在严重的信息不对称，这类数字金融平台的信用风险较大，并且存在显著的外部性。若这些平台破产，不仅会使相关债权人、交易对手的利益受损，也会使具有类似业务或风险的数字金融机构的债权人、交易对手怀疑自己机构的清偿能力，进而产生信息上的传导效应。对数字金融平台信用风险的外部性监管可以参考《巴塞尔协议Ⅰ》和《巴塞尔协议Ⅱ》中规定的对银行的监管措施。例如，计提资产损失准备金，其中资产损失准备金用来覆盖预期损失，资本用来覆盖非预期损失；还可采用不良资产拨备覆盖率、资本充足率等监管指标等。

2. 流动性风险外部性监管

涉及流动性创造或资金期限错配的数字金融企业或业态可能导致流动性风险的外部性。此外，数字金融企业在遭受流动性危机时，通常会通过出售资产来回收现金以满足流动性需求。而短时间内大规模出售资产会使资产价格下跌。在公允价值会计制度下，持有类似资产的其他金融机构也会受损，在极端情况下，甚至会出现资产价格下跌，引发抛售资产价格进一步下跌的恶性循环。与信用风险相似，对流动性风险外部性的监管也可以参考传统银行业的做法，即采用《巴塞尔协议Ⅱ》中的流动性覆盖比率和净稳定融资比率两个流动性监管指标对数字金融企业的流动性风险及外部性进行监管。

（四）统一原则实现监督规则性

监督和监管的有机结合可以很好地对数字金融业态中存在的风险做出一定的预防和控制。通过原则性监督可以对数字金融企业进行有力的监管，杜绝欺骗客户的行为，同时正确引导企业公平公正地运营。而对于规则性的监管，则需要详细规定数字金融企业在交易过程中的具体程序和内容，并按照相应的内容和流程严格要求数字金融企业的操作方法。

监督机制和监管机制并不是毫不相干的，要想真正地减少数字金融行业的风险，需要统一原则性监督和规则性监管，并将两者有机结合，从而使监督的记录结果和监管的对象紧密联系在一起。这样做不仅可以化解监督和监管机构的矛盾，而且能够更好地掌控市场行为中存在的各种风险，保障数字金融体系的稳定发展。

第三节　构建我国数字金融监管体系

一　我国对数字金融监管模式的选择

数字金融的崛起和发展是革命性的，它必然倒逼我国金融监管制度的改革和利率市场化的进一步形成。通过对国外金融监管模式的分析可以看出我国的"一委一行两会"的监管模式更加符合本国的国情，即由国务院金融稳定发展委员会、中国人民银行、中国银行保险监督管理委员会和中国证券监督管理委员会对维护金融稳定进行统一和协调管理，力争在制度设计上更好地协调统一，以市场监管为主，有效避免监管漏洞和监管重叠。

这种模式的优点有：各监管部门相互独立，有利于实现专业化管理，防止权力过于集中带来的腐败现象，提高监管效率，有利于金融业从分业经营向混业经营的过渡；三个部门在统一的监管当局下运作，能够实现相互之间的协同与兼容，实现资源与信息的共享；现有的金融格局不变的情况下对第三者进行必要的整合，防止监管模式剧烈的变化造成金融监管的混乱和不稳定，同时有利于节约社会资源。

从具体实践看，可以由金融稳定委员会设立全国性的金融监管当局，以协调两个部门的具体工作，从国家金融监督管理总局、证监会抽调资源和人力成立专门的由中国人民银行管辖的委员会。从立法上规定该委员会的职权范围和界限，规定其没有直接的监管权，不能制定具体的制度，国家金融监督管理总局证监会的信息资源共享，以及出现监管争议时的争端解决机制，以防止监管真空和监管重叠现象的出现。

（一）确立数字混业经营的合法地位

混业经营是目前全球金融业的发展趋势，实行混业经营，能同时从事多种金融业务，可以使各种业务相互促进，相互支持。狭义的混业经营通常指银行与证券之间，即银行与证券可以进入对方领域进行业务交叉经营。广义的混业经营指的是所有金融行业之间，即银行、证券、保险、信托等金融机构进行业务多元化的经营。目前我国金融混业现状主要表现为银行、证券和保险三种业务合作的关系，是分业体制下协同创新与混业经营的发展新格局，主要形式如下。

1. 银证合作

银证合作是货币市场与资本市场一定程度上的融合，我国银行无论从体制、运营模式、业务模式还是金融产品看，都是相对传统的，创新能力明显不足，无法满足日益复杂多样的金融需求，银证合作跨越银行和证券两个领域，简单来说就是银行与证券公司在各方面的合作，双方可进行功能互补。银证双方合作不仅能够通过资源共享获得成本优势，还能够借助资源共享以及协同效应获得效率优势，逐步建立与客户需求相适应的现代金融经营模式。银证合作是提升我国金融体系竞争力，提高我国金融市场化程度、顺应商业银行和资本市场自身发展的能力，进一步增强金融对实体经济促进作用的必然要求。加强和证券业的合作，可以提高业务创新能力，扩大盈利面。商业银行机制、业务的创新，必须紧密围绕资本市场这个核心，根植于资本市场平台，加强银证合作，以取得更大的发展。

2. 银保合作

由于银行业起步较早，所以银行业模式与稳定性的发展是较为完善的，并且具有诸多的业务网点和范围广阔的销售渠道。银保合作即保险公司通过与银行签订代理协议实现银行与保险公司的联合，现在这种合作的范围也在不断扩展，从原先的代收保费、代卖保险发展到代支保险金、融资业务、保单质押贷款、客户信息共享以及个人理财等领域。一方面，通过银行的渠道做活保险业务，保险商可以凭借信息平台的优势接触大量的潜在顾客群，并且不需要随机寻找客户，效率更高，省去了花费大量人力物力主动式发展客户的低效模式。另一方面，能够进一步提升我国保险核心业务资源的纵向与横向发展，银行保险业务的大力铺开，能够增加保险市场的广度，并且能够有效促进中国保险业务发展，尤其是人寿险业的增长速度与市场认知的展开，对提高中国保险市场的竞争、健康发展起到推动作用。

3. 证保合作

证保合作发展进程很快，在我国主要有四种方式。一是保险资金可入股市，但是中间需要借助证券渠道；二是社保基金可入证券市场；三是证券企业可以构建保险产品的销售平台，直接销售保险产品；四是两者可以互相提供受众信息，吸收各自的客户资源，并同时进行业务咨询或合作。随着金融合作的不断加深，金融混业格局会越来越明显，尤其是数字金融的崛起，使得金融合作的主体更加多样，金融创新的形式更加多样，从立法和政策上讲，应当鼓励不同金融主体之间的合作，守住规制数字金融发展。如此一来，保险公司有了销售平台就可以提高销售能力，扩大业务范围，同样可以吸收更多的客户资源，增加利润回报，是一种独特的、有效的、科学化的发展道路。积极尝试此种合作模式，并且有所深入，以期达到证保共赢的状态。

（二）转变数字金融的监管理念

金融混业格局的不断发展和深化给金融监管带来了巨大的挑战，数字金融的发展又大大加快了这个趋势的发展，我国金融监管面临着如何从机构监管向功能监管过渡的难题。我国金融分业经营的格局向混业经营的格局转化不是一蹴而就的，是从简单的各金融业间的合作开始不断深化的过程，与之相适应的金融监管也应当是个逐步过渡的过程，现有的分业监管的格局不宜轻易打破，应当在现有的分业监管的体制基础上做必要整合，使得分业监管从各自为政到相互合作。

(三) 去除数字金融监管过度行政化

金融活动具有高度的专业性和高度的复杂性，金融监管专业化是必然的发展趋势。首先是机构设置上要去除过度的行政化色彩，让市场和行业发挥自我监管自我调节的机制。其次，专业人才的培养是从市场中走出的，自下而上的人才流通和发展的趋势更加有利于金融监管的专业队伍的形成。鼓励和发展数字金融行业协会的形成，在立法上巩固规范行业协会的权力，防止过度的行政干预，鼓励行政体制和行业中的人才流通。

(四) 建立信用评价体系和存款保险制度

金融业具有高度的风险性，通过立法促进市场竞争的公平性，建立健全金融从业主体的退出机制和公平的信用评价体系，使得数字金融和传统金融主体在公平有序的环境下展开竞争。同时，应当建立健全存款保险制度，为金融风险的扩散做一定程度的缓冲。存款保险制度是一种金融保障制度，是指由符合条件的各类存款性金融机构集中起来建立一个保险机构，各存款机构作为投保人按一定存款比例向其缴纳保险费，建立存款保险准备金，当成员机构发生经营危机或面临破产倒闭时，存款保险机构向其提供财务救助或直接向存款人支付部分或全部存款，从而保护存款人利益、维护银行信用、稳定金融秩序的一种制度。金融市场的风险不可避免，存款保险制度能够有效地提高金融系统的稳定性，防范金融风险，维护金融秩序。

二 健全我国数字金融监管体系

我国在金融监管方面依然存在着不少亟须解决的问题，进一步健全发展我国金融监管体系，是我国金融监管理论和实务上所面临的一项重大课题。为了应对这些挑战，需要在鼓励数字金融发展的同时健全我国数字金融监管体系，促进数字金融的健康成长。根据数字金融所涉及的领域，建立以监管主体为主，相关金融、信息、商务等部门为辅的监管体系，并借助法律法规制度，明确监管分工及合作机制。

(一) 构建横向合作监管体系

1. 加强银、证、保服务

"一行一总局一会"可在坚持分类监管的总体原则下，通过建立和完善相应的制度法规，实施延伸监管。人民银行作为支付系统的主要建设者、行业标准制定者以及法定货币的发行、管理机构，理应承担第三方支付、网络货币的主要监管责任，人民银行可与证监会、国家金融监督管理局一道，形成对支付机构的功能监管体系。贯彻落实"一行一总局一会"有诸多好处，一是利于监管漏洞的减少，有利于降低诈骗，减少诈骗等漏洞。二是有利于减少行政的沟通成本，有助于行政效率的提高。三是统一发行，统一对市场主体的监管，统一资产管理产品，使得市场的主体更加清晰。

2. 数字金融技术部门规章

数字金融涉及的技术环节较多，如支付、客户识别、身份验证等，应从战略高度协调相关部委出台或优化相关制度，启动相应国家标准制定工作。在网络信贷方面，对网络信贷等数字金融新业态建立全面规范的法律法规，建议在放贷人条例中明确网络借贷机构的性质和法律地位，对其组织形式、资格条件、经营模式、风险防范和监督管理等做出规范。在数字金融的经营管理中，要设立专门的金融管理部门，健全完善的规章制度，对金融管理工作进行有效的规范与要求，同时，还要加强对金融管理工作人员的培训工作，确保金融管理工作的专业性。

（二）出台相关法律法规

1. 强化门槛准入和资金管理

严格限定准入条件，提高数字金融准入门槛。借鉴温州金融改革模式，建立网络借贷登记管理平台，借贷双方均须实名登记认证，保障交易的真实性。规定网络借贷企业资金必须通过商业银行进行资金托管，对包括资金发放、客户使用、还款情况等进行跟踪管理，建立资金安全监控机制，监测风险趋势。完善数字金融的法律体系，加强适应数字金融的监管和风控体系立法，明确监管原则和界限，放宽数字金融经营范围的地理限制。

2. 完善金融监测和宏观调控

（1）人民银行可将网络融资纳入社会融资总量，要求网络融资平台报送有关数据报表，建立完善的网络融资统计监测指标体系。

（2）加强对网络借贷资金流向的动态监测，强化对贷款利率的检查并对网络借贷平台适当加强窗口指导，合理引导社会资金的有效流动。

（3）对网络货币交易开展监测。目前国内网络货币大部分属于封闭型，随着信息技术的发展，网络货币受市场需求推动必将全面扩充升级，有必要及时跟踪分析网络货币的发展及影响，尤其是监测网络货币的使用范围。

3. 加快社会信用体系建设

要降低数字化带来的风险，必须加快社会信用体系建设，健全企业和个人信用体系，大力发展信用中介机构，建立支持新型数字金融发展的商业信用数据平台，加快完成信用信息共享任务，打破"数据壁垒"和"信息孤岛"。

4. 加大消费权益保护力度

（1）制定专门的数字金融消费权益保护法，对交易过程中的风险分配和责任承担、机构的信息披露、消费者个人信息保护等做出明确规定。

（2）成立以"一行一总局一会"为基本架构的数字金融消费者保护体系，解决相应金融纠纷，加强数字金融消费者的教育。

（3）组织数字金融行业协会开展行业自律，促进整个行业规范的发展和金融消费者保护。

三　数字金融监管法律制度构建

随着数字金融的发展，为了保护投资者权益、维护市场秩序，亟待对其加强监管。数字金融出现的时间并不是很长，如何在防范风险的前提下既能创新，又能提高新型金融产品的透明度、解决虚假信息问题和保护投资者的利益，这是数字金融监管的难点所在。鉴于前述数字金融的风险和现有监管体制的不健全，应从以下四个方面建立健全我国数字金融监管法律制度。

（一）建立企业征信制度

中国人民银行于2004年成立了反洗钱局（对内协助司法部门调查涉嫌洗钱犯罪案件，对外加强反洗钱方面的国际交流与合作），此后颁布了《金融机构反洗钱规定》（2006年）、《非金融机构支付服务管理办法》（2010年）、《支付机构反洗钱和反恐怖融资管理办法》（2012年）、《征信业管理条例》（2013年）、《社会信用体系建设规划纲要》（2014年）、《国民经济和社会发展第十三个五年规划纲要》（2016年）、《关于加快推进社会信用体系建设构建以信用为基础的新型监管机制的指导意见》（2019年）等一系列规范性文件。这些文件在强调对传统金融机构进行监管的同时，也不断强化对支付机构的监管。中国人民银行应当对以上文件中的相关规定进行革新、完善，使之能够反映网络反洗钱工作复杂性和专业性较强的特点。应当建立数字金融企业的征信制度，对P2P融资平台、第三方支付平台的相关参与人和利益相关方的交易数据建立信用数据库，并要求数字金融机构与银行合作，实现资金的第三方存管。同时，应当建立有效的反洗钱调查工作数据库，对大额、可疑、复杂、跨区域的数字金融交易的账户信息和交易记录进行重点排查，防止数字金融成为不法分子从事洗钱等违法犯罪活动的"温床"。

（二）实施企业业务许可制度

改革开放40多年来，我国改革整体上采用一种循序渐进的方式进行：首先提出改革方案，然后在典型地区进行先行试验，如果试点成功，则改革方案再经过一定的修改之后逐步向全国推广。数字金融监管也应循序渐进地进行，监管部门可以对数字企业的准入实施业务许可制度，如第三方支付许可制度、基金销售许可制度、中间业务许可制度等，并且规定数字企业如果介入金融业务，就必须制定更加完善的信息披露规则，对注册资本、技术协议、网络设备标准、业务范围与计划、交易记录保存方式与期限、责任界定等予以明确的规定，同时要求满足一定的资本充足率，确保对客户的信息予以保密和尊重客户的隐私。现阶段监管部门可以先对某些实力比较雄厚、专业化程度较高的数字企业颁发业务许可证，特别是要严格掌控P2P融资平台和第三方支付平台的运作模式与资金流向，在这批数字企业发展成熟之后再逐渐放开数字金融领域的准入条件，降低准入门槛。目前我国金融行业的监管模式是"分业经营，分业监管"，这容易导致监管部门之间存在监管真空或监管交叉、重复，而混业经营、混业监管已逐渐成为国际金融业监管的发展趋势，因此，我国在制定数字金融监管法律制度时，应当强调各监管机构之间的协调与沟通。

（三）建立纠纷救济制度

数字金融大大降低了金融服务和投资的门槛，便利了大量小额投资者参与金融业务，但数字的虚拟性和金融行业的复杂性、专业性，导致很多投资者对数字金融的风险和相关投资策略缺乏必要的认知，一些投资者受数字企业的误导或虚假宣传而遭受极大损失。鉴于此，必须建立数字金融纠纷救济制度，加大对投资者权益的保护力度。数字金融立法应当对数字金融业务的信息披露和风险揭示进行强制性要求，因风险揭示、信息披露方面的违规操作而造成的损失，投资者有权进行追偿。同时，立法应当畅通投资者的投诉渠道，如设立受理投诉的专业委员会、设置投诉咨询热线和网络平台等；强调数字金融投资教育，提高投资者的风险意识和自我保护能力。

（四）制定监管规则与行业自律准则

对监管机构而言，数字金融发展所形成的数字金融服务市场是一个信息高度不对称的市场，对其进行监管需要多方协力。政府应制定监管规则，细化数字金融发展的原则，界定数字金融业的经营范围，设立规范的数字金融行业准入门槛，设定网络金融行为的指引性规范条件和国家标准，甚至可以采用负面清单模型对违规行为进行明确警示，以实现市场良性竞争。数字金融企业可以成立行业协会，实行行业自律。

四　数字金融监管的创新

金融企业与数字平台的融合对于促进金融产品和服务创新升级发挥着重要作用。监管部门在对数字金融业实施监管的同时，应当鼓励进行创新。我国现行金融法律绝大多数以传统有形货币为调整对象，以此为基础的制度体系越来越难以适应数字金融监管的要求。数字金融的发展方兴未艾，制定新的法律法规来解决相关监管难题，这不仅是我国法制完善的问题，还是保障国家金融安全、避免发生数字金融危机的要求。因此，我国应当将数字金融立法上升到国家安全的战略高度。从市场准入、信息披露、企业内部结构、风险控制、资本充足率、广告宣传、消费者保护等入手，明确这些环节中相关主体的义务，加大对数字金融违法犯罪活动的查处和惩治力度，严厉打击破坏数字金融秩序的行为，确保数字金融行业安全发展和国家的金融安全。

在完善数字金融监管法律制度的同时，还应当从技术、机制等方面重视和推进数字金融企业的安全管理。数字企业应当针对计算机设施存在的某种缺陷、兼容问题以及来自网络内部和网络外部的恶意攻击，通过修改或删除服务程序，防止客户资料被窃取、客户资金被盗用等安全性问题发生。数字企业还应当加强内部控制体系建设,如建立内控稽核制度,防止内部人员违规操作、私自窃取和贩卖客户信息;应当大力发展先进的、具有自主知识产权的信息技术设备(包括硬件和软件),提高计算机系统的关键技术水平和关键设备的安全防御能力。

第四节 数字金融其他相关法律法规介绍

一 数字货币监管法律法规

表9-1　　　　　　　　数字货币相关规范性文件

颁布时间	规范性文件名称	颁布单位
2007年1月25日	《关于规范网络游戏经营秩序查禁利用网络游戏赌博的通知》	公安部等四部委
2007年2月15日	《关于进一步加强网吧及网络游戏管理工作的通知》	文化部等十四部委
2008年9月28日	《关于个人通过网络买卖虚拟货币取得收入征收个人所得税问题的批复》	国家税务总局
2009年6月4日	《关于加强网络游戏虚拟货币管理工作的通知》	文化部、商务部
2009年7月20日	《"网络游戏虚拟货币发行企业""网络游戏虚拟货币交易企业"申报指南》	文化部文化市场司
2010年8月1日	《网络游戏管理暂行办法》	文化部
2013年12月3日	《关于防范比特币风险的通知》	中国人民银行等五部委
2017年9月4日	《关于防范代币发行融资风险的公告》	中国人民银行等七部委
2021年9月15日	《关于进一步防范和处置虚拟货币交易炒作风险的通知》	中国人民银行等十部委

二 银行数字业务监管法律法规

表9-2　　　　　　　　银行数字业务相关规范性文件

颁布时间	规范性文件名称	颁布单位
2005年11月10日	《电子银行业务管理办法》	中国银监会

续表

颁布时间	规范性文件名称	颁布单位
2006年1月26日	《电子银行安全评估指引》	中国银监会
2009年4月29日	《关于进一步规范商业银行个人理财业务报告管理有关问题的通知》	中国银监会
2014年4月9日	《关于加强商业银行与第三方支付机构合作业务管理的通知》	中国银监会、中国人民银行
2021年1月13日	《关于规范商业银行通过数字开展个人存款业务有关事项的通知》	银监会办公厅、人民银行办公厅
2021年2月19日	《关于进一步规范商业银行数字贷款业务的通知》	银保监会办公厅

三 保险数字业务监管法律法规

表9-3　　　　保险数字业务相关规范性文件

颁布时间	规范性文件名称	颁布单位
2012年5月16日	《关于提示数字保险业务风险的公告》	中国保监会
2013年9月3日	《中国保监会关于专业网络保险公司开业验收有关问题的通知》	中国保监会
2014年4月15日	《关于规范人身保险公司经营数字保险有关问题的通知（征求意见稿）》	中国保监会
2015年7月22日	《数字保险业务监管暂行办法》	中国保监会
2015年9月30日	《数字保险业务信息披露管理细则》	中国保监会
2020年12月7日	《数字保险业务监管办法》	中国银保监会
2021年10月12日	《关于进一步规范保险机构数字人身保险业务有关事项的通知》	中国银保监会

本章小结

通过本章的学习，首先要明确数字金融的风险分为传统风险和特殊风险两部分，其次了解各类风险的定义、产生原因以及各自的表现形式，并且熟悉数字金融监管的概念，理解数字金融对金融监管体系的挑战，认识到数字金融监管的必要性和特殊性。

本章重点是掌握数字金融下的金融监管，理解数字金融混业经营模式。必须掌握我国对数字金融的监管模式的选择，了解数字金融的风险，理解我国数字金融存在的问题，掌握数字金融的监管方式。

本章最后针对如何构建我国数字金融的监管体系的问题，提出我国对数字金融的监管模式必须要审慎选择，不断完善和健全我国的数字金融监管体系，推进数字金融监管体系的建议。

资料拓展

信用风险

信用风险是指交易对方不履行到期债务的风险。信用风险又称违约风险，是指借款人、证券发行人或交易对方因种种原因，不愿或无力履行合同条件而构成违约，致使银行、投资者或交易对方遭受损失的可能性。

银行存在的主要风险是信用风险。这种风险不仅出现于贷款中，也发生在担保、承兑和证券投资等表内、表外业务中。如果银行不能及时识别损失的资产，增加核销呆账的准备金，并在适当条件下停止利息收入确认，银行就会面临严重的风险问题。

长尾效应

长尾效应的根本就是强调"个性化"，"客户力量"和"小利润大市场"，也就是要赚很少的钱，但是要赚很多人的钱。将市场细分到很细很小的时候，会发现这些细小市场的累计会带来明显的长尾效应。

长尾经济是互联网时代的产物，与之对应的短头经济是工业时代的产物。二者的区别在于，短头经济指的是规模经济，单一产品的大规模生产可以使得单位成本大大降低；而长尾经济指的是范围经济，小批量多品种，个性化十足，成本依然可以保持最低。

以前营销多注重大客户群体，关注热门产品；而现在更注重垂直领域人群的需求，对其进行高效的定向投放。造成这个现象的一个重要原因是，以前的经济受限于信息半径，在有限的资源里，商业模式只能向热门集中以获取较高的收益。而互联网的出现打破了各种限制，空间变得无限了。这就让大家把注意力开始转向需求的尾端，让这种尾端服务并获取利润变成了可能。

考研真题

1. 解释金融监管（兰州大学，2018年）
2. 风险投资在（　　）最活跃，已经对于促进产业发展起重要作用。（中国人民大学，2022年）
   A. 美国　　　　　　　　B. 中国
   C. 英国　　　　　　　　D. 德国
3. 人民银行发行的数字人民币主要定位于（　　）。（对外经济贸易大学，2022年）
   A. 活期存款　　　　　　B. 流通中的货币 M0
   C. 狭义货币 M1　　　　D. 广义货币 M2

参考文献

白可心：《互联网金融下网络众筹的风险与对策》，《经营与管理》2021年第6期。

车德欣、李宝儿：《大数据技术应用与企业融资成本》，《深圳大学学报》（理工版）2023年第40期。

陈宝珍、余洁、任金政：《数字支付影响农户消费吗？——基于微观调查数据的经验分析》，《财经论丛》2021年第1期。

陈静：《区块链技术下互联网金融的风险演化及防范》，《宏观经济管理》2019年第4期。

陈荣达、林博、何诚颖等：《互联网金融特征、投资者情绪与互联网理财产品回报》，《经济研究》2019年第7期。

陈胤默、王喆、张明：《数字金融研究国际比较与展望》，《经济社会体制比较》2021年第1期。

程雪军、李心荷：《论加密数字货币的法律风险与治理路径，从比特币视角切入》，《电子政务》2022年第11期。

邓欢：《我国众筹融资的发展前景》，《中国集体经济》2021年第11期。

高舰、沈薇、袁梦迪、胡俊：《区块链技术于"互联网公益众筹"的推动作用与不足》，《法制博览》2021年第15期。

宫晓林、杨望、曲双石：《区块链的技术原理及其在金融领域的应用》，《国际金融》2017年第2期。

何飞、张兵：《互联网金融的发展：大数据驱动与模式衍变》，《财经科学》2016年第6期。

侯赟慧、岳中刚：《我国物联网产业未来发展路径探析》，《现代管理科学》2010年第2期。

胡金焱、韩坤：《网络众筹融资表现与风险：逆向选择还是道德风险？——基于投资人评价的文本挖掘》，《山东大学学报》（哲学社会科学版）2021年第4期。

黄浩：《数字金融生态系统的形成与挑战——来自中国的经验》，《经济学家》2018年第4期。

黄益平、黄卓：《中国的数字金融发展：现在与未来》，《经济学（季刊）》2018年第4期。

黄益平、陶坤玉：《中国的数字金融革命：发展、影响与监管启示》，《国际经济评论》2019年第6期。

黄玉芳：《美国众筹发展模式及监管研究》，《时代金融》2015年第29期。

贾丽平：《网络虚拟货币对货币供求的影响及效应分析》，《国际金融研究》2009年第8期。

金中夏、黎江：《云计算与金融创新》，《中国金融》2012年第21期。

李东荣：《以移动金融促普惠金融发展》，《中国金融》2014年第18期。

李钧、孔华威：《数字货币的崎岖进化》，电子工业出版社2014年版。

李绿铭：《数字金融背景下我国金融监管制度之探究》，《法学》2021年第9期。

李涛、杨进：《网络空间数字虚拟资产保护研究构想和成果展望》，《工程科学与技术》2018年第4期。

李小莉、陈国丽、张帆顺：《系统视角下基于"区块链+物联网"的农业供应链金融体系构建》，《系统科学学报》2023年第31期。

刘海洁、高明星：《互联网金融视角下股权众筹融资的投资风险探析》，《中国集体经济》2022年第17期。

刘佳：《互联网金融理财存在的优势及风险分析》，《商讯》2020年第31期。

刘蔚：《基于国际经验的数字货币发行机制探索与风险防范》，《西南金融》2017年第11期。

刘志云：《互联网金融整治背景下的立法思考》，《企业经济》2018年第7期。

陆岷峰、王婷婷：《数字化管理与要素市场化：数字资产基本理论与创新研究》，《南方金融》2020年第8期。

牛丽飞：《我国网络虚拟货币法律规制的相关问题研究》，《法制与社会》2021年第23期。

欧阳日辉：《我国数字金融创新发展的挑战与应对》，《科技与金融》2021年第3期。

祁明、肖林：《虚拟货币：运行机制、交易体系与治理策略》，《中国工业经济》2014年第4期。

宋天依、高金莎：《基于层次分析法的互联网金融风险评价及防范对策》，《金融经济》2015年16期。

粟勤、杨景陆：《金融科技、中小银行小微企业信贷供给与风险》，《现代经济探讨》2022年第4期。

孙梦爽：《数据安全法：为数字美好生活上把"安全锁"》，《中国人大》2022年第2期。

王达：《影子银行演进之互联网金融的兴起及其引发的冲击——为何中国迥异于美国?》，《东北亚论坛》2014年第4期。

王浩龙：《互联网金融理财产品的现状与风险及解决措施》，《中国管理信息化》2021年第22期。

王刊良：《数字化产品的经济特征、分类及其定价策略研究》，《中国软科学》2002年第6期。

王娜、王丙智：《众筹平台文献综述》，《合作经济与科技》2021年第2期。

王曙光、贾镝：《互联网金融参与主体博弈分析与制度建设》，《社会科学辑刊》2016年第5期。

王硕：《区块链技术在金融领域的研究现状及创新趋势分析》，《上海金融》2016年第2期。

谢红艳：《互联网金融视角下股权众筹法律问题研究》，《黑河学院学报》2018年第8期。

谢杰、张建：《"去中心化"数字支付时代经济刑法的选择——基于比特币的法律与经济分析》，《法学》2014年第8期。

谢平、邹传伟：《互联网金融模式研究》，《金融研究》2012年第12期。

徐翔、赵墨非：《数据资本与经济增长路径》，《经济研究》2020 年第 10 期。

严建红：《互联网时代的金融业：挑战及应对策略》，《国际金融研究》2001 年第 6 期。

杨东、陈哲立：《虚拟货币立法：日本经验与对中国的启示》，《证券市场导报》2018 年第 2 期。

杨琦：《互联网金融理财产品的创新优势及发展探究》，《金融与经济》2015 年第 5 期。

俞佳佳：《数字货币支付功能探索及思考》，《海南金融》2016 年第 3 期。

袁菲：《互联网背景下网络众筹的风险与对策探讨》，《国际商务财会》2021 年第 16 期。

袁长征：《我国物联网产业发展模式及推进战略》，《中国物流与采购》2011 年第 20 期。

张波：《传播失灵视角下互联网大病众筹中的瞄准偏差及其治理》，《云南行政学院学报》2020 年第 6 期。

张巧良、王一卉、陈荣：《基于区块链的智慧医疗项目众筹融资案例研究》，《财会通讯》2021 年第 18 期。

张巧良、王珍珍：《基于区块链的众筹融资风险管控策略探究》，《财会通讯》2021 年第 24 期。

张晓朴：《互联网金融监管的原则：探索新金融监管范式》，《金融监管研究》2014 年第 2 期。

张玉喜：《网络金融的风险管理研究》，《管理世界》2002 年第 10 期。

张子豪、张毅：《互联网金融风险的评价指标体系与法律治理》，《统计与决策》2018 年第 20 期。

郑明川、包万根、蒋建华：《论我国的金融创新及其风险管理》，《商业研究》2003 年第 20 期。

周茂清：《互联网金融的特点、兴起原因及其风险应对》，《当代经济管理》2014 年第 10 期。

周子衡：《数字经济发展三阶段：数字支付、数字法币与数字财政》，《清华金融评论》2018 年第 4 期。

庄雷、赵成国：《区块链技术创新下数字货币的演化研究：理论与框架》，《经济学家》2017 年第 5 期。